유대인 생각 수업

유대인 생각 수업

지혜의 원천이자 불멸의 경전 탈무드

1쇄 인쇄일 2021년 4월 5일
10쇄 발행일 2022년 9월 20일

지은이 임유진
펴낸이 김순일
펴낸곳 미래문화사
신고번호 제2014-000151호
신고일자 1976년 10월 19일
주 소 경기도 고양시 덕양구 고양대로 1916번길 50 스타캐슬 3동 302호
전 화 02-715-4507 / 713-6647
팩 스 02-713-4805
이메일 mirae715@hanmail.net
홈페이지 www.miraepub.co.kr
블로그 blog.naver.com/miraepub

ⓒ 임유진, 미래문화사 2021

ISBN 978-89-7299-527-2 (03190)

유대인
생각 수업

지혜의 원천이자 불멸의 경전 탈무드

임유진 지음

미래문화사
MIRAE

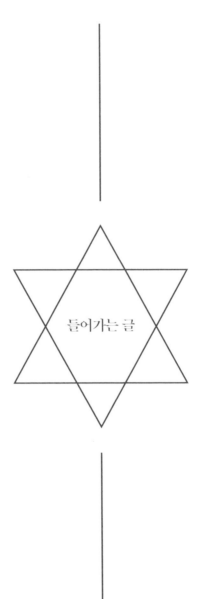

들어가는 글

유대인Judean들은《탈무드Talmud》에서 '영원히 살 것처럼 배우고, 내일 죽을 것처럼 살라.'고 적고 있다. 또 나날을 '오늘이 최초의 날이자 최후의 날'이라고 명시하면서 책을 정원으로 삼고 즐기되 죽음의 바다, 사해死海처럼 받아들이기만 해서는 안 된다고 조언한다.

《탈무드》는 유대인Jew들의 정신적 유산이다. 그래서 유대인에게는 소중한 삶의 지침서이자 경전經典이고 지혜서이다. 불교佛敎와 유교儒敎가 한국 사람들의 정신문화의 뿌리이듯이《구약성서》와《탈무드》는 유대인들의 의식에 깊이 뿌리박고 있다.

《구약성서Old Testament》중 모세 5경(창세기, 출애굽기, 레위기, 민수기, 신명기)과《탈무드》는 유대인들의 정신적인 지주이자 지혜의 바다이다.《탈무드 유머》는 그 망망대해에서 떠올린 한 컵의 물일 뿐이다. 하지만 그 한 컵의 물속에 영롱하게 서려 있는《탈무드》를 피력해 보고 시나고그Synagogue가 모태가 된 초대교회의 맥도 짚어 보고자 한다. 이는 겨자씨 한 알이 땅에 떨어져 거대한 나무로 자라게 되면, 그 가지에 매달린 열매를 통해 그 씨 안에 담긴 프로그램을 뜯어보고자 하는 열망에서다.

열매가 땅에 떨어져 싹을 틔우고 성장하여 다시 씨앗을 떨어뜨리듯이《탈무드》라는 지혜서를 통해 유대인들의 내면에 자리작고 있는 삶의 등식을 키보드와 마우스를 움직여 정리해 보고 싶어서이다.

한국 속담에 '연탄장수와 밀가루 장수가 싸우면 연탄장수는 희어지고 밀가루 장수는 검어진다.'는 말이 있다. 이처럼 서로 입장을 바꾸어 관점을 논해 보자는 이야기다.

《탈무드》를 읽다 보면 여호와로부터 지음받은 인간의 입장과 지으신 여호와 신의 입장을 오가며 생각하게 된다.

《신약성서New Testament》는 여호와 하나님이 인류를 구원하기 위하여 독생자 예수 그리스도를 이 땅에 보냈다고 적고 있다. 그런데 인간들은 그를 십자가에 못 박아 죽였다. 신 여호와 입장에서 보면 하나밖에 없는 아들을 죽인 인간들이 얼마나 원망스러웠겠는가? 이에 대한 유대인들의 생각은 다르다. 예수 그리스도는 선지자 중의 한 사람으로 전도 활동을 하다가 돌아가신 분이라는 것이다. 과연 그럴까?

그런데 왜 유대인들은 예수 그리스도 사후 2천여 년 동안이나 유리방황하는 민족이 되었을까? 6백만 명이라는 유대인들이 학살 당하였는데 이성이 지배하는 20세기 문명인들이 저지른 이 과오를 무엇으로 설명할 수 있을까?

유대인들은 이런 혹독한 시련 속에서도 꿋꿋하게 살아남았다. 이는 유대인들의 정신적인 지주 토라Torah의 가르침과 《탈무드》가 있었기 때문이다.

돌이켜 생각해 보면 누가 연탄장수이고 누가 밀가루 장수인지 희어지고 검어진 순환 논리가 쳇바퀴 돌듯 반복될 뿐이다.

《탈무드》를 읽으면서 편저자는 여호와 유일신에 대한 표기를 놓고 한동안 고민에 빠졌었다. 우리나라 개신교 측에서 명명하는 '하나님'에 대한 명칭 문제 때문이었다.

1800년대 일본과 중국에서 발행한 《신약성서》에는 여호와 하나님에 대한 명칭이 '상제上帝'와 '천제天帝'였다. 그리고 천주교회天主教會에서 로마 교황청의 재가를 받은 명칭이 '천주天主'였다. '천주교회'라는 명칭은 여기에서 유래한 것이다. 그런 다음 개신교단 측과 천주교 교단이 한자리에 앉아 통일된 명칭으로 '하느님'이라 부르기로 합의하게 되었다. 그런데 개신교 측에서 지금까지 하나님으로 불러 왔던 정서를 들어 '하나님'으로 다시 환원하고 말았다.

천주교회에서는 '하느님', 일반 개신교 쪽에서는 '하나님'이라 부르며, 인내천人乃天 교회로 알려진 천도교天道教 측에서는 '한울님', 그리고 단군교로 알려진 대종교大倧敎에서는 '한얼님'으로 명명하고 있다.

유일신 여호와에 대한 명명이 저마다 다른 것만큼 교회 간의 이질 또한 심각한 실정이다. 그러나 한국이라는 토양에 떨어진 기독교라는 씨앗은 확장일로에 있다.

유대인들이 바빌론 포로 시대와 애급 고역 시대를 거쳐 로마의 식민지로 전락했던 것처럼, 동양의 약소국이었던 한국도 고난의 역사를 겪었다. 《구약성서》를 읽다 보면 마치 한국 역사를 읽는 것처럼 파란만장함을 느끼게 된다. 거기다 유대 민족의 여인들이 아이를 업고 물동이를 이고 다니는 것을 보면 중동 속의 한국을 보는 것처럼 낯설지 않다. 이런 역사적인 배경이 창호지에 물이 스며들 듯 기독교를 받아들인 원인과 무관하지 않을 것이다.

또 솔로몬 왕이 세웠다는 '통곡의 벽'을 보노라면, 마치 우리나

나가 고구려 시대에 광개토대왕이 송하강 이남을 고구려 땅으로 확장했던 영광을 보는 듯하다.

유대 민족이 시나이반도에서 여호와 하나님과 계약을 맺은 선민選民임을 내세우는 것과 같이 과거 우리 민족은 백의白衣를 입고 살면서 천손天孫 민족임을 자부해 왔다. 부자의 마음은 부자가 알고 가난한 사람의 심정은 가난한 사람이 이해한다는 말처럼 유대 민족의 역사를 바라보면 동병상련을 느낀다.

유대인들의 《탈무드》를 읽다 보면 사물에 대한 사고방식을 확립시켜 주고, 그 뜻을 속 시원히 이해시켜 주기 때문에 흡족함을 느끼게 된다. 두뇌 회전이나 정신을 단련시키는 데 이보다 더 훌륭한 책이 없다. 그래서 《탈무드》는 유대인의 혼과 같은 것이다.

원래 《탈무드》는 '위대한 학문' '위대한 연구'라는 뜻을 지니고 있다. 그러기에 《탈무드》는 흩어져 있는 유대 민족을 단단히 결속해 주고 유대 민족을 포근히 감싸는 어머니의 품속처럼 위안을 준다. 《탈무드》에는 생활 규범이 있고 그 규범은 할아버지에서 아버지에게로, 그리고 자신에게로 전승되고 있다. 이런 흐름을 생각할 때 유대 민족이 《탈무드》를 지켜온 것이 아니라 오히려 《탈무드》가 유대 민족을 지켜 온 것이라고 말할 수 있다.

《탈무드》 본문은 한결같이 두 번째 페이지에서부터 시작되고, 첫 페이지에는 독자가 스스로 경험한 것을 적어 넣도록 되어 있다. 즉, 책을 읽는 사람이 거기에 자기의 경험을 써 메워야 하는 것이다.

《탈무드》는 모두 1만 5천여 페이지에 250만 개 이상의 낱말로 이루어져 있으며, 그 무게만도 75 kg에 달한다. 그래서 탈무드를 꼭 빌려 볼 사람은 트럭을 대동해야 한다는 말이 생기게 된 것이다.

유대인들에게 랍비Rabbi는 스승이기도 하고 재판관이기도 하며 요람에서 무덤까지 돌보아 주는 어버이가 되기도 한다. 그런 랍비에게《탈무드》를 공부하고 싶다고 하면, 랍비는《탈무드》를 공부할 만한 자격을 갖추었는지 확인하기 위해 다음과 같이 묻는다.

"두 사람이 굴뚝 청소를 하고 나왔는데 한 사람은 새까맣게 그을음이 묻었고 한 사람은 말끔한 얼굴로 나왔다. 두 사람 중 누가 먼저 얼굴을 씻겠는가?"

"당연히 그을음이 새까맣게 묻은 사람이 먼저 씻겠지요?"라고 답하자 랍비는 고개를 가로저었다.

"그럼 랍비는 누가 먼저 씻는다고 생각하십니까?"

"생각해 보시오. 말끔한 얼굴로 나온 사람은 새까맣게 그을린 사람의 얼굴을 보지 않겠소? 그러니까 자기 얼굴도 검을 거라 생각해서 말끔한 얼굴을 한 사람이 먼저 세수를 하지요."

"허! 거기에 문제의 허점이 있었군요. 그럼 다시 한 번 나를 시험해 보시오."

랍비가 똑같은 질문을 던졌고, 그는 자신 있게 대답했다.

"말끔하게 나온 사람이 먼저 세수를 할 것입니다."

그러자 랍비가 근엄한 목소리로 말했다.

"당신은 지금도《탈무드》를 공부할 자격이 없소."

"그렇다면《탈무드》에서는 어떻게 가르치고 있소?"

"두 사람이 똑같이 굴뚝에 들어가 청소를 하고 나왔다면, 어찌

밀끔한 얼굴과 그을음투성이의 얼굴로 나올 수 있겠습니까?"

이처럼《탈무드》는 상식적이면서 마음속의 맹점을 찌르는 머리 회전을 요구한다. 그래서 흔히《탈무드》는 법을 논하지만 법전이 아니고, 역사를 논하지만 역사책이 아니며, 수많은 사람의 이야기가 나오지만 인명사전이 아니라고 말하는 것이다. 그렇다고 백과사전도 아니며, 그저 유대인들의 삶을 지탱해 주는 지혜서의 구실을 할 뿐이다.

《탈무드》는 전적으로《구약성서》인 토라에 그 뿌리를 두고 있다.《구약성서》토라를 보완하고 더 넓게 펼친 것이《탈무드》인 것이다. 그러나 그리스도 출현 이후 기독교인들은 유대 문화를 무시하고,《탈무드》의 존재를 단호히 거부해 왔다. 그래서《탈무드》를 닥치는 대로 불사르고 수집하여 파괴했다.

오늘날《탈무드》는 바빌로니아의《탈무드》와 팔레스티나《탈무드》가 있는데, 그중 바빌로니아《탈무드》가 정통한 것으로 알려져 있다.《탈무드》는 많은 부분이 구전으로 전승되어 내려왔는데, 소실될 것을 염려하여 전승자들을 불러 모은 일이 있었다. 그 전승자들 중에서 머리가 뛰어난 사람들은 제외시켰는데, 이는《탈무드》의 내용이 왜곡되는 것을 막기 위해서였다.

이런《탈무드》는 히브리어를 비롯하여 바빌로니아어, 프랑스어, 독일어, 스페인어, 북아메리카어, 터키어, 폴란드어, 러시아어, 이탈리아어, 영어, 중국어 등으로 번역되었다.

《탈무드》의 중요한 가르침은 지식이 아니라 지혜를 요구하고 있다.

지혜는 지식의 동화 작용을 거쳐야 자양분이 되고, 그 자양분이 나무를 성장하게 한다. 그래서 지혜의 꽃을 피우고 아름다운 향기로 사람들을 즐겁게 해준다.

끝으로 편저자는 독자 여러분들께 제안하고자 한다.《탈무드》는 세계 위인 수십 명을 모아 이들이 수백 시간씩 지혜를 연구하여 발표하게 한 다음 녹음한 내용이 담겨 있는 소중한 자료다. 그만큼《탈무드》는 매력적이고 어느 페이지를 펼쳐 보든 천년 동안 설파해 온 내용을 만날 수 있는 고귀한 지혜서이다.

이처럼 귀한 책의 서문을 갈음하고 이제 유대인들의 삶의 현장으로 들어가 지혜의 페이지를 펼쳐 보도록 하자.

1 탈무드와 유대인

II 탈무드의 지혜

III 탈무드 유머

탈무드와 유대인

제1장

유대인 그들은 누구인가

유대인의 역사와 탈무드

◆ ◆ ◆

서기 70년 로마의 티투스가 유대를 공격하여 예루살렘을 정복하였다. 일부 유대인은 난공불락의 요새 마사다Masada에서 결사의 항전을 펼쳤지만, 끝내 73년에는 그마저도 함락되고 말았다. 로마는 그 기념으로 개선문을 세우고 금화를 만들었다. 그 금화에는 라틴말로 '유대아 데빅터' 및 '유대아 가프터'라는 글귀와 로마 병사의 발밑에 꿇어 앉아 있는 유대의 여인을 조각해 넣었다. '유대아 데빅터'라는 말은 '유대를 격파하였다'는 뜻이고, '유대아 가프터'라는 말은 '유대를 사로잡았다'는 뜻이다.

유대인은 나라를 빼앗기고 세계 각처로 흩어지는 디아스포라

Diaspora를 맞게 되었고, 로마인들은 승리에 도취했다. 그런데 오늘날 승리에 도취해 있던 로마제국은 오늘날 이 지구상에서 사라졌고, 패배의 고배를 마셨던 유대인들은 살아남아 시오니즘Zionism을 앞세워 1948년 5월 14일, 이스라엘Israel건국을 선언하기에 이른다.

이스라엘이라는 말은 아브라함Abraham의 손자 야곱Jacob이 메소포타미아에서 얍복강 나루를 건너려 할 때 천사와 씨름하여 이긴 다음 얻은 이름이다.

《탈무드》는 5천여 년 동안 유대인들이 생활하면서 축적해온 지적, 사회적, 민족적, 종교적인 생활 규범이라 할 수 있다. 또 단순히 사고와 결론을 집대성하기만 한 것이 아니다. 그 속에는 결과뿐만 아니라 과정까지 구체적으로 기록되어 있다. 그래서 누구나 독자적인 해석과 분석으로 탈무드의 주석자로서 풀이에 가담할 수 있다.

《탈무드》는 각종 규례와 법규, 율법적인 내용을 담고 있지만 법전은 아니며, 역사에 대한 풍부한 정보가 수록되어 있지만 그 자체가 역사책은 아니다. 수없이 많은 현자와 학자들에 대해 기록되어 있지만 인물사전도 아니다. 민속을 기록하여 전하는 보고이지만 인류학에 대한 논문집도 아니다. 랍비들의 사상이 기록되어 유대사상의 큰 줄기를 이루고 있지만 신학의 논문집이 될 수도 없다.

《탈무드》는 체계적인 철학을 제시하지 않고 있지만 전체적인 통일성을 갖추고 있으며, 광범위한 주제를 거침없이 다루고 있지만 그렇다고 백과사전은 아니다. 종교책도, 역사책도, 윤리책도, 철학책도 아니지만 문학과 사상이 고루 포함되어 있다.

유대인들은 선조로부터 내려오는 전통을 폭넓고 깊게 또한 새롭게 전하고 있다. 그들의 전통은 신의 계시로부터 비롯된 것이었지만 그 연구와 응용은 인간의 손에 있었다. 위로는 진리를 구하고 아래로는 중생을 구제한다는 뜻으로 풀이될 수 있다. 바꾸어 말하면 신으로부터 받은 이성을 인간 중심으로 판단하지 않는다는 뜻이다.

이스라엘 역사를 살펴보면 기원전 11세기에는 사울Saul 왕이 가나안 땅의 선주민 팔레스타인Palestine과 싸워 이스라엘 왕국을 건설했다. 이것이 이스라엘 민족 형성의 명실상부한 기점이 된 것이다. 그리고 사울의 뒤를 이어 다윗David 왕은 예루살렘을 왕국의 수도로 정하고, 이곳에 왕궁과 야훼Yahweh의 성전을 세웠다.

그 뒤 이스라엘 사람들에게 다윗 왕가와 더불어 야훼의 성전과 예루살렘Jerusalem은 이스라엘 민족적 자각의 중심지가 되었다.

다윗 왕과 솔로몬 왕은 이스라엘 왕국의 전성시대를 열었다. 솔로몬 왕이 죽고 이스라엘은 사마리아Samaria를 수도로 한 북왕

국이 형성될 때 이스라엘의 12시파(루우벤·시므온·레위·유다·스불론·앗사갈·단·앗·아셀·납달리·요셉·베냐민) 중 유다족과 시므온족을 제외한 10지파는 여로보암Jeroboam(기원전 922년)을 중심으로 북왕조를 탄생시켰다. 북왕국은 여로보암 1세부터 약 200년간 19명의 왕이 통치했다. 이 북왕국을 남왕국 유다족과 구별해 '이스라엘'이라 불렀다. 특히 남왕국 유다족과 갈라져 지내다 보니 보이지 않는

갈등이 이어졌다. 그러다 기원전 722년 아시리아Assyria 왕 사르곤 Sargon 2세에 의해 북왕국이 무너졌고, 기원전 586년에는 바빌로니 아Babylonia 왕 네부카드네자르(느부갓네살Nebuchadnezzar)이 남왕국 유다족을 점령하여 멸망시켰다. 그런데 남왕국 유다족들은 바빌로니아(이집트·애굽)에 포로로 끌려가 노예로 살면서도 이것을 하나님이 주신 시련으로 인식하고 신앙공동체를 만들고 시나고그를 세워 전통을 유지했다. 에스겔이 그발랑가의 성읍에서 하나님의 말씀을 전한 델아빕도, 유다지파로 바빌로니아에 끌려간 다니엘이 서기관 모임을 조직하고 꿈해몽과 벽에 쓰여진 외문자를 해석하여 총리가 된 것도 이때다. 유대인들은 기원전 538년 바빌로니아를 정복한 페르시아Persia 고레스Gyrus 왕의 칙령으로 반세기 만에 노예 신분에서 풀려나 귀환했다. 그러나 많은 유대인들이 그곳에 남게 되었는데 이때부터 디아스포라Diaspora가 형성되었다.

그러니까 당시 유대인들이 예루살렘으로 돌아가 살게 되면서 유다족과 이스라엘이라는 말이 동의어가 된 것이다. 그리고 역사가들은 이를 기점으로 이스라엘이라는 말은 유다족을, 유다라는 말은 유대 민족을 가리키는 말로 사용하게 되었다.

이는 전통을 계승하다라는 뜻이고 이들에 의해 이스라엘이 역사에 남게 된 것이라는 의미이다. 적어도 70년 로마에 의해 패망할 때까지 그렇게 불렸다. 이스라엘은 또다시 기원전 4세기에 알렉산더Alexander 대왕의 통치 아래 들어갔으며, 기원전 1세기에는 로마Rome의 속주로 편입되었다.

유대인들은 로마의 지배하에 있으면서 반 독립정권을 형성하고 로마제국에 저항하였으나 티투스Titus 황제 때 엄청난 탄압을 받아 세계 각처로 흩어졌고 오랫동안 표류하며 박해받는 생활을 하였다.

유대 민족이 로마의 침략을 받았듯이 우리나라 역시 일본제국의 침략을 받았고 우리 고유의 성姓과 글을 빼앗는 민족말살정책으로 전통과 문화가 깡그리 말살될 위기에 처했다. 선민選民인 유대 민족이 포로로 끌려가 살면서도 시나고그를 세우고 전통을 유지하였듯 우리 민족도 천손天孫 민족으로 문화와 전통을 고수하여 독립을 쟁취할 수 있었다. 이런 의미에서 유대 민족과 우리 민족 사이에는 동병상련의 정서가 흐르고 있다.

《탈무드》는 시대를 뛰어넘어 유대 민족의 정신을 일깨워 주는데 이제 막 인쇄되어 나온 신문처럼, 샘물처럼, 유대인들의 마음속으로 스며 들어 그 전통이 오늘에 이르고 있다.

《탈무드》에 기록된 내용은 인간의 행동 양식, 사고방식, 기쁨이나 슬픔, 고난, 성공, 그리고 인간이란 무엇인가, 행복이란 무엇인가 등 인간의 능력과 한계를 믿으면서 또한 그 범주를 뛰어넘는다.

유대인들은 2천 년 동안 유랑인으로 살면서도 《성서》를 마음의 지주로 삼고 《탈무드》를 지혜의 받침대로 삼았다.

그때 그날을 잊지 않는 사람들

◆ ◆ ◆

유대인은 시나이반도Sinai Pen.에서 여호와와 계약을 맺었다. 유대인들은 인간을 여호와 신에게 복종해야 하는 동시에 여호와 신과의 관계에서 독립된 존재로 여긴다. 그렇기 때문에 여호와 신과 계약을 맺을 수 있었던 것이다. 이처럼 이스라엘은 여호와와 계약을 맺은 선택받은 민족이라는 의식으로 살아왔다.

이스라엘 동남부에 난공불락의 깎아지른 절벽 마사다가 있다. 이곳은 이스라엘 젊은이라면 반드시 한 번은 견학해야 하는 유대 민족 애국의 성지이다. 유대인들은 이곳의 아픔을 생생하게 기억하고 있다.

그들은 유대의 역사적 전통과 정신을 이어가기 위해 세계적인 대국 로마제국과 맞서 싸웠던 마사다 요새를 역사적 산교육의 현장으로 삼고 있다. 육·해·공 사관생도들의 졸업식을 이곳에서 치르며 선조들의 호국정신을 이어받고 있다.

마사다 요새를 둘러싼 유대인과 로마제국의 마지막 싸움이 눈앞에 다가왔던 때의 일이다. 요새 함락이 임박했음에도 이 전쟁이 이스라엘 민족의 마지막이라고 생각한 사람은 아무도 없었다. 여호와와의 계약을 깰 수 없으며, 아무리 어려운 일이 닥쳐도 여호와의 백성으로 남아 있어야 계약을 지킬 수 있기 때문이었다. 여호와 역시 절대자로서 계약을 어기고 유대인을 멸망케 할 수는 없는 일이었다. 이 또한 유일신神이 인간과의 약속을 지켜야 하기 때문이다.

이스라엘 역사에서 유대인의 선조 아브라함은 아내 사라Sarah가 이삭Isaac을 낳자, 사라의 종인 하갈Hagal이 낳은 이스마엘Ishmael을 아라비아 사막으로 떠나게 했다. 이삭과 이스마엘 두 사람이 싸우는 것이 두려웠기 때문이다. 《성서》에서는 이스마엘의 어머니 하갈을 쫓아냈다고 했지만, 역사의 일설에서는 하갈이 아브라함의 마음고생을 덜어 주기 위해 스스로 걸어 사막으로 떠난 열부烈婦였다고 말한다.

《성경》〈창세기〉11장 10절 이하에서 아브라함은 100세에 아들 이삭을 낳았고 헤브론Hebron과 브엘세바Beersheba와 네게브Negeb 지방을 전전하였다. 그리고 하갈에게서 얻은 이스마엘 말고도 후처 그두라Keturah에게서 얻은 여섯 명의 아들이 또 있었다. 이들 모두가 아랍의 조상이 된 것이다.

난공불락의 요새 마사다를 공격하던 로마군은 스스로 사막을 찾아 떠났던 이스마엘과 그두라가 낳은 후손의 일부였다. 루시우스 플라비우스 실바Lucius Flavius Silva 장군을 중심한 로마군이 비탈길을 다지고 그 위에 자갈을 깔아 완전한 길을 만들고 있을 때, 바윗돌을 퍼붓는 공성 무기가 쉴 새 없이 이스라엘 진영 마사다의 성벽을 때렸다. 그러는 사이 로마군의 망루가 운반되고 망루의 장병들이 화살 공격을 했다. 이스라엘군도 방벽을 방패 삼아 로마의 망루를 공격했지만 허사였다.

이제 이스라엘군의 운명은 정해진 것이나 다름없었다. 오직 여호와만이 이스라엘군을 구할 수 있었지만 여호와는 그들을 구하지 않았다. 이때 이스라엘군을 통솔하던 엘리자르 벤야민Elizer

Benyamin이 나서서 이렇게 말했다.

"우리 모두는 이제 꼼짝없이 죽게 되었습니다. 그렇다고 저들 앞에 열 지어 똑같은 모양으로 칼에 찔려 죽을 수는 없습니다. 더구나 짐승처럼 가만히 선 채 죽을 필요도 없지 않습니까? 여호와가 우리를 불행에 떨어뜨렸지만 우리를 타락시킨 것은 아닙니다.

희망이 없지만 그래도 우리는 싸웠습니다. 유대의 왕 솔로몬 왕이 건립한 신전이 로마군에게 파괴되었을 때 우리는 또 다른 성벽을 쌓고 신전을 만들었습니다. 사람의 행위를 통해 여호와의 의지를 시험해서는 안 됩니다."

로마인들은 유대인들의 운명을 새장 속의 새로 여겼지만, 이스라엘군을 지도하는 엘리자르의 얼굴에는 노여움이나 슬픔이 보이지 않았다. 엘리자르는 비장한 심정으로 외쳤다.

"우리는 졌습니다. 우리에게는 작은 희망도 남아 있지 않습니다. 이제 마지막 해야 할 일을 찾아야 합니다. 자, 이것은 어떻습니까? 저들이 만든 노예 사슬에 묶여 짐승처럼 끌려가는 대신 로마군이 승리자로서 손을 뻗어 열매를 따려는 순간 로마군에게서 그 열매를 빼앗아 버리는 것은 어떻습니까?"

엘리자르는 다시 얼굴을 돌려 말했다.

"불태울 수 있는 것은 다 태우십시오! 그리고 파괴할 수 있는 것은 모조리 부수십시오. 이런 판국에 목숨이 중요하겠습니까? 여호와는 우리에게 영혼을 주셨습니다. 오직 이 영혼만이 소중합니다. 만일 아내와 아이들을 노예로 만드는 길을 택한다면 이것이야말로 여호와가 주신 영혼을 더럽히는 일이 될 것입니다!"

엘리자르의 말을 듣고 있던 사람들은 로마군에 의해 더럽혀지느니 차라리 깨끗하게 죽는 것이 명예로운 죽음이라는 것을 깨달았다. 이러한 죽음은 결코 죽음이 아니라 영혼을 살리는 길이라는 것을 깊이 느꼈다. 그리고 자신들이 싸움에 패한 뒤에 살아남은 자는 십자가에 못 박히거나 노예로 팔려 가거나 둘 중 하나임을 속속들이 피부로 느끼게 되었다.

사람들은 포도주를 마시는 것처럼 엘리자르의 말을 삼켰다. 엘리자르는 피눈물을 삼키면서 차라리 로마군과 싸우다 죽는 편이 그로서는 편한 일이라는 생각을 하기도 했다. 그러나 이스라엘 민족의 먼 미래를 위해서 오늘의 이 힘든 결정은 영원할 것이라는 사실을 여호와 앞에 고백했다. 그리고 다시 입을 열어 단호히 말했다.

"나는 로마군이 저 아래에 벌 떼처럼 나타났을 때 생각했습니다. 하지만 이 계획이 실행되지 않기를 빌었습니다. 우리 막사 안의 파괴할 수 있는 모든 것은 이미 파괴했습니다. 단, 양식만은 남겨 두었습니다. 그것은 우리가 먹을 것이 없어 굶어죽었다는 말을 듣지 않기 위해서입니다.

이제 우리는 선조들이 양을 고통 없이 죽이던 방법으로 너와 내가 서로의 고통을 덜어 주어야 합니다. 남자는 자신의 가족과 친척을 여호와 앞으로 보내야 합니다. 서로 상대편의 먹을 찌름으로써 로마군으로부터 해방시킵시다. 그렇게 해서 로마군을 도살자로 만들지 않고 이 마사다 요새는 로마인들로부터 버려진 산이 될 것입니다."

그러나 아무리 뛰어난 엘리자르라 할지라도 집단 자살을 설득시키는 것은 마음의 충격이 컸다. 로마군에게 능욕당하지 않기 위해 사랑하는 가족의 목숨을 끊게 하는 일은 결코 용이한 일이 아니었다.

그사이 마사다 요새가 적의 수중에 들어가는 것은 시간문제가 되었다. 모닥불을 중심 삼고 여러 겹으로 둘러싼 남자들 뒤로 여자들과 아이들이 모여 있었다. 요새 안에 있는 모든 사람들이 다 모인 것이다. 엘리자르는 경비병까지도 모두 모임에 참석하도록 했다.

"나의 명령에 충실히 따라 주었던 병사들이여! 우리는 여호와 이외의 로마인이나 그 어느 누구의 부하도 되지 않겠노라고 결심했습니다. 이제 우리는 로마군이 아니라 여호와께 보상을 받읍시다. 아내가 로마군에게 농락당하게 하는 대신 목숨을 끊읍시다. 아이가 노예가 되어 평생을 수치스럽게 사느니 죽음을 택하게 합시다. 명예로운 수의로 자유의 옷을 입으며 후회 없는 친절을 상대에게 베풉시다. 그래서 저들의 손이 미치지 못하게, 그리고 저들이 약탈할 것이 아무것도 남아 있지 않게 한다면 로마군에게 호된 일격이 될 것입니다."

도저히 가망이 없다고 생각하던 때에 엘리자르의 말을 듣던 좌중에게 팽팽한 긴장감이 엄습해 왔다.

이때였다. 일이 이렇게 된 이상 모두 엘리자르의 말에 동참하자는 외침이 등 뒤에서 터져 나왔다. 엘리자르는 다시 주위를 둘러보면서 마지막 일성을 토해냈다.

"우리 이스라엘 병사들은 명예롭게 살든지 명예롭게 죽든지 둘 중 하나라는 생각으로 지금까지 싸워 왔습니다. 이제는 죽음이 문 앞에 와 있을 뿐입니다. 우리 동포들이 로마군에게 어떻게 살해되었는지 역사의 이야기를 통해 모르는 이는 없을 것입니다. 다마스쿠스에서 1만 8천 명이 비참하게 살해되었고, 이집트에서는 5천 명이 죽임을 당했으며, 가이샤라에서 안식일에 우리 유대인의 피가 냇물이 되어 흘렀습니다."

패배를 앞에 두고 사람들은 엘리자르의 말에 도취되어 잠시 승리자의 영광에 취해 있었다.

"노예 대신 죽음을 택합시다. 사랑하는 아내와 꽃 같은 아이들이 자유로운 인간으로 이 세상을 떠나게 합시다. 그것이 율법이 우리들에게 정한 일이고 아내와 아이들이 바라는 일입니다. 이것은 여호와가 우리에게 부여한 필연입니다. 이것은 또한 로마군의 야욕을 소리 없이 쳐부수는 일입니다. 로마군이 요새를 점령했을 때 그들의 손에 죽는 것은 모욕입니다. 우리 자신의 몸을 산 제물로 바쳐 저들이 쳐들어와 우리를 죽임으로써 얻으려는 승리의 소망과 쾌락을 꺾어 버립시다. 자유인으로 죽음으로써 저들을 놀라게 하고, 참된 용기로 적이 두려움에 떨게 해줍시다."

엘리자르의 눈은 뻘겋게 타오르며 불꽃처럼 번쩍거렸다. 엘리자르의 손에 붉은 힘줄이 솟았다. 순간 피비린내가 진동했다.

"우리는 로마군과의 전쟁에서 여러 번 패배를 맛보았습니다. 로마군뿐만 아니라 우리 유대인들에 의해서 패배한 적도 있습니다. 그러나 이 마사다 요새의 패배는 반드시 승리로 승화시켜야 합니다. 여호와께서 이미 그렇게 정하셨습니다."

엘리자르는 칼집에서 칼을 뽑아 가족들의 목숨을 거둔 다음 칼집에 꽂지 못했다. 그리고 스르르 그 자리에 고꾸라지고 말았다.

날이 밝자 로마군의 공격이 시작되었다. 실바 장군을 중심으로 한 로마군이 요새로 들어서면서 함성을 질렀다. 개미 떼처럼 기어 오른 로마군 수천 명이 일제히 한데 모였고, 금 갑옷을 입은 실바 장군이 그 옆에 서 있었다.

실바는 낙담한 기색이 역력했다. 전쟁을 승리로 이끌어 로마 황제에게 영광을 바치고 드러내려 했는데 헤롯의 영광이 사라진 것이다. 이제 마사다 요새는 헤롯이나 실바의 것이 아니라 엘리자르 벤야민의 것이 되었다. 이 요새의 궁전을 찾는 사람들은 로마인이 점령한 궁전이 아닌 폐허의 먼지 속에 남은 엘리자르의 발자국을 보러 오는 것이며 그가 흘린 피도 왕관처럼 빛날 것이기 때문이다.

마사다 요새의 소식을 전해 들은 로마 황제는 허탈해했다.

"엘리자르, 너는 바보였다. 너 또한 유대의 왕이 되고 싶어 했다. 그러나 너는 로마의 광대한 영광을 보고 있으리라. 유대의 황폐한 구릉에서 태어난 네가 어찌 이 세계를 뒤엎을 수 있단 말이냐?"

로마 황제의 넋두리 같은 말에 마사다 요새에서 엘리자르가 했던 '우리가 강하면 우리를 비웃고, 우리가 약하면 우리를 위로한다.'라는 말이 되살아났다.

로마인들은 마사다 요새의 엘리자르를 격파하고 유대를 멸망시켰다. 그러나 마사다 요새를 점령한 그 로마는 지금 이 지구상에 없다. 무력으로 세계를 통일하고, 그다음 그리스도교의 복음을 앞세워 세계를 통일하고, 그리고 로마 법으로 세계를 통일하여 세번이나 세계를 지배했던 로마. 그래서 세계의 모든 길은 로마로 통한다던 그 막강한 제국은 지금 과거의 영화는 묻힌 채 그 자취만 남아있다. 하지만 유대인들은 세계 도처에서 그들의 문화를 유지하면서 인류 발전에 눈부신 활약을 하고 있다.

유대의 전쟁 역사

◆ ◆ ◆

'유대'라는 말은 서부 팔레스타인의 남부지역의 지리적 용어이다. 바빌로니아 포로로 끌려갔던 유다지파가 귀환한 포로족을 '유대인'이라 부른 데서 기인한다. 또 '유대인'은 바사왕국 아래서 통치받은 행정구역으로 나중에 로마제국의 수리아령에 합병되기도 했다.

로마인들은 유대를 붕괴시키고 '유대를 사로잡았다'는 승리감에 도취되어 축배를 들었지만 유대인들은 패배의 쓴잔을 마시고 세계 각처로 흩어져 포로생활 못지않은 고난을 겪어야 했다.

사람이 성공을 했을 때 그 환경을 받아들이는 것은 어렵지 않다. 그러나 실패했을 때 그것을 받아들이는 것은 결코 쉽지 않다.

건강한 사람이 갑자기 병을 얻으면 면역력이 떨어져 쓰러지기 쉽다. 그러나 자주 병치레를 하는 사람은 콜록거리면서도 장수하는 경우가 있다. 마찬가지로 패배를 견디고 참아내는 자가 최후의 승리자가 될 수 있다는 사실을 유대인들은 역사로써 보여주고 있다.

아랍Arab 국가는 1948년 이스라엘 독립전쟁에서 최초로 패전했다. 그리고 이스라엘과 아랍 사이에서 일어났던 1967년의 6일전쟁은 이스라엘의 승리로 끝났다. 그 전쟁은 이미 시작하기 전부터 이스라엘의 승리를 예견할 만한 징조가 있었다. 그러나 많은 사람들은 인구 250만에 불과한 이스라엘이 인구 1억 수천만의 아랍을 상대로 이기는 것은 불가능하다고 생각했다.

유대인들은 250만 유대인들과 나치Nazi에 학살Holocaust된 600만 명을 더해 850만 명이라고 내세우기도 했다. 그렇다 치더라도 아랍의 인구와는 비교가 되지 않을 만큼 초라한 수치다. 그런데 결과는 이스라엘의 승리였다.

유대인들은 그를 비유하여 사람의 눈은 흰 부분이 대부분이고 검은 부분은 조금밖에 되지 않지만 그러나 기능적으로는 흰부분으로 보는 것이 아니라 검은 부분으로 본다고 대변한다. 바로 작고 검은 부분을 이스라엘에 비교하는 것이다.

밤하늘의 별을 보라. 별은 밝은 대낮에도 떠 있지만 보이지 않다가 어두워지면 빛을 뿜어낸다.

밝은 대낮이 행복과 즐거움을 상징한다면 어두운 밤은 앞을 볼 수 없는 비참한 상황을 말한다. 사람들은 행복할 때보다는 어려움에 처해 있을 때 하늘의 별을 쳐다본다. 유대인들은 방황해야 했던 2천 년 동안 어두운 밤하늘의 별을 바라보며 살아왔다.

그런 의미에서 유대인들은 영화로운 날보다는 실패와 패배를 받아들일 줄 아는 민족이다. 그리고 패배의 날을 기념일로 삼고 있는 유일한 민족이다. 지구상에서 패배의 날을 기념하는 민족은 아마 유대 민족뿐일 것이다.

유대인들이 생각하는 유대인
◆◆◆

유대교라는 명칭은 남왕국 명칭 '유다'에서 비롯되었으며 기원전 586년 유다가 멸망한 후 포로생활을 하면서도 전통을 유지했다. 유대인들은 크게 사마리아파Samarians, 사두개파Sadducees, 바리새파Pharisees, 에서나파Essens, 그리고 율법을 준수한 카라파Karaites 등으로 나뉜다. 이들 유대교파 중에서도 탈무드·토라 중심의 정통그룹을 구분하나 유대교를 따르는 것은 마찬가지다.

유대인의 성전聖典《탈무드》는 계율인 할라카Halachah와 전설을 모은 학가다Haggadah, 미드라시Midrash 두 부분으로 되어있다.

학가다는 히브리어로 '설화'라는 뜻이고, 미드라시는 '연구', '조사'를 뜻하는 '드라시'에서 유래한 말이다.

로마는 그리스를 점령했지만 사상적으로는 그리스에 의지했다. 그런 로마가 그리스에서 떨어져 나가는 순간 로마는 붕괴되고 말았다. 이는 지금의 유럽과 미국의 닮은꼴이라고 말할 수 있다.

즉, 미국의 찬란한 문화는 유럽의 발자취로 성립된 것이다. 그것은 로마의 문화가 그리스를 계승한 것처럼, 미국의 문화는 유럽을 계승한 것이라고 말할 수 있다.

유대 역사를 보면, 세 차례에 걸친 로마와의 전쟁으로 유대 민족의 운명은 붕괴에 직면하였다. 그래서 사방으로 흩어지고 뿔뿔이 헤어지는 운명을 맞이하였다.

역사적으로 유대인들은 바빌로니아에 포로로 잡혀가 노예생활을 하면서 두 개의 사상을 세웠다. 유대인들은 제물을 드리는 성전 대신 종교적인 집회의 장場으로 시나고그Synagogue라는 회당을 세웠다. 신을 향해서 의식을 행하는 대신 기도를 드리게 된 것이다.

그리고 유대인들은 바빌로니아 안에서 국제적 통상에 눈을 떠 세계 구석구석을 누볐다. 바빌로니아의 왕 네부카드네자르Nebuchad-nezzar가 예루살렘을 짓밟고 유대인들을 포로로 잡아 바빌로니아로 들어올 때만 해도 상상할 수 없는 일이었다.

유대인들은 바빌로니아에서 《구약성서》가 명시한 거래 방식을 고집하면서 어떻게든 살아남기 위해 몸부림치며 상업에 종사했다. 수공업 중심지였던 바빌론은 유대인들이 포로가 되어 대거 밀려들어 오면서 엄청난 변화를 겪어야 했다.

유대인들에 의해 제조 분야와 상공업이 발전하면서 바빌론의 경제가 급격히 활성화되었다. 경제의 흐름을 따라서 국제적인 은행이 문을 열게 되고, 주요 도시의 부동산 경기가 거세게 일어나면서 사람들이 북적댔다.

당시 바빌론의 돈 놀이 이자는 20%에 달했는데, 부를 축적한 사람들이 늘어나자 바빌론의 바벨Babel은 화려한 도시로 변모하는 한편, 부를 축적한 무리들과 영세 상인들 간의 간격도 커져 갔다.

그런 가운데 신전을 중심으로 국제 무역을 하는 유대인들이 사제들과도 밀접한 관계를 맺으면서 사제들이 직접 은행 업무를 관장하기도 했다. 이 무렵 바벨에서 측량 시스템이 발명되었는데, 이는 바벨의 풍요한 생활 정도를 짐작할 수 있는 바로미터이다.

특히 함무라비 법전에는 상거래와 상인들을 보호하는 내용이 실려 있는데, 이는 상인들이 관료나 사제들과 얼마나 밀접한 관계를 맺었는가를 입증하는 것이다.

이렇게 유대인들이 닦아 놓은 상권을 발판으로 스페인, 이집트, 아라비아 등 바빌로니아가 발전함과 동시에 유대인들에 대한 질시의 눈초리도 피할 수가 없었다.

여기서 한 가지 주목할 것은 기원전 539년 페르시아Persia가 바빌로니아를 점령한 사건이다. 이스라엘에서 추방되어 바빌로니아로 온 유대 민족은 다시 페르시아의 지배를 받게 되었는데, 이때 페르시아는 유대인이 귀향하는 것을 허락하고, 그곳에 신전을 지어도 좋다고 했다. 이는 바빌로니아에서 유대인들을 빼내고 그 힘의 공백을 페르시아에 유리하게 이용하기 위함이었다.

유대인들은 그 상황에서 그들의 조상들이 살던 곳으로 돌아갈 것인가, 아니면 바빌로니아에 남을 것인가를 결정하기 위해 여호와에게 매달렸다. 그들은 팔레스타인으로 돌아가서 황폐한 나라를 일구어 공납이나 바치는 속국민이 되는 것을 바라지 않았다.

페르시아인들도 유대인들이 고향으로 돌아와 나라를 일구어 살게 되면 공납이 늘어날 것이라는 점에 착안해 유대인들이 예루살렘으로 돌아가도록 도와주었던 것이다.

그중 일부는 팔레스타인으로 돌아가 신전을 짓고 이스라엘을 건설했지만, 많은 이들은 자유 의지에 의해 그대로 눌러사는 것을 선택했다. 돌아가 황폐한 땅에 살면서 공납하는 속국민이 되느니, 차라리 그 자리에 눌러앉아 독자적인 삶 터에서 문화를 갖는 것을 택한 것이다. 이런 경우 대부분의 민족들은 뿔뿔이 흩어지면서 자연적으로 소멸의 길을 걸었지만 유대인은 아니었다.

그들은 이산에 의하여 새로운 문화를 만들어낸 민족으로, 그리스의 옷을 입었으나 유대인이고, 아랍의 옷을 입었지만 유대인일 뿐이었다.

결국 유대 민족은 바빌로니아에 눌러살면서 예루살렘의 예술과 문화를 향상시켜 그 영향을 받게 만드는 민족이 되었다. 유대인의 문화는 독창적이면서 화려했다. 그리스와 로마의 문명이 이런 색조를 강하게 띠는 것도 유대 문화에 기인한다.

유대인들은 동정童貞을 '레헴'이라고 한다. '레헴'이란 순결을 의미하고 신성한 어머니의 자궁을 가리키는 말이다. 《탈무드》에서 말하기를 어머니가 아기를 가졌을 때는 세상 모든 것을 아름답게 보고 사랑스럽게 느끼는 데서 나온 말이라고 전한다.

유대인들의 이런 문화가 은연중에 로마로 스며들어 갔고, 이는 대로마가 나중에 그리스도에게 의존하게 되고 히브리인을 배척하면서도 히브리인들의 문화를 동경하게 되는 데 영향을 미쳤다.

'학가다'는 설화나 신화나 전설 등을 줄거리로 한 옛 이야기를 말한다. 히브리어로 설화를 뜻하는데, 성서의 율법적 해석이 아닌 설화적인 해석을 일컫는 말이다.

이에 비하여 '할라카'는 도덕 법칙으로, 유대인들에게 법률적 관습의 전체라고 말할 수 있다.

반면, 학가다는 내적 경건으로 마음속으로 수행하고자 하는 의지요 결단이라고 말할 수 있다. 즉, 할라카가 이스라엘 자손에게 의무를 가르쳐 준다면, 학가다는 이러한 의무를 수행하고자 하는 마음속 의지인 것이다.

이러한 학가다는 13세기에서 14세기 프랑스와 아라비아에서 쓰여진 것으로, 주로 유대인들의 세계를 단적으로 그린 이야기이다.

로마인과 희랍인, 페니키아인 등이 타고 가는 배에 유대인도 타고 있었다. 그런데 항해 도중 해적의 습격을 받아 배에 타고 있던 사람들은 포로가 되었으며, 급기야 노예로 팔려 가게 되었다.

배에 타고 있던 사람들이 한 사람 한 사람 끌려 나가 노에로 팔렸다. 골격이 큰 로마인은 노동자로 팔려 나갔다. 다음, 희랍 여인은 아름다운 얼굴 때문에 첩으로 팔려 나갔다. 그다음 유대인을 세워 놓고 해적은 '이 사람은 건강해서 노동도 잘할 수 있다!'며 외쳤다.

첫 번째 사람이 금화 몇 개에 노예를 사겠다고 하자, 두 번째 사람이 값을 올려 불렀다. 이렇게 몇 번 되풀이된 다음에 두 번째 사나이가 비싼 값을 치르고 유대인을 노예로 샀다.

노예를 산 사람은 유대인 노예를 데리고 그곳을 빠져나갔다. 그리고 아무도 보이지 않는 곳에 이르자 유대인 노예에게 "샬롬 Shalom!" 하고 말했다.

이 말은 이제 당신은 자유의 몸이 되었으니 잘 가라는 뜻이다. 유대인들은 유대인이 어려운 일에 처하면 어떤 희생을 치러서라도 구해준다. 노예를 산 유대인은 노예가 된 유대인을 한 번도 본 일이 없지만, 그가 유대인이라는 이유만으로 비싼 값을 치르고 그를 구해준 것이다.

유대인의 이런 관습을 잘 아는 해적들은 고대로부터 중세에 이르기까지 '피도우 욘 슈비임', 즉 붙잡힌 유대인을 어떻게 해서든 구해 준다는 것을 알고 더 많은 유대인을 잡아들이는 부작용도 생기게 되었다. 그래도 유대인들은 성금을 거두어 조달하면서까지 붙잡힌 사람들을 구해냈다. 부자이거나 가난한 자이거나, 성금을 통해 조달하다 모자라면 두루마리로 된 귀중한《성서》를 팔아서라도 이 일을 계속했다.

이러다 보니 자연히 해적들의 표적은 유대인들이 되었다. 잡아들이기만 하면 돈이 되기 때문이었다. 그러자 랍비들 사이에서 유괴를 조장助長하는 결과를 낳았다는 주장이 나오기도 했다.

그러나 유대인들은 한 사람 한 사람이 유대인들에 대하여 책임을 지고 있다. 즉, 자신이 역경에 처할망정 같은 유대인이 곤경에 빠져 있을 때는 그를 구조할 의무가 자신에게 있다고 생각하는 것이다. 그래서 유대인들은 누가 자신을 구해 주었는지 모르는 일이 허다하지만, 이것은 조금도 문제가 되지 않는다. 그저 같은 유대인이 구해주었다는 사실만을 알 뿐이다. 그래서 유대인들에게는 교포僑胞라는 말이 없다. 이와 같은 행위를 다른 민족들은 이해하기 어려울 것이다.

유대인들은 모두가 형제라는 의식 속에 산다. 그래서 형제를 돕는 것이다. 그런 끈끈한 유대가 그들을 있게 한 것이다. 그들이 이 지구상에서 살아남을 수 있었던 것은 상상도 할 수 없는 유대 문화, 즉 그들의 세계가 있었기에 가능했던 것이다.

피부색이 달라도 문화가 같으면 유대인

◆ ◆ ◆

문화는 컬처Culture로 라틴어로는 쿨투라Cultura인데 경작하다와 개발하다는 의미로 쓰인다. 문명이 물질적인 외향이라면 문화는 물질 이상의 정신적 총아로 구분할 수 있다. '유대 민족'의 '이스라엘'은 승리의 징표로 받은 이름이다.

유대인들은 기원전 586~638년, 약 반세기 동안 바빌로니아에 포로로 잡혀 고난을 겪었다.

그러나 이스라엘 민족은 이를 여호와가 주신 시련으로 인식하고 신앙 공동체를 만들어 새롭게 사는 길을 열었다. 그리고 약 50여 년만에 페르시아의 고레스Cyrus 칙령으로 유대Judah로 돌아가 성전을 재건하라고 권면하였는데 이사야 선지자는 그런 고레스를 기름 부은 자로 기록하고 있다. 그러나 많은 유대인이 페르시아와 애굽에 남아 디아스포라Diaspora가 형성되었으며, 이로 인하여 유대주의는 국제적인 기반을 이루는 계기가 되었다. 기원전 586년 마침내 바빌로니아가 멸망하자 팔레스타인에 유대인 나라, 이스라엘 국가를 세웠다.

그 후 다시금 알렉산더 대왕의 지배하에 있다가 뒤이어 또다시 로마에 정복되어 유대 왕국은 완전히 소멸되고 말았다.

이렇게 해서 세계로 흩어진 유대 민족은 그 나라와 그 땅의 피가 섞이고 풍토와 문화, 관습에 젖어 들었지만, 그들 또한 유대인임이 틀림없다. 예멘에 살고 있는 유대인과 독일에 살고 있는 유대인을 비교해 보면, 머리와 눈의 색깔만 봐도 금방 차이가 난다. 그들 속에는 금발도 있고 빨간 머리도 있으며 검은 머리도 있다. 눈동자를 봐도 푸른 눈동자와 갈색 눈동자, 검은 눈동자 등 다양하게 있다. 코도 콧날이 높게 솟은 코와 갈고리 코, 뭉툭한 코 등 다양하다.

유대인들이 이산의 공동체 디아스포라를 맞으면서 아프리카로 흘러들어간 유대인들은 흑인화되고, 중국으로 스며든 유대인들은 황인화된 것이다. 때문에 머리가 희거나 검고, 곱슬머리인 사람도 있다.

이와 같이 외견상으로 유대인을 구별하는 방법은 없다. 다만, 유대인은 독특한 계율과 생활 습관을 가지고 있는데, 그 문화를 가지고 있어야 유대인이다.

유대인의 생활을 보고 싶다면 호텔 가까이에 있는 시나고그를 찾아가면 된다. 시나고그는 어디를 가도 문화시스템을 기꺼이 보여 줄 것이다.

유대교의 특징은, 유대 민족만이 하나님에게 선택된 민족으로서 자신들만 신의 명령을 지키면 된다고 생각하는 것이다. 굳이 다른 민족에게 유대교를 강요하거나 선교사를 내세워 전도하려고 하지 않는다.《탈무드》도 음식을 시식하듯이 접해보고 맛이 마음에 들면 마음껏 들라고 권하는 정도로, 유대인의 힘을 나누어 줄 뿐이다.

유대인 그들은 누구인가

◆ ◆ ◆

로마인들은 유대 민족을 점령한 후 예루살렘을 황폐하게 만들고 유대인이 팔레스타인에 거주해서는 안 된다고 출입을 금지했다. 다시는 일어설 수 없는 민족으로 만들기 위한 특단의 조치였다. 이렇듯 유대 민족은 그리스 로마에 점령되었지만, 그리스 로마 문명은 결국 유대주의 모태에서 싹튼 문명이었음이 로마 멸망 후 1,600여 년이 지나서야 밝혀지게 된다.

그러니까 지금 서구 문명의 정신, 도덕, 윤리, 사상의 뿌리는 결국 유대주의에 바탕을 두고 있다는 이야기이다. 서구인들의 가구나 생활 비품은 그리스 로마인들의 것이지만 그 문화는 누가 뭐래도 유대인들이 지녀온 유대인풍風이라는 사실이다. 이처럼 유대인들의 문화에 대해 생각하면 유대인만큼 독특한 민족도 없다는 생각을 가지게 된다.

유대인은 어찌 보면 핵폭탄보다 더 강력한 문화를 가지고 있다. 유대인들의 문화는 흐트러지지 않고 지금까지 전통으로 면면히 이어지고 있다. 강력한 흡입력을 지닌 유대문화는 과연 어떠한 면에서 다르고 다른 민족과 구별되는가?

그들의 문화는 강물처럼 흘러 아시아와 아프리카와 유럽의 세 대륙에 흩어져 있었지만 하나의 민족이며, 하나의 종교와 언어, 그리고 여호와의 법으로 결합되어 있다. 그들은 이교도의 국가에 살면서 국가 안의 국가로 조직되어 서로를 보호하고 의지해 오고 있다. 그중에《탈무드》는 법과 윤리로서 세대와 국경을 뛰어넘어 하나로 결합되어 사는 지혜를 일러주고 있다. 결국 유대인들만의 보이지 않는 국가 연합으로 조직되어 있다는 말이다.《탈무드》는 이 국가연합의 사법私法, 무역 규칙, 상업, 부동산, 손해, 계약의 이행 등 광범위하게 경제 활동을 규정하고 있는데, 이는 국제법으로서 기능한다.《탈무드》를 가르치는 유대교의 랍비Robbi는 종교적인 관습뿐만 아니라 상거래, 국제적인 무역 문제, 국제법의 판례에 대해서까지 속속들이 알지 않으면 안 된다.

이처럼 국제적인 관계를 유지하면서 유대인들의 무역활동 규모가 커지자 각 나라에서는 유대인들을 바라보는 눈길이 달라졌고, 자신들 국가의 안위를 생각하는 수위에 이르게 되었다. 이런 불안감이 자국 내에 있는 유대인들을 감시하고 더 나아가 압박하는 수단으로 돌아서는 수순을 밟게 만들었던 것이다.

그러나 유대인들은 단지 생존을 위해 전통을 따르고 서로 소식을 전했을 뿐 살고 있는 곳에서 나라를 갖겠다는 생각은 추호도 없었다. 유대인들은 국가라는 큰 틀 속에서 보면 아주 작은 소수 민족이다. 더욱이 나라를 잃고 세계 도처에 흩어져 있으며, 그 수를 합쳐 봐야 겨우 2천만 명 정도에 지나지 않는다.

디아스포라로 유대인들이 겪은 핍박

◆ ◆ ◆

디아스포라는 이스라엘에 살고 있지 않은 유대인이라는 의미이다. 유대인이 디아스포라를 맞은 것은 바빌로니아에 포로로 끌려가면서부터였다. 전란으로 나라가 멸망하자 유대인들은 사랑하는 가족과 떨어져 세계 각국을 유랑하며 핍박을 받았다. 때로는 추방당해 게토(히브리어의 Get(분리)를 라틴어화한 것. 또는 이탈리아어의 borhtto에서 나온 말)라는 좁은 지역에 살면서 언젠가 비상할 날을 믿으며 안갯속 같은 나날을 버티기도 했다.

그러나 유대인들은 《성서》 '토라'를 통하여 자기들의 조상이 어떻게 발상하였으며, 신神이 어떻게 유대인을 세웠는지 상세히 알고 있다. 유대인들은 기원전 18세기경 유목민으로, 현재의 이스라엘 땅에 이주해 살기 시작했다.

《성서》에 유대인 최초로 등장하는 아브라함은 이 무렵의 인물이다. 유대인들은 이스라엘이라는 땅에 정착하여 뿌리를 내리고 있었지만 중동의 소수 민족으로 이리 쫓기고 저리 쫓기면서 살았다. 지형적으로 볼 때 이스라엘은 아프리카와 아시아와 유럽으로 통하는 길목에 자리 잡고 있다. 따라서 천혜의 요충지이자 변란이 서로 끊이지 않는 지역으로 바람 잘 날 없는 돌풍의 소용돌이가 잠재되어 있는 곳이었다. 그런 변란 속에서 이집트의 노예로 끌려 가는가 하면, 바빌로니아로 납치되어 노예로도 살았다.

　이러한 수난의 역사를 거치면서도 유대 왕국은 사울 왕, 다윗 왕, 솔로몬 왕 등 화려한 시대를 구가하기도 했다. 그러나 기원후 70년 로마에 정복되어 유대인들은 그들의 조국 이스라엘에서 추방되었다. 이로써 유대인들은 남김없이 흩어져 팔레스타인 밖에서 살게 되었던 것이다.

　그중 한 무리는 중국中國의 하남성河南省 개봉開封에까지 밀려들어 갔다는 사실이 밝혀졌다. 그들은 많은 부분이 중국화되었지만 시나고그, 즉 유대교 회당을 세우고 유대교의 계율을 지키고 있었다. 기록에 의하면 7세기 무렵 각지에 흩어져 살던 사람들이 갑작스럽게 나타나 '쥬프'라고 불리었다는데, 이는 문득 나타났다는 말이다.

　그러니까 이스라엘에서 추방된 유대인들은 대부분 유럽으로 건너갔으며, 그중 일부는 아랍과 터키로 가 나라 잃은 설움과 멸시를 겪으며 2등 시민으로 살았다. 그러나 목숨을 잃는 심한 박해는 받지 않았다.

　한편, 유럽으로 건너간 유대인들은 그리스도교인들의 집요한 박해를 받아야만 했다. 그것은 유대인들이 믿는 유대교 때문만이 아니라 하나님의 독생자 예수를 죽인 민족이라고 생각했기 때문이었다.

그들은 개종이라는 간단한 몸짓(처신)만으로도 게토Ghetto에 갇히지 않고 득의만만하게 살아갈 수 있었다. 그러나 그들은 치욕의 노란색 별을 선택했다. 다시 말하면, 치욕적인 유대인 차별로 노란색 배지badge를 부착하도록 했는데 그 길을 선택했다. 그것도 모자라 나중에는 특별히 정해진 복장을 입도록 강요했다. 같은 야훼 즉 여호와 하나님을 믿으면서 그리스도교인과 길에서 마주치면 비켜서서 길을 양보해야만 했다. 시나고그를 세우는 것도 일체 금지되었다.

이와 같은 제도적 금지는 이슬람교에서 그리스도교인들에게 시행했었는데, 이를 그대로 유대인들에게 적용한 것이다. 개종만 하면 유대인은 유럽 최고의 영예를 누릴 수 있었다. 그렇지만 그들은 육체적 제한 조건을 《구약성서》나 《탈무드》의 빛으로 비추면서 지성과 신앙으로 위안을 얻었던 것이다.

유대인들은 유대교를 신봉하면서 자신들의 독자성을 끝까지 유지했다. 이런 유대인들의 중심에는 《성서》의 가르침이 있었으며, 이 가르침을 지주로 삼고 굳게 지켜왔기 때문에 가능할 수 있었다.

유대인들이 이스라엘에서 추방되어 각국으로 밀려들자 로마 교황 바울 4세는 1555년 유대인들을 따로 살게 해주었다. 그때부터 유대인들이 모여 사는 부락을 게토라고 불렀다. 게토는 스페인에서 시작하여 이탈리아, 독일, 프랑스, 오스트리아, 그리고 터키, 러시아, 중국 등지에서 시행되었으며 19세기 초까지 계속되었다.

유대인들은 추방된 뒤부터 다른 나라에 얹혀사는 처지라 자기 스스로를 지키기 위해 칼이나 창을 가질 수 없었다. 따라서 외부로부터의 위협을 막기 위해서는 벽을 쌓거나 울타리를 쳐야 했다. 하지만 나라가 없으므로 지켜야 할 땅도 군대도 없었다.

유대인들은 게토에 모여 사는 것만으로 끝이 아니었다. 1492년 스페인과 포르투갈 등 이베리아 반도에선 그리스도교로 개종을 거부한 유대인을 추방했다. 이들 대부분이 북아프리카와 터키로 이주했으며, 슈터틀Shtertl, 즉 게토의 다른 말이 베네치아에서 시작되어 비엔나와 프랑크푸르트와 프라하 등 유럽 도시로 확대되었다. 그러나 유대인들은 배움으로써 유대인이 되고《성서》를 가르침으로써 정체성을 지켜왔던 민족이다.

한 민족이 멸망했다고 하는 것은 흔히 국토를 잃은 것을 말하지만, 그보다는 스스로 믿는 문화와 종교를 버리고 점령자에게 동화되는 것이야말로 확실한 멸망일 것이다.

유대인들이 스스로 자신들의 문화를 지키기 위하여 배우고 가르치는 일을 시작한 것은 이스라엘에서 추방된 뒤부터가 아니다. 그들은 이스라엘에서 생활할 때부터 학문을 숭고한 것으로 여겼으며, 랍비(유대교의 율법학자)는 유대 사회에서 가장 존경받는 지위를 차지했다. 그 예로, 유대인의 아이들은 힘과 권력을 가진 용사나 왕자를 영웅이라 여기기보다는 지혜롭고 현명한 현인賢人이 되는 것을 이상형으로 숭상했다.

그런 유대인들은 고대로부터 태어난 지 8일 만에 할례식割禮式

을 갖고, 12세가 되면 '바 미츠바Bar Mitzvah'라는 성년식成年式을 치렀다. 이 성년식은 지금까지 받아 온 가정교육을 끝내고 성년이 되는 것을 뜻하는데, 이때 《성서》나 《기도서》를 읽을 수 있어야 하기 때문에 유대인이라면 누구나 글을 안다.

그런 유대인 사회의 특징 중 하나가 차별이 없는 민주주의이다. 이는 하나님 앞에 모든 인간은 평등하다는 생각에서 출발한 것이며, 그렇기 때문에 유대인 사회는 고대로부터 철저한 평등주의 기반 위에 세워졌다. 따라서 누구라도 교육을 받고 배울 권리가 있으며, 《성서》를 읽고 연구하면서 자연스럽게 지혜를 넓혀 갔다.

그들의 배움의 욕구는 《성서》에만 그치지 않고 성서 외에도 많은 책을 남겼는데, 그중 하나가 《탈무드》이다.

《탈무드》를 펼쳐 보면 최초의 단 한 사람, 아담이 등장한다. 단 한 사람, 한 인간을 지칭한 것은 아담 이후의 어느 한 사람이건 그의 세계는 단 하나밖에 없다는 것을 의미한다. 그러니까 한 인간을 멸망시키는 것은 그 사람에게 주어진 하나의 세계를 멸망시키는 것과 같다는 말이다. 그만큼 인간이 고귀한 가치를 지닌 존재라는 사실을 말하는 것이다.

개개인을 중시하는 유대인

◆ ◆ ◆

유대인의 역사는 설움의 역사요 피로 물든 역사였다. 2차대전 때 독일 나치스는 전황이 나빠지자 조급한 나머지 유대인 박해에서 절멸絶滅로 수순을 바꿨다. 독일군은 1940년 덴마크, 노르웨이, 네덜란드, 프랑스를 점령했을 때 이 지역의 유대인들에게 유대인 등록증을 발급했다. 이렇게 함으로써 유대인들을 차별하고 격리하는 데 행정력을 집중시켜 위해를 가중시키는 데 총력을 기울였다.

한 걸음 더 나아가서 소련과 우크라이나에서 50만 명에 달하는 유대인을 그저 유대인이라는 이유로 무참히 학살했다.

그리고 나치군은 소련으로 진군하면서 유대인 소탕을 중요한 임무의 하나로 꼽았다. 우크라이나의 수도 키예프에는 총 인구의 35%에 달하는 유대인이 살고 있었는데 그들을 가려내려고 혈안이 되어 있었다. 그때부터 독일군 내에 유대인을 식별하는 연구기관인 특수군까지 만들어 훈련시키고 유대인들을 가려내 소리없이 학살했다.

유대인들은 생명의 위협을 느끼자 각지에 설치된 유대인 게토에서 봉기를 일으켰다. 이에 독일 정예군은 한층 더 잔인무도하게 그들의 진압에 나섰는데 이때 7천 명의 유대인이 몰살당했다.

1942년부터는 전세가 독일군에게 불리하게 돌아가자 유대인 수용소를 아우슈비츠, 비르케나우, 소비보르, 트레블링카 등에 설치하고 그들을 좀 더 간편하게 살해할 방법을 고안해 내는 데 심혈을 기울였다. 정맥에 공기를 주입하거나 독극물로 살해하는 것은 시간이 오래 걸려 많은 수용자를 처리할 수 없었다. 하여 수뇌부에서는 일시에 많은 사람을 죽일 방법을 다각적으로 연구 검토하는 데 집중했다.

마침내 독일군은 군에서 방충제로 사용하던 자이클론 비Zyklon B

라는 독가스를 사용하자는 합의에 이르게 되었다.

이 계획이 수립된 후, 그들은 수용소에 유대인들이 들어오면 제일 먼저 옷을 벗기고 전라인 채로 샤워를 시켰다. 샤워가 끝나면 푸른색을 띤 자이클론 비 가스가 샤워기를 통해 분사했다. 목욕실에 가스가 자욱하게 뿌려지면 그 안에 있는 사람들이 숨을 쉬면서 가스를 들이키게 되고, 잠시 후 온몸에 가스가 퍼진다. 가스를 마신 사람들은 피부에 반점이 생기며 구역질을 하고 마침내 욕탕 바닥에 쓰러져 사망하였다. 이 기간에 폴란드에 살던 유대인 330만 명 중 280만 명이 살해되었고, 소련과 우크라이나에 살던 유대인 150만 명, 루마니아에 살던 유대인 55만 명, 체코 26만 명, 헝가리 20만 명, 루마니아 14만 명 등 18개국에서 597만 명이 살해된 것으로 알려졌다.

전쟁이 끝난 뒤 소련군이 폴란드 수용소를 점검했는데, 수용소 내에 적어도 2천만 명을 살해할 수 있는 분량의 자이클론 비가 남아 있었다고 한다.

만약 전쟁 기간이 더 길어졌다면 어떻게 되었을까? 생각만 해도 온몸에 소름이 끼치고 전율이 느껴진다. 20세기의 지성이 두 눈을 시퍼렇게 뜨고 저지른 천인공노할 행위였다. 인류의 지성이 아직 이 정도밖에 되지 않는다는 것에 몹시 당황스러울 뿐이다. 짐승도 아닌 사람을 이처럼 잔인무도하게 살해했는데 당시 크리스천들은 다 어디에 있었단 말인가?

유대인들의 입장에서 볼 때는 그 어디에서도 신을 중심한 양심의 소리가 들리지 않았던 암흑의 시대였다.

이런 혹독한 시련을 겪은 유대인들은 피와 눈물로 새로운 조국을 건설하게 되었다. 건설된 조국 이스라엘에는 280만 명이 정착해 살기 시작했다. 그러니까 280만 명 외의 유대인들은 아직도 세계 각처에 흩어져 살고 있는 것이다.

정치, 경제, 문화, 사회 곳곳에서 기라성처럼 성공한 사람들 중에는 유대인들이 수없이 많다. 그리스도, 마르크스, 아인슈타인, 프로이드, 베르그송, 쇼펜하우어, 로스차일드, 트로츠키, 디글렌디, 키신저 등 이루 헤아릴 수 없을 만큼 많은 유대인들이 활약해 인류 발전에 엄청난 힘을 보태고 있다.

그중에서도 정치와 금융 산업에 깊이 관여하며 컴퍼스 스페이스를 10년 단위로 선을 긋고, 100년 앞을 내다보며 바둑의 돌을 쥐고 맥을 짚어 가며 말없이 점을 놓고 미래를 직시하고 있다.

그래서 흔히 오늘날의 세계를 지배하는 것은 거대 자금을 보유하고 있는 유대인들이라고 말한다. 이는 유대인들의 우수성을 말한 것이기도 하지만, 그런 오해를 받을 만큼 유대인들의 우수성은 곳곳에서 나타나고 있다.

사실 아랍제국의 1억 명과 이스라엘 280만 명의 대결은 도저히 생각할 수 없는 일이지만, 1967년 6일 전쟁에서 보기 좋게 승리를 거둔 사실만으로도 그렇다. 그런가 하면 역사적으로 일주일을 7일로 계산해낸 것도 유대인들이고, 유일신을 고안해내 그 세력을 세계적으로 확대시켜 그리스도의 판도를 만든 것도 유대인이다. 지구상에서 맨 처음 민주주의를 실행하고 의무교육을 실시한 것도 유대인들이다.

유대인은 이처럼 거처하는 곳에서 환경을 만들어가고, 그 환경에서 유대 문화를 전파시키는 사람들이다. 유대인들은 유구한 역사를 지니고 있으나 약소국으로서 끊임없는 박해를 받으며 나라 없이 생존을 유지해 왔다. 그중에서도 유대인들의 생활은 미래에 지향점을 두되 대단히 현실적이다.

유대인들은 예수 그리스도를 하나님의 아들로 인정하지 않기 때문에, 유대인들에게 있어서 성서는 《구약성서》 하나밖에 없다.

유대인들을 보는 질시의 시각

◆ ◆ ◆

유대인들은 과거 어느 시대에서도 겪어보지 못했던 끔찍한 수난을 겪어왔다. 그것도 100년도 채 안 되는 제2차 세계대전 시기에 나치 독일인에 의해 6백만여 명이 계획적으로 학살을 당하였다. 이는 나치 독일인이 집권한 시대적 배경이 그런 일을 저지르게끔 사탄Satan의 몫을 담당했다고 볼 수밖에 없지만 이는 침으로 부끄러운 역사다. 그러니까 절대군주제와 봉건제도가 붕괴되면서 뭔가 탈출구가 필요했던 때에 반유대주의가 인종적, 정치적, 사회적으로 부각되었던 것이다.

그중에 아돌프 슈퇴커Adolf Stoecker(1835~1909)는 독일 기독교 사회당 당수를 맡은 사람이었는데, 이들이 반유대주의Anti-Semitism의

기수가 된 것이다. 그다음 1882년 드레스덴에서 '기독교연맹'이라는 반유대주의 단체가 국제적으로 결성되었다. 이러한 움직임은 제정러시아, 폴란드, 헝가리, 리투아니아, 루마니아 등지로 번져 나갔다.

이처럼 연맹이 벨트라인을 형성하면서 조직적인 박해를 가해, 결국 독일에서 6백만 명이라는 대학살 사건이 일어나는 동기가 되었다. 이는 당시 정치가 앞장서고 천주교회를 중심한 일반 교회가 이를 묵인하고 방조하면서 팽배해졌다. 독일은 1차 대전에서 패배한 후 극심한 경제난과 사회적 혼란을 겪게 되었다. 그러면서도 독일이 차마 받아들이기 어려웠던 것이 패전국의 수치심이었다. 이로 인하여 국론이 분열되고 좌우 양진영의 끊임없는 소모전으로 그 대립이 극에 달하게 되었다. 이런 때에 유대인이 주도적으로 창시한 마르크시즘Marxism 즉 공산주의를 증오하면서 등장한 것이 국가사회주의였다. 독일 나치스의 이념인 국가사회주의는 독일의 국민성과 잘 맞아 떨어져 그 세력을 급격히 확장시킬 수 있었다.

이때 등장한 북오스트리아 출신 히틀러Adolf Hitler(1889~1945)는 강력한 극우 노동자당 나치Nazis를 만들어 국수주의 군부 세력을 업고 권력 장악에 나섰다.

히틀러는 어린 시절부터 유대인에 대한 좋지 않은 감정을 가지고 성장했다. 히틀러는《나의 투쟁Mein Kampf》이라는 저서에서 유대인에 대한 감정을 적나라하게 드러냈다. 히틀러가 반유대 감정을 가지게 된 이유에 대해서는 몇 가지 설이 있다. 그 첫째는, 유대인 의사에게 치료를 받다가 그의 어머니가 사망했다는 설이다. 둘째는, 히틀러가 청년 시절에 유대인 매춘부와 관계를 갖고 매독에 감염되었다는 설, 셋째는 히틀러의 조상 중에 유대인이 있었는데 이에 대한 콤플렉스 때문이라는 설 등이다.

이런 배경 때문이었는지 히틀러는 혼란 속에서 민중의 마음을 사로잡아 나치 정권을 확립하는 데 성공했다. 그리고 정치를 파쇼 일색으로 진행하면서 1935년 9월 15일 모든 유대인의 공민권을 박탈하고, 비유대인과의 혼인도 금지했다. 그런 다음 유대인에게 노란 표찰을 착용하도록 의무화했다. 또 독일에 사는 유대인 40만 명과 오스트리아 유대인 20만 명 중에서 재산을 5천 마르크 이상 소유한 자는 신고하도록 의무화했다.

이렇게 세계 역사상 유례를 찾을 수 없는 유대인에 대한 박해가 가해지자 파리에서 독일 외교관 한 명이 유대인 청년에게 피살되는 사건이 일어났다. 히틀러는 이를 기화로 나치를 앞세워 유대인 점포와 주택 등을 파괴하고 유대인들의 회당인 시나고그에 불을 지르는가 하면, 유대인 3만여 명을 강제로 수용소에 감금했다.

또한 나치 독일이 조직한 비밀경찰은 유대인 등록과 감시를 철저히 했는데, 후에 전범 재판을 받은 아돌프 아이히만Adolf Eichmann에게 그 총책을 맡겼다. 나치 독일이 1939년 폴란드를 침공하여 제일 먼저 단행한 조치도 유대인에게 노란 표찰을 달도록 의무화하는 것이었다. 그들은 모든 유대인을 게토에 몰아넣었으며, 게토 밖에서 발견되는 유대인은 잡히는 대로 현장에서 처형했다.

균형을 덕목으로 삼는 유대인

• • •

유대인은 이 지구상에서 가장 심하게 박해를 받아온 민족이다. 만약 종교의 힘을 빌려 박해의 세력을 분노로 대하고 응징했다면 어떻게 되었을까? 만일 그렇게 했다면 그들은 광신도로밖에 보이지 않았을 것이다.

유대교는 광신도를 배척한다. 다만 유대인들은 솔로몬과 헤롯 왕이 건설한 예루살렘 신전이 로마군에 의해 파괴되었을 때 남은 서쪽 40야드의 '통곡의 벽Wailing wall'을 바라보면서 조석으로 기도를 한다. 그리고 기도 맨 끝에 '내년이야 말로 이스라엘에서'라고 말하며 기도를 맺는다. 이럴 때면 으레 격한 감동을 주체할 수 없게 되는데 이때 터져나오는 울음소리 때문에 '통곡의 벽'이라고 부르게 되었다.

유대인들 가슴속에는 언젠가는 반드시 되돌아갈 날이 있을 것이며, 그때는 조국을 되찾을 수 있다는 희망이 있었기 때문이다.

유대인들 중에는 여호와를 찾는다거나 모시기 위해 가족을 버리고 산속에 파묻혀 기도하는 은둔자가 없다. 일을 하거나 사업을 하거나 연구 생활에 종사해도 가정생활에 충실하다. 인생의 궁극적인 목적을 위해 도道의 생활을 하는 랍비들도 가정생활을 지상의 목표로 삼는다. 그러니까 한 가지 일에만 몰두해 다른 모든 것을 희생하는 것은 유대인에겐 미덕이 아니다.

랍비는 지도자, 학자, 상담자를 겸하고 있지만 일반인과 똑같은 생활을 한다. 가톨릭의 신부나 수녀, 불교의 출가승이나 비구니처럼 이성異性을 알아서는 안 된다는 도인道人의 절제된 생활은 유대인들의 측면에서 보면 비인간적이다. 엄격히 말하면, 신이 부여한 인간의 성性을 위배하는 것이 된다.

유대인들은 누구든 독신으로 사는 것은 신의 섭리에 위배된다고 생각해 왔다. 그리스도교와 비교하면서 성은 불결한 것이라고 천시하거나 멸시하는 사람도 있지만, 유대인들은 그렇지 않다.

사실 남녀 간의 성생활이 쾌락만 추구하는 것은 아니다. 여기에는 깊고 애틋한 사랑이 전제되어야 한다. 사랑하는 사람들은 결혼할 때 서로 죽도록 사랑하겠다고 서약한다. 죽도록 사랑하겠다는 말 속에는 영원히 사랑하겠다는 영원에 대한 희구가 담겨 있다. 신이 인간을 지을 때 축복해 준 말대로 하늘의 별처럼, 바닷가의 모래알처럼 번성하기를 기대하였던 것이다. 그럼에도 절제를 하면서 마음속으로 색정色情을 일으킨다면 그것은 간음한 것과 마찬가지라고 《성서》는 말하고 있는데, 이런 것은 유대인들에겐 해당되지 않는다.

유대인들은 성과 금전을 어떤 면에서는 대등한 관계라고 생각하고 있다. 그리스도인들 중에 돈을 죄악시하거나 불결한 것으로 보는 경우가 있고, 따라서 성과 돈을 터부시하는 것을 종종 볼 수 있는데, 유대인들은 이런 것에 얽매이지 않는다. 즉, 돈과 성도 어떻게 대하고 어떻게 사용하느냐에 따라 귀중한 것이 될 수도 있고, 천한 것이 될 수도 있다는 말이다.

다만 유대인들은 돈에 대해서만큼은, 자신이 가진 만큼 자선을 베풀어야 한다는 의식 속에서 산다. 자선을 어릴 적부터 실천하는데, 적금통장을 만들 때는 반드시 자선용 통장도 함께 만들어 남을 돕는 자선을 체험하도록 한다.

유대인과 아랍인

◆ ◆ ◆

유대인의 조상은 아브라함이다. 아브라함은 데라Terah의 아들로, 갈대아우르에서 태어났다. 아명은 아브람이었으며 99세에 여호와의 지시에 따라 아브라함이라 했으며 이복누이 사라와 결혼하여 이삭을 낳았다. 아브라함의 나이 100세, 사라의 나이 90세 때의 일이었다.

이삭은 40세에 하란 태생의 리브가Rebkah와 결혼하여 60세 되던 해에 에서Esau와 야곱Jacob 쌍둥이를 낳았다. 리브가는 노쇠하여 눈먼 남편 이삭을 속여 야곱으로 하여금 장자의 축복을 받게 했다. 그리하여 아브라함과 그의 아들 이삭, 손자 야곱, 세 사람이 유대 민족의 선조가 되었다. 유대인의 선조들은 일정한 장소에 머물러 있지 않고 이곳저곳을 떠돌아다니며 살던 유목민이었다. 이것이 유대 부족의 삶으로 후세에 계승되었다.

아브라함은 믿음의 조상답게 요단 골짜기에 살면서 이삭을 희생의 제물로 바치라는 여호와의 명령을 받았다. 아브라함은 순종하는 마음으로 이삭을 데리고 산으로 올라갔다. 여호와는 그 믿음을 보고 이삭 대신 산양을 바치게 했으며, 후일 리브가를 메소포타미아에서 데려와 이삭의 아내로 삼았다. 이때 아브라함의 나이 140세였다.

아브라함은 한때 조카 롯과 공동생활을 하였으나 형편이 여의치 않아 롯을 소돔으로 가게 했다. 아브라함은 그때부터 고향 사람들의 도움 없이 홀로서기로 살았다.

이삭의 아들 야곱은 외삼촌 라반의 집에서 더부살이를 하면서 레아Leah와 라헬Rachel과 결혼하고 열두 아들과 딸 하나를 두었다. 야곱은 레아를 통하여 일곱 남매를 낳았는데, 이들 중 두 아들은 지파의 조상이 되었다. 특히 유다 지파를 통하여 예수 그리스도를 탄생시켰다.

야곱은 삼촌 집에서 노동을 해서 체류비를 치르고, 또 이민족과 협상을 할 때는 상당한 재산을 지출해서 생존을 유지했다. 이 모든 조치가 생명의 안전을 위해 필요한 장치였으며, 또 그로부터 독립하여 자유롭게 살기 위한 값비싼 대가의 지불이었다.

그러면서도 야곱은 신 여호와로부터 선택된 족속으로, 여호와의 이름을 욕되지 않게 하기 위하여 스스로 멸시받는 행동을 해서는 안 된다는 올곧은 생각으로 살았다.

'토라Torah'는 히브리어로 '길을 지시하다', '가르치다'라는 뜻으로 보통 율법을 일컫는다. 일반적으로 토라는 모세5경(창세기, 출애급기, 레위기, 민수기, 신명기)을 말하며, 이는 시나고그 예배소에 있는 손으로 쓴 다섯 권의 책을 의미한다. 그러니까 유대인의 율법 전체를 토라라고 부르며, 이는 유대교의 가르침에 따라 생활하는 것을 뜻한다.

《탈무드》는 랍비 중에 가장 존경받는 아키바Akiva 랍비가 처음으로 유대인들의 생각을 집대성한 책으로,《성서》와는 다르다. 토라나《탈무드》는 완성된 가르침이거나 틀에 박혀서 움직일 수 없는 고정된 말씀이 아니라는 뜻이다.

《탈무드》는 기원전 200년 경부터 기원후 500년까지 종교, 철학, 법률, 도덕에 대해서 말하고 있지만 이것은 삶의 지침에 불과하다. 유대인들은 이 지침서를 다만 삶의 규범으로 삼을 뿐이다.

그런데 우리는 여기서 유럽의 그리스도교와 아랍의 이슬람교, 히브리인들의 유대교를 생각해보게 된다. 세계적인 이 3대 종교의 뿌리가《구약성서》에 있기 때문이다.《성서》창세기 11장 이후를 보면, 유대 민족의 조상 아브라함은 부인 사라와의 사이에 75세에 이르기까지 자식이 없었다. 그러자 사라는 자신의 몸종인 하갈을 아브라함의 첩으로 주었다. 하갈이 임신하여 아들을 낳으니 이스마엘이었다. 이스마엘이 14세 때 아브라함은 신의 은총을 입어 부인인 사라로부터 아들을 얻었으니 그가 이삭이다. 이렇게 해서 이삭은 유대 민족의 조상이 되었고, 이스마엘은 애급에서 장가를 들어 아랍 민족의 조상이 되었다.

《성서》는 아랍의 조상 이스마엘과 유대의 제2대 족장이자 그리스도교인들의 믿음의 조상 아브라함의 상속자인 이삭이 갈라져 살게 된 이유를 다음과 같이 적고 있다.

태어난 지 8일만에 할례를 받은 이삭이 젖을 뗄 때는 축하연 자리에서 이스마엘이 동생 이삭을 조롱하자, 이스마엘과 하갈을 내쫓은 데서부터 시작되었다. 결국 중동 분쟁의 불씨가 된 아랍과 이스라엘 간의 불협화음은 역사적으로 보면 이복형제들 간의 싸움의 연장인 것이다.

그렇다면 당면 과제인 이복형제 간의 불화를 어떻게 조정할 것인가? 남도 아닌 이복형제가 갈라서서 피를 흘리며 싸우는 것을 보는 여호와의 입장은 어떠하실까?

유일신을 믿는 유대교와 기독교와 이슬람교가 공통점을 지니고도 풀 수 없는 수수께끼는 뭐란 말인가.

맺힌 것은 당사자들이 풀어야 하는데 그들은 역사의 뒤안길로 나앉아 조상들을 부끄럽게 하고도 멈출 줄 모르니 언제나 이복형제들이 한자리에 앉아 정겨운 이야기를 나눌 수 있을까.

유월절

◆ ◆ ◆

유월절逾越節은 히브리 말로 '넘어가다. 지나가다'는 뜻으로 오순절五旬節과 초막절草幕節과 더불어 유대인들의 3대 축제일 중에 하나다. 특히 바빌로니아(이집트)에 끌려가 고난을 받다가 하나님의 은혜로 구출된 날로 규례로 정하고 있다.

학가다는 유대 민족의 문학사이자 역사서라고 할 수 있는 문서다. 이 학가다에 유대인들의 최대 제일祭日 유월절Feast of passover에 대한 기록이 있다.

유월절은 유대인들이 지키는 3대 축제일 중 하나이다. 이는 유대인들이 이집트에 노예로 잡혀 있다가 탈출하여 유대로 귀환한 것을 기념하는 역사적인 축제일이다. 그들의 역사서 첫머리는 '우리는 이집트 바로의 노예였다.'로 시작한다. 전 세계 어느 민족사가 이처럼 굴욕적인 패배의 이야기로 시작되는 예가 있을까?

더욱이 스스로의 힘으로 해방을 '쟁취했다'가 아니라 '해방되다'라는 수동형의 문장을 취하고 있다. 이것은 어쩌면 하나님이 해방을 가져다준 것이라는 뜻일 수도 있다. 이런 사고는 자신들보다 더 크고 위대한 존재가 있음을 받아들이는 자세이다.

유월절이 되면 유대인들은 상징적인 음식 몇 가지를 식탁에 올린다. 그중에는 쓴 나물도 빠뜨리지 않는다. 그것은 민족의 패배를 말로써 전해주는 것만으로는 충분치 못하다는 생각에서 상징적으로 암시하는 가르침이다.

뻣뻣하고 맛없는 '맛솟'이라는 빵(효모가 들어 있지 않은 빵)을 먹으면서 과거 이집트의 노예로 끌려가 고생했던 시절을 떠올린다.

또 한 가지 음식은 삶은 달걀이다. 여기에는 여러 가지 설이 있지만, 달걀을 삶으면 삶을수록 굳고 단단해지는 것에 의미를 부여한다. 유대인들은 역경에 처하면 처할수록 서로 단결하고 신념이 굳어진다는 의미다.

유대인들이 지난날의 노예 시절을 회상하는 것은 미래를 살아가는 데 교훈으로 삼고자 함이다.

유대인들은 어떤 극한 상황에서도 희망을 잃지 않고 희망의 씨를 일구어 내는 능력을 가지고 있다. 유대인에게 있어 무덤은 내일을 약속하는 희망이요, 이정표로 활용된다. 탈무드(미드라시 Midrash)는 그 이야기를 다음과 같이 전하고 있다.

아버지와 아들이 사막을 여행하였다. 모래벌판은 태양열로 인해 불덩어리 같은데 갈 길은 멀기만 하였다. 아들이 너무 걷기 힘들어 아버지에게 말했다.

"아버지, 목마르고 지쳐서 죽을 지경입니다."

그러자 아버지가 격려했다.

"끝까지 힘을 내라. 얼마 가지 않아 마을이 있을 것이다."

아버지와 아들은 있는 힘을 다해 걸음을 옮겼다. 그런데 얼마 가지 않아 무덤이 나왔다. 아들은 불길한 생각이 떠올랐다. 지금이라도 쓰러지면 저렇게 될지도 모를 거라는 공포에 싸였다. 그 모습을 본 아버지가 아들에게 말했다.

"얘야, 힘을 내거라. 묘지가 있는 것을 보니 가까운 곳에 마을이 있겠구나!"

아들은 무덤에서 절망을 보았는데 아버지는 희망을 보았던 것이다.

사막에 사는 사람들은 마을 어귀마다 묘지를 만들었다. 그래서 묘지가 보이면 마을이 가까이 있다는 표시가 되는 것이다. 보통 사람들에게는 무덤은 종말이나 죽음을 뜻하지만 유대인들에게는 희망과 생명을 상징한다.

유대인들은 미래를 아주 강하게 의식하는 민족이다.

유대인들에 있어 《탈무드》를 만든 랍비는 교육 전문가도 아니고, 그렇다고 유대교를 전도하는 선교사도 아니다.

그러면서도 앞에서 언급했듯이 랍비들은 신중하게 판단하고, 많은 제자를 양성하고, '토라(구전되어 내려오는 율법)'의 말씀대로 소송사건의 재판관 역할을 감당한다. 복잡한 문제를 해결하기 위해서는 지식을 쌓아야 하고, 분쟁을 잠재우기 위해서는 공정한 판단을 내려야만 한다. 그래서 그들은 연구에 몰두하였다. 그러다 보니 주위에서 배우기 위해 모여드는 젊은이들을 지도하고 학문을 전승하여 지도자의 지위를 계승하게 되었다. 전통을 이어가는 사람, 신앙생활을 지도하고 신성한 제도를 관리하는 책임자로 있게 된 것이다.

그 생활 가운데 '토라'는 유대 공동체 생활의 지침서였고, 랍비는 토라의 말씀대로 흔들리지 않고 살아가도록 이끌어 주었다. 이처럼 랍비들은 땅속에 깊게 내린 뿌리와 같이 유대 민족의 생활 속에 정신적으로 착근하고 있는 것이다.

랍비는 유대 민족이면 누구나 살아남을 수 있게 용기를 북돋아 주고 강인한 힘을 낼 수 있도록 에너지를 공급하는 역할을 한다.

율법은 랍비의 입을 통해 인간성을 향상시키는 거름이 되고, 윤리적·정신적인 목표를 달성하는 수단이 된다. 그런 면에서 랍비는 머리는 하늘을 향하고 있지만 두 발은 땅에서 떼지 않고 공동체적 생활을 사는 실천적인 사람이다.

랍비는 대부분 수공업자, 대장장이, 도예업자, 농부, 상인, 재봉사 등으로 보통 사람들처럼 살아간다. 그러나 그들은 학문을 좋아하고 호기심이 많으며 세속의 일에도 깊은 관심을 가지고 연구한다.

랍비들 중에는 더러 자신의 힘을 과시하려는 사람도 있고, 화를 잘 내거나 날카로운 비판을 서슴지 않는 사람도 있다. 또 재력이 있으면서 돈 쓰기를 아까워하는 사람도 있다. 때로는 이교도가 된 사람도 있고, 오히려 일반인들보다 무식한 사람도 있었다. 명예를 지키려면 좋지 않은 기록은 배제하고 좋은 기록만 남겨야 할 텐데 《탈무드》는 좋지 않은 기록도 정직하게 묘사하고 있다는 점이 특이하다.

이처럼 유대인들이 오늘날까지 살아남아 번창할 수 있었던 것은 유대인들이 '유대인다움'을 버리지 않았기 때문이었다.

1948년, 유대인들의 소원대로 이스라엘은 독립국가가 되었다. 생각해보면 600만 명의 인명을 삼킨 유럽도 완전한 죽음을 뜻하는 무덤은 아니었다.

서기 73년에 국토를 잃고 쫓겨나 세계 각처로 흩어져야 했던 유대인들의 목표는 이스라엘에 귀환하여 나라를 재건하는 것이었다. 드디어 꿈에도 그리던 자신들의 나라를 세운 유대인들의 가슴을 열고 그 속을 들여다본다면, 땅속 깊은 곳에서 펄펄 끓는 용암과 같이 살아남기 위하여 혼신의 힘을 다하는 열정을 발견할 수 있을 것이다.

이처럼 유대인들이 수천 년에 걸쳐 살아남을 수 있었던 것은 무엇 때문일까? 역사에서 번영했던 많은 나라들 중 지금은 책 속에만 등장하고 자취를 감추고 만 나라가 한둘이던가. 그런 가운데 나라 없이 유리방황하던 유대인들이 다시 나라를 찾아 세운 것은 유대인다움을 포기하지 않았기 때문이다. 멸망의 뒤안길에 섰던 민족들은 정복자의 문화와 생활양식과 종교를 받아들여 동화될 수밖에 없었다. 그래서 그 후예들에게 있어 자기 조상들의 행방조차 묘연한 것이 역사다.

그들 스스로는 정복자의 그늘 속에 스며들어 살아남았다고 생각할 수도 있다. 그러나 그렇게 동화해 버렸다면 살아서 대대손손 이어왔다 하더라도 진정으로 살아남았다고 말할 수는 없다. 동화란 자기가 가지고 있던 모든 것을 내팽개치고 과거를 무덤으로 만들기 전에는 성립되지 않는다. 말하자면 자기가 가진 문화, 종교, 신념, 예술, 생활양식 등 가치있는 것이 전적으로 소멸되어 버리는 것이다.

그러나 유대인들은 박해를 받으면서도 전통을 버리지 않았고, 제일祭日이 되면 식구들이 둘러 앉아 옛일을 되새기며 자기들만의 율법을 가르쳤다. 가르치고 배움으로써 유대인으로 육성되고 그렇게 자란 아이들은 자기가 유대인임을 확실히 인식하고 살았던 것이다. 유대인들은 곳곳에 흩어져 있어 겉보기에는 따로따로인 듯하지만 같은 정신을 가진 '동포'로 서로 협력한다. 그것은 유대교를 중심 삼고 강한 선민의식이 뿌리박고 있기 때문에 가능하다. 그래서 유대교에 있어《성서》는 단순한 종교서가 아니라 문학서이고, 철학서이며, 민족의 법령집이기도 한 것이다.

제2장

유대인과 탈무드

배움을 날줄로 실천을 씨줄로 삼아

∙∙∙

'사람이 태어나고 죽는 것은 책의 겉표지나 뒤표지와 같다.'고 《탈무드》는 말한다. 책의 겉표지에 제목이 있듯이 인생을 살아가야 할 방향과 살면서 겪어야 할 수많은 체험을 그 책 속에서 읽을 수 있기 때문이다.

유대인들은 일주일의 모든 날을 교육적인 분위기 속에서 지낸다. 이런 분위기 속에서 자란 유대인 철학자 이븐 데이븐은 다음과 같이 말하고 있다.

"책을 당신의 친구로 삼으라. 당신의 동반자로 삼으라. 서재를 당신의 낙원으로 삼으라. 과수원으로 삼으라. 향기로운 과일을 그곳에 모으라. 그곳에서 꺾은 장미로 당신을 아름답게 장식하라. 후추의 열매를 따라. 정원을 돌며 새로운 경치를 구경하라. 그러면 당신의 희망은 항상 신선하고 당신의 영혼은 기쁨 속에 넘쳐흐르리라."

사람이 배우려는 자세가 되어 있다면 나이가 많고 적음은 아무런 문제가 되지 않는다. 혹 나이가 많아서 배울 것이 없다고 하는 사람은 삶의 목표나 이상이 없는 것으로, 그는 이미 정신적으로 죽은 것과 다름없다고《탈무드》는 말하고 있다.

사람은 배움으로써 젊음을 유지할 수 있다. 청춘이란 나이로 따지는 것이 아니라 어떻게 살아가느냐에 달려 있다. 의욕적이고 생기발랄한 태도는 말 그대로 젊음이다. 따라서 삶의 태도가 바로 그 사람이라고 말할 수 있다.

《탈무드》는 사소한 것부터 시시콜콜하게 많은 것을 지적한다. 걷는 법, 뛰는 법, 먹는 법, 앉는 법 등 살아가는 온갖 것을 어떻게 하면 되는지 말하고 있다. 그러니까 사람이 살아 있는 동안에는 어떻게 해야 하고, 삶을 풍요롭게 하기 위해서는 배워야 한다는 것까지 세세히 일러주고 있다.

그러면서 배우는 것이야말로 성스러운 일이라고 말한다. 그래서 유대인들은 하늘나라에 갈 때까지 배우라고 권하고 또 그렇게 배운다. 배움에는 아래위가 없으며, 이는 랍비도 예외가 아니다. 그래서 배움에는 끝이 없다. '방대한 지식을 지니고 있는 사람보다 배우기 위해 부단히 노력하고 있는 사람이 존귀하다.'는 말은 '포도송이가 무거우면 아래로 숙인다.'는 말처럼 유대인들에게 자극적인 교훈이다.

"매일 오늘이 당신의 최후의 날이라고 생각하라. 그리고 매일 오늘이 당신의 최초의 날이라고 생각하라."

인간은 80년이나 90년을 산다. 매일매일을 살아서 80년이나 90년을 산다. 그러나 매일매일을 산 후에 80년 혹은 90년이 된다는 것을 잊고 산다. 인간은 하루하루를, 그리고 1시간 1시간, 1분 1분을 살고 있는 것이다. 그렇기 때문에 하루하루가 인생인 것이며, 1분 1초가 인생인 것이다. 이것이 기본이 갖추어진 삶이고 사소한 것 같은 기본의 소중함이다.

만약 오늘이 최후의 날이라고 생각한다면 그 하루를 가장 충실하게 살기 위해 노력할 것이다. 또 만약 최초의 날이라고 생각한다면, 최선을 다해 충만한 하루가 되도록 힘쓸 것이다.

하루살이는 하루밖에 살지 못한다. 그런 까닭에 봄과 여름과 가을, 겨울을 모른다. 하루 만에 일생을 마치기 때문에 그렇다. 인간은 8~90년을 사는데 하루살이가 이렇게 긴 세월을 어떻게 헤아리겠는가? 억겁의 우주에 비한다면 인간도 하루살이가 아닐까? 어쨌든 삶은 여러 번 반복되는 하루하루가 아니다. 그 하루는 단 한 번 밖에 오지 않는다. 사람은 누구나 한 번밖에 살 수 없고 목숨은 단 하나뿐이다. 이런 인생을 어떻게 헛되게 살겠는가? 만약 헛되게 산다면 내 생명에 대한 죄인일 수밖에 없다. 헛되지 않게 살기 위해 배움을 날줄로 삼고 실천을 씨줄로 삼아 삶의 양탄자를 짜 나가야 삶에 충실할 수 있을 것이다.

요하난 벤 자카이 랍비

• • •

랍비 벤 자카이Ben Jakai는 서기 70년 로마군이 유대를 포위하고 있을 때 생존했던 인물로 유대인의 정신적 지도자가 되어 자각의 불씨를 지펴낸 지혜로운 랍비다. 그는 당시 훌륭한 랍비로 많은 사람들의 존경을 받았다. 로마군에 포위된 예루살렘 성은 이제 그 종말이 가까워 오고 있었다. 벤 자카이 랍비는 성이 함락되더라도 훗날 다시 유대 민족으로 승리할 수 있는 방법을 생각했다. 그러나 그것을 군사적인 방법으로는 도저히 이루어 낼 수 없었다.

'지금 로마군에게 무너지더라도 나중에 다시 일어나 최후의 승리를 하려면 저들보다 더 강한 무기를 가져야 한다. 로마군이 아무리 무너뜨리려고 해도 무너지지 않는 성은 다름 아닌 교육이다. 교육이 결국 칼보다 강하다.'

요하난 벤 자카이는 계속해서 생각했다.

'로마인들은 자식들에게 싸우는 무기, 즉 칼을 물려줄 것이다. 그렇다면 우리 유대인은 지식을 물려주자. 그러면 언젠가는 이길 것이다.'

벤 자카이는 토라를 가르치는 것이 곧 교육이라고 생각했다.

토라는 성문成文 토라인《구약성서》와 구전口傳 토라 율법이 있는데, 구약시대에 하나님의 계시를 모은 '지혜의 샘'이다.

일반인이 유대교를 볼 때는 상당히 독특한 문화를 가지고 있는 것처럼 보인다. 먹고, 입고, 노는 휴일에 이르기까지 계율로 정하고 있어 갇힌 생활을 하는 것처럼 보이나 유대인들은 그로 인하여 유대인다울 수 있는 것이다.

유대인들은 먹는 것에 대해서도 세심하다 못해 복잡하다. 예를 들면 너구리를 제외한 모든 것은 먹어도 좋다. 물에 사는 것은 지느러미와 비늘이 있는 생선 외에는 먹으면 안 된다. 즉, 새우나 문어, 오징어와 조개류는 먹는 것을 금지한다.

육식을 하는 짐승이나 뱀처럼 땅을 기는 동물도 먹으면 안 된다. 새 중에서 까마귀, 솔개, 매, 타조, 갈매기, 올빼미, 황새, 해오라기 등도 먹어서는 안 된다. 또 육류와 유제품을 같은 용기에 담아서도 안 된다. 그 외 육류라 할지라도 피를 빼지 않은 것은 먹지 않는다.

유대인들은 이런 복잡한 계율을 5천 년이나 지켜오고 있다. 전통적으로 그렇게 지켜오다 보니 으레 그러려니 한다. 불편하다거나 거북스러워하지 않고 오히려 당연한 것으로 생각한다. 이런 계율을 지키는 것이 얼핏 생각할 땐 제약 같을 수도 있지만 이것이 유대인다운 유대인으로 만든다.

당시 벤 자카이는 옥죄어 오는 로마군 앞에서 자신의 운명과 유대의 운명을 놓고 깊은 생각에 잠겼다. 예루살렘을 포위하고 있는 로마군을 바라보면서 어떻게든 이곳을 빠져나가야 한다고 생각했다. 그러나 로마군은 성의 출입문을 철통같이 지키고 있었다.

성안에서도 유대인들 중 호전파, '가르나임Canaim'들은 유대인들이 로마 진영으로 탈출하는 것을 철저히 봉쇄하고 있었다.

벤 자카이는 유대인의 미래를 협상하기 위해 로마군의 수장을 만나기로 작정했다. 그는 우선 측근에게 자신이 중병에 걸렸다는 소문을 퍼뜨리게 했다. 그러고는 조금 있다가 죽었다는 부음을 전하게 했다. 그는 관 속으로 들어가 사환들로 하여금 그 관을 메고 묘지를 향해 성문을 빠져나가게 했다. 가르나임 호전파들도 매장하려고 성 밖으로 나가는 시체까지 막기는 어려웠다.

성문을 빠져나온 벤 자카이는 로마 진영으로 가서 로마 사령관에게 면회를 신청하였다. 로마 사령관 베스파시아누스Vespasianus는 벤 자카이가 유대의 훌륭한 랍비임을 알고 면회 신청을 받아들였다.

벤 자카이는 베스파시아누스를 만나자 '황제 폐하'라고 불렀다. 베스파시아누스는 자기는 한낱 로마의 사령관일 뿐인데 황제 폐하라고 부르니 심히 기이한 일이라고 생각하면서 이야기를 나누었다. 그때 전령이 헐떡거리며 달려와 아뢰었다.

"지금 로마 황제가 사망했습니다. 그리고 원로원 회의에서 베스파시아누스 사령관을 새 황제로 선출하였습니다."

베스파시아누스는 기쁜 한편 벤 자카이가 놀라운 예언의 능력을 가졌다는 사실에 경탄을 금치 못했다. 그때부터 베스파시아누스 황제는 그의 말이라면 귀를 기울이게 되었다.

벤 자카이는 복잡한 생각에 빠져 있었다. 만일 예루살렘을 파괴하지 말라고 주청한다면 그것은 로마인들의 방식이 아니어서 들어주지 않을 것이라고 생각했다. 왜냐하면 출정하여 승리하면 점령지의 시가를 철저히 약탈하고 방화하여 파괴하는 것이 로마인들의 논리였기 때문이다. 그런데 예루살렘을 정복하고도 성을 건드리지 않고 그냥 귀국한다면 베스파시아누스의 입지가 위태로워질 것이 분명했다.

그래서 벤 자카이는 베스파시아누스에게 '야프네Japune' 지역만은 파괴하지 말라고 부탁했다. 베스파시아누스는 야프네가 지중해 바닷가에 있는 보잘 것 없는 고장이어서 대수롭지 않게 생각하고 기꺼이 수락했다. 하지만 야프네에는 토라를 가르치는 대학이 있고, 많은 유대인 학자들이 은거하고 있었다.

로마군은 예루살렘으로 쳐들어가 성전을 비롯하여 모든 거리를 파괴하였지만 오직 야프네 거리만은 그대로 남겨 두었다. 그래서 벤 자카이의 생각대로 계속해서 가르침을 이어갈 수 있었고, 그 결과 훗날 유대인들은 로마인들을 이길 수 있었다.

모세와 십계명
◆ ◆ ◆

모세Moses는 기원전 15세기 사람으로, 애급(이집트)의 왕녀가 나일강에서 건져 왔으므로 '물에서 얻었다'는 뜻으로 모세라 이름하였다. 모세는 궁중에서 40년 동안 애급의 교육을 받고 자랐으나 40세가 된 때에 애급 사람이 자신의 동족 이스라엘 사람을 심하게 학대하는 것을 보았다. 이에 분개한 모세는 학대하던 애급 사람을 쳐 죽여 모래 속에 묻고 미디안 땅으로 도망가, 그곳 광야에서 목동 생활하며 이드로의 딸 십보라와 결혼하여 살았다.

80세가 되던 해에는 이스라엘 민족을 해방시키라는 여호와의 음성을 듣고, 420년 동안이나 노예로 박해를 받아 온 이스라엘 민족을 이끌고 애급을 탈출하여 무사히 홍해紅海를 건넜다.

이어 모세는 여호와의 부르심을 받고 시나이Sinai산에 올라 십계명을 받았다. 십계명Ten Commandments은 여호와와 이스라엘 백성 사이의 관계, 즉 언약의 관계로 구원의 역사를 전제하고 있는 것이 특색이다.

모세는 200만 명에 이르는 이스라엘 민족을 이끌고 광야에 이르렀지만, 3개월도 못 되어 식량이 떨어지자 이스라엘 사람들은 모세에게 불평하기 시작했다. 그러나 여호와는 낮에는 구름기둥으로, 밤에는 불기둥으로 이스라엘 민족을 보호하고 만나와 메추라기로 허기진 배를 채워주었다. 그것은 젖과 꿀이 흐르는 가나안 Canaan 땅 팔레스타인으로 들어가기 위해서였다.

하지만 모세는 120세에 그리던 가나안 땅을 지척에 두고 모압 땅에서 죽었다. 모세는 여호와의 말씀에 순종하고 자기 동포를 위해 일생 동안 헌신했다.

그런 모세의 율법 토라에는 유대인들의 국가 개념과 철학이 담겨 있다. 인간과 여호와의 관계인 종교적인 법과, 인간과 국가에 관한 민법이 그 핵심이다. 그래서 시나이의 계약the Covnant of Sinai은 이스라엘 민족에게 내린 계약으로 이는 계속 이어져 오늘날에도 살아 있다. '우리와 함께 여기 있지 아니한 자에게까지'라고 하여 후손을 포함시킴으로써 후대에까지 그 계약이 유효하다.

모세의 율법은 신이 약속한 나라를 세울 것을 전제하고 있다. 율법을 받을 당시에는 이스라엘 민족은 여기저기 떠돌며 양떼를 치는 유목 민족이었으나, 율법은 나라를 지키는 것으로 규정짓고 있다.

모세가 받은 십계를 뜯어보면 '하라'는 계명이 셋, '하지 마라'는 계명이 일곱이다.

세 개의 '하라'는 다음과 같다.

첫째, 나는 너의 신이다.
둘째, 안식일을 지키라.
셋째, 네 부모를 공경하라.

일곱 개의 '하지 마라'는 다음과 같다.

첫째, 나 외 다른 신을 섬기지 말라.
둘째, 너를 위하여 새긴 우상을 만들지 말라.
셋째, 살인하지 말라.
넷째, 간음하지 말라.
다섯째, 도둑질하지 말라.
여섯째, 네 이웃에 대하여 거짓 증거 하지 말라.
일곱째, 네 이웃 집의 재물을 탐내지 말라.

위와 같이 십계명은 해서는 안 되는 사실을 명확히 밝히고 있는 점에서 긍정적인 범위를 넓혀 주었으며, 따라서 자유의 영역을 확장시켜 놓았다.

십계명은 만고불멸의 우주의 율법으로 이를 세우신 이는 여호와이시고, 시행자도 여호와이시다. 3천 년이라는 세월이 지났으나 십계명은 그 완벽함이 오늘날까지 인정되고 있으며 큰 영향을 끼치고 있다.

여기에서 예수그리스도와 유대교의 랍비 힐렌의 말을 비교함으로써 율법과 신약성경의 그 차이와 간격을 대비해보자.

예수그리스도는 '너희는 남에게서 바라는 대로 남에게 해주어라.'라고 했다. 그에 비하여 유대의 힐렌은 예수보다 100년 전에 '당신이 싫어하는 것을 다른 사람에게 해서는 안 된다.'고 말했다.

이 두 말 사이에는 미묘한 차이가 있지만 넓은 시각으로 보면 이렇다 할 차이가 없다. 기록에 의하면 유대인은 기원전 12세기가 되어서야 비로소 자신들의 나라라고 부를 수 있는 땅에 살게 되었다. 그 땅은 시대에 따라서 가나안, 팔레스타인, 유다, 이스라엘로 불리면서 쉴 새 없이 수난을 겪은 질곡의 땅이었다.

이스라엘 민족은 모세의 영도로 이집트에서 탈출하는 데 성공했지만 가나안 땅엔 들어가지 못했고, 모세의 후계자 여호수아 Jehoshua의 인솔로 실현될 수 있었다. 그 과정도 실로 영웅적인 모험담으로 전율을 느끼게 한다.

유대인들은 가나안에 정착하면서 유목민 생활을 그만두고 사사 士師 제도라는 정치 제도를 만들었다. 가나안 점령에서부터 왕국 설립까지 사사기의 기록을 보면 12사사와 6대사사, 그리고 소사 사라는 대목이 있다. 그 주요 내용은 율법을 저버리고 우상 숭배에 빠졌다가 회개하고 여호와께 돌아가는 과정을 밝히고 있다. 그러면서 세계 최초로 데모크라시Democracy라는 민주주의 제도를 세운 것으로 기록되어 있다.

사사 제도는 장로의회長老議會와 중의회衆議會를 가지고 있었는데, 장로의회는 영국의 상원의원과 같은 사법부의 기능을 겸하고 있었다. 그러니까 현재 시행되고 있는 민주주의 제도는 유대인 최초의 정부와 유사한 형태다.《구약성서》에 나타난 히브리인들, 즉 유대인들이 고안해낸 제도를 따랐기 때문에 지금의 민주주의 제도는 결국 유대 민족이 창안해 낸 것이다. 또한 기원전 1300년경에서 800년경 사이에 히브리인에 의하여 알파벳 글자가 발명되었다. 근래까지는 페니키아인들에 의하여 알파벳이 발명되었다고 했으나, 고고학자들의 발굴과 연구로 히브리인들이 발명한 것이 확실시되고 있다.

또, 유대인들의 일신교에서는 신과 인간이 자유로이 관계를 맺었기 때문에 유대인들의 왕권 개념은 이교도들과는 다르다. 이교도들의 왕은 신의 핏줄을 이은 자로, 왕이 곧 국가이고 국교이며, 종교적 숭배의 중심이었다. 그러나 유대인의 왕은 보통의 백성들과 같으며, 법률적·도덕적·종교적으로도 백성과 같다고 말하고 있다.

사울Saul은 그 머리에 기름 부음을 받고 정식으로 즉위한 최초의 이스라엘 왕이었다. 사울은 다윗의 인기가 상승하자 그를 죽이기 위해 쫓다가 결국 길보아 전투에서 중상을 입고 자결했다.

두 번째 왕 다윗은 이스라엘 역사상 가장 칭송받고 사랑을 받은 왕이었다. 그는 기원전 1040년 베들레헴의 이새Jesse의 여덟째 막내아들로 태어나 아버지의 양떼를 돌보며 지냈다. 그러다 블레셋의 골리앗Goliath을 무찌르고 유다와 이스라엘 양 지파가 그를 왕으로 받들었다. 다윗은 유대인들에게 예루살렘의 상징으로, 여부스 사람들에게서 예루살렘을 빼앗아 여호와의 '계약의 궤'를 예루살렘으로 모셨다. 그리고 솔로몬을 후계자로 정하였다. 솔로몬은 그것을 '성전'으로 옮겼으며, 다윗 왕은 그 일을 솔로몬 왕에게 맡겼다. 예루살렘은 그 후 유대교의 상징이 되었을 뿐 아니라 그리스도교와 회교라는 서로 다른 세 종교의 상징이 되었다.

기원전 1200년에 시나이에 건설된 유대 왕국은 어째서 없어지고 말았는가? 이스라엘의 10부족이 아시리아인의 손에 멸망된 후 역사에서 자취를 감추었는데 영영 사라진 것일까? 바빌로니아인이 유대인을 추방했을 때 유대인들의 역사가 완전히 종말을 고한 것인가? 기원전 722년 이스라엘의 패배와 586년 유다의 패배를 딛고 유대인들은 어떻게 새로운 싹을 키울 수 있었던 것일까?

그 후 아시리아에게 정복된 민족은 전부 아시리아의 손에 의해 민족성을 잃고 말았다. 그중에서 살아남은 민족은 유대 민족뿐이었다. 다른 민족들은 동화되어 그 흔적을 찾아 볼 길이 없다.

한편, 바빌로니아에 의해 정복당한 민족은 세계 도처로 흩어졌다. 그중 일부는 그 자리에 남았으나 점점 주체성을 잃어 모두 사라져 버리고 말았다. 당시 잡혼으로 인하여 유대인들 또한 점점 힘이 약해졌고, 유대인으로 살아가는 데 온갖 방해와 협박이 뒤따랐다. 그러나 이스라엘과 유다의 붕괴로 그들은 정신적인 각성을 경험하게 된다.

유대인들은 바빌로니아에서 종교적 집회장으로 시나고그를 세울 수 있었다. 다만 이때부터 신을 향해 의식을 행하는 대신 기도를 드리는 형태로 바뀌게 된 것이다.

시나고그는 그리스도교와 회교의 모스크(사원)의 원형이 되었으며, 기도는 신앙의 보편적인 상징이 되었다. 유대 민족은 시나고그를 세우고, 기도를 함으로써 제사 조직이나 성전, 나라에 얽매이지 않고 버텨 나갈 수 있는 힘을 가지게 되었다.

즉, 세계 어느 곳에서든 중개자 없이 직접 신과 대화할 수 있게 된 것이다. 이동할 수 없었던 종교가 이리저리 옮겨갈 수 있는 종교로 곁에 있게 된 것이다. 이산離散의 유대인이 존속할 수 있었던 최후의 보루는 바로 시나고그였던 것이다.

《탈무드》는 유대인에게 남을 속이지 말라고 하였고, 자신이 사는 곳에서 물건을 팔거나 사지 않는 것이 유대인들 사이에선 통례로 되어 있다. 그것으로 미루어 볼 때 이는 농경사회였던 성서 시대에 일어나는 일상이었으며, 당시 상인이라는 말은 비유대인이라는 뜻으로 사용되었다.

하지만 중국에서 장사를 하는 사람들이 상商나라 사람으로 '상인商人'이 되었듯, 나라를 잃고 살던 곳에서 추방된 유대인들은 땅을 소유할 수 없게 되자 장사의 길로 들어섰고, 결국 오늘날의 유대인이 된 것이다.

2천 년 전 바빌로니아에서 출생한 힐렐Hillel은 벤 자카이, 아키바와 더불어 유대 역사에서 빼놓을 수 없는 3대 정신적 지도자이며 랍비다. 그중에 힐렐은 20세 때에 로마인들의 삼엄한 눈길을 피해 죽음을 무릅쓰고 랍비 밑에서 공부를 했다.

공부하던 도중에 힐렐은 수업료를 낼 수가 없어 지붕 위로 올라가 굴뚝에 귀를 대고 몰래 공부를 하다 그만 잠들어 버렸다. 이튿날 천장을 가리고 잠든 힐렐을 발견하고 끌어내렸으며 그 뒤로 힐렐에게는 수업료를 면제시켜 주었다. 그렇게 공부하여 유명한 랍비가 된 힐렐은 보고, 듣고, 걷고, 서고, 기뻐하고, 슬퍼하고, 시샘하고, 탐하는 등 온갖 사소한 것에 좌우되는 것이 인간이라고 말했다. 그러면서 세상에서 가장 강한 사람은 자신을 다스릴 줄 아는 사람이라고 정의했다. 이는 유대인들이 스스로를 타이르는 말이기도 하다.

랍비라는 직업
• • •

랍비는 유대교에서 임명되는데 쉐무아Shmuwah라 하고 이는 '가르침'이라는 뜻으로 쓰인다. 랍비가 임명되는 과정을 보면 스승이 제자를 가르쳐 일정 수준에 도달했다고 생각될 때, 스승이 두 손을 제자의 머리 위에 올려놓고 오늘부터 랍비의 자격이 있다고 선언한다. 이때 양피지에 쓴 면허증이 수여된다. 면허증에는 '이 사람은 학식이 충분하고 신을 공경하며 신에게 복종하는 자이다.'라고 적혀 있다. 그리고 마지막 절에 '요레요레 야레인야레인'이라고 쓰여 있는데, 이는 사람들을 가르치고 재판한다는 뜻이다.

랍비는 유대인의 종교적 지도자이며 율법교사일 뿐만 아니라 정신적 지도자이다. 그래서 로마인들은 유대 민족을 말살하기 위해 랍비 교육을 철저히 금지시킨 적이 있다.

로마인들은 유대인을 완전히 멸망시키고자 여러 가지 방법을 고안해 냈다. 그래서 한때는 유대인의 학교를 폐쇄시키고, 시나고그의 예배를 금지시켰다. 그리고 책을 수거하여 불태우고, 여러 가지 축제일의 행사를 금지시키고 랍비를 양성하는 교육까지 막았으나 결국 쓸데없는 조치가 되고 말았다.

랍비의 교육이 끝나면 학교의 졸업식에 해당하는 랍비 임명식을 하는데, 당시 로마는 랍비를 임명한 사람이나 랍비로 임명받은 사람 모두를 사형에 처하고, 그런 일이 일어난 도시는 멸망시킨다는 어마어마한 포고를 내렸다. 이것은 로마가 그때까지 행한 탄압수단 중에서 가장 치밀하게 계획된 조치였다.

도시를 불태우거나 멸망시켜 버리겠다는 위협은 무거운 책임이 뒤따르기 때문에 그 효과가 컸다. 물론 랍비가 없어도 잘 돌아가는 사회도 있지만 유대 사회에서 랍비가 없어진다는 것은 사회의 기능이 마비되는 중대한 일이었다.

유대 사회에서 랍비는 정신적인 지도자이며, 변호사이며, 의사이며, 사회의 모든 권위를 대표한다. 로마인들은 그것을 충분히 알고 있었기 때문에 그와 같은 조치를 취했던 것이다.

어떤 랍비가 로마인의 탄압 방법을 꿰뚫어 보고, 그가 가장 사랑하는 다섯 명의 제자를 데리고 도시를 빠져나가 사람이 살지 않

는 협곡 지대로 들어갔다. 만약 그곳에서 붙들려서 처벌을 받더라
도 도시는 함께 불태워지지 않으리라는 생각에서였다. 그곳에서
가장 가까운 도시는 2마일 가량 떨어져 있었다. 그는 거기에서 다
섯 명의 제자를 랍비로 임명했다. 그러나 그들은 로마인에게 발각
되고 말았다.

제자들이 물었다.

"랍비여! 어떻게 하면 좋겠습니까?"

"나는 살 만큼 살았으니 괜찮지만 너희들은 랍비의 일을 계속
해야 하니 빨리 도망쳐라!"

다섯 명의 제자들은 재빨리 도망쳤다. 늙은 랍비는 붙잡혀서 칼
로 3백 번이나 난자당하는 가혹한 형벌을 받고 죽었다.

이 이야기는 랍비가 유대인 사회에서 얼마나 중요한 존재인가
를 알게 해준다. 랍비란 일종의 상징적인 인물이다.

유대인 사회에서 《탈무드》가 얼마나 중요한 위치에 있는가를
이해하지 않고는 유대 문화를 이해할 수 없다. 원칙적으로 모든
유대인은 《탈무드》를 통달하고, 《탈무드》에 담겨진 가르침과 이
치에 맞게 처신해야 하며, 《탈무드》와 조화를 이루지 않으면 안
된다. 이것은 단순히 공부로서만이 아니고 종교적인 의무이기도
하다.

유대인에게 있어서 하나님을 공경하고 예배한다는 것은 곧 공
부다. 그들은 《탈무드》를 매일 공부하면 깨달음과 같은 경지에 도
달한다고 믿고 있다.

랍비 사회에서 상하 관계나 서열은 없다. 또 아무런 단체도 만

들지 않는다. 물론 어떤 랍비는 다른 랍비보다 더 현명하다고 인정되어 어려운 질문을 받거나 복잡한 의식을 담당하기도 한다.

오늘날 이스라엘의 종교 학교에서는 9세부터《탈무드》의 공부를 시작하여 고등학교 과정을 마치게 되는데, 그때에는《탈무드》만 공부한다. 그 기간은 10년에서 15년이나 된다.

미국에서 랍비를 양성하는 학교에 입학하려면, 먼저 일반 대학에 들어가서 학사 학위를 받아야 한다. 그 학교는 대학원에 해당한다.

랍비가 되기 위해서는 매우 엄격한 시험을 거친다.

입시 과목은 성서·히브리어·아랍어·역사(이것은 자그마치 4천 년의 역사이므로 그 양이 대단하다)·유대문학·법률·탈무드의 심리학·설교학·교육학·처세학·철학이 있고, 그 밖에 몇 가지 논문도 써야 한다. 더구나 졸업 때는 4~6년간 배운 것에 대해서 마지막 시험을 치러야 한다.

이들 과목 중에서 가장 기본이 되고, 중심이 되는 것은《탈무드》이다. 반 이상의 시간이《탈무드》에 배당된다. 탈무드 이외 과목은 일반 교수가 가르치지만《탈무드》는 보통의 교수가 아닌 뛰어난 인격자, 즉 현자나 흔히 볼 수 없는 위대한 인물이 수업을 맡는다.《탈무드》를 빌어서 말한다면, 학생을 왼손으로는 차갑게 떠밀고, 오른손으로는 따뜻하게 끌어안을 수 있는 능력의 소유자

인 것이다. 학생들도 탈무드를 가르치는 교수에 대해서는 아주 특별하게 생각한다.

또《탈무드》는 혼자가 아닌 두 사람이 한 조가 되어서 공부한다. 큰 소리로 낭독하고 모두 모여서 합창으로 외우기도 한다. 그렇게 3년 동안 계속한다. 교수는 결코 어떻게 공부하라고 강요하지 않으므로 스스로 판단하지 않으면 안 된다. 각자 탈무드를 명상하고, 읽고, 여러 가지 문제를 풀고 난 뒤 두 사람이 모여 학급에 나온다.

《탈무드》는 단지 읽는 것에서 그치지 않는다. 그 참다운 의미를 밑바닥에서부터 파악하지 않으면 안 된다. 때문에 한 시간의 수업을 받기 위해서는 대략 4시간 가량 예습을 한다. 그러나 고학년으로 올라갈수록 한 시간의 수업을 위해서 20시간 이상 준비하지 않으면 수업을 따라갈 수 없다.

《탈무드》의 수업은 하나하나 가르치는 것이 아니라 대략 줄거리를 이야기하고, 어떻게 공부하면 좋은가 하는 방향을 제시해줄 뿐이다. 저학년 학생들은 모두 책상에 둘러앉아 토론하고, 교수는 떨어진 장소에서 듣기만 한다. 물론 수업을 준비하는 단계에서는 교수에게 여러 가지 질문을 할 수도 있다.

《탈무드》수업을 하려면 반드시 그리스어(헬라어)와 라틴어를 말할 수 있어야 한다. 또 그리스와 로마의 문화에 정통해야 한다.

랍비가 되기 전의 학생이 독신이면 기숙사에서 생활한다. 대략 1백 명 가량의 학생이 같이 생활하기 때문에 하나의 학생 사회가 형성되어 함께 식사하고 이야기도 나눈다. 그러나 수도원과 같은 엄숙한 분위기는 전혀 없다. 저녁이면 농구 같은 경기도 하면서 즐긴다. 따라서 일반 사회에서 격리된 수도원과는 근본적으로 다르다.

무난히 졸업할 수 있게 된 사람은 처음 2년간은 학교를 위해서 일한다. 즉 종군 랍비가 될 수도 있고, 랍비가 없는 마을에 가서 봉사할 수도 있다.

2년이 지나면 대학에서 교편 생활을 하거나 유대인 사회에서 랍비로 일할 수 있다.

교구는 하나하나 독립되어 있으므로 가톨릭 교회처럼 어디로 파견되는 일은 없다. 여러 유대인 지역 사회에서 한 달의 보수 등 조건을 제시하며 랍비가 될 사람을 구해 달라는 신청을 랍비 양성 학교로 하게 된다. 그러면 졸업이 가까워진 랍비는 학교의 사무국에 자기가 가고 싶은 곳을 신청한 다음 그 지역 사회에 직접 가서 면담을 한다.

지역 사회가 어떤 랍비를 선택하든 자유이며, 랍비 역시 여러 곳에 가 본 후 마음에 드는 곳을 선택할 자유가 있다. 랍비의 임기는 보통 2년 정도이고, 보수와 그 밖의 조건은 지역 사회와 계약에 의해 결정된다.

유대인은 아침에 세수를 하고 아침을 먹는 것과 같이 예배당이 필요하며, 아이들 또한 교육을 받기 위해서는 유대인 학교, 즉 예배당이 필요하다. 그래서 대체로 유대인 20가구 정도가 되면 예배당을 설치하여 랍비를 초빙한다. 한 지역 사회에 몇 명 정도의 유대인이 사느냐에 따라 랍비의 수가 정해진다.

지역 사회의 재원은 기본적으로 가족 단위의 분담금으로 조달되는데, 재산이 풍부한 사람은 1년에 한 번씩 특별 기부를 한다.

오늘날 랍비의 역할은 유대인 학교의 책임자이고, 예배당의 관리자이며 또한 설교자이다. 그는 유대의 모든 전통을 대신해서 공부하고, 요람에서 무덤까지 유대인 사회 문제의 해결자가 된다. 사람이 태어나면 그를 제일 먼저 맞아들이고, 죽어서 매장할 때, 결혼할 때, 이혼할 때도 입회한다. 좋은 일에나 나쁜 일에나 항상 동참한다. 따라서 그는 학자이자 목회자이자 지도자이기도 하다.

15세기까지 랍비는 보수를 받지 않기 때문에 대개는 다른 직업을 갖고 있었다. 그러다가 15세기 이후부터 지역 사회가 랍비의 보수를 부담하게 되었다.

'랍비'라는 말은 1세기경부터 사용되기 시작했는데, 히브리어로는 '교사' 또는 '위대한 분'으로 율법사를 뜻하며, 영어로는 '라바이'라고 발음한다.

유대교에서는 시간을 대단히 중요시하지만, 장소라든가 지역 같은 공간은 그다지 중요시하지 않는다. 따라서 가톨릭 교회에서와 같은 성역이라는 말은 없지만 랍비는 성인이라고 칭송된다.

유대인을 박해한 유구한 역사

◆ ◆ ◆

유대인들은 로마에 점령당하기 전 대로마제국과 맞서 대결했다. 그러다 로마의 지배를 받게 되자 갈바 황제 때 팔레스타인에서 탄압에 못이긴 유대인들이 반란을 일으켰다. 그러자 로마는 재발 방지를 위해 더 심한 박해를 가하게 되었고 그에 항거하여 2세기경에는 벨크르바에서도 반란이 일어났다. 그에 앞서 66년에는 로마 총독 플로루스가 예루살렘 성전에 침입하여 황금을 몰래 훔쳐간 사건이 있었는데 이 사건이 발단이 되어 유대인 대반란이 곳곳에서 들불처럼 일어났다. 이때, 예루살렘 주민들은 플로루스 총독을 강제로 추방하고 성난 노도처럼 로마 수비대를 일격에 격파했다. 그러자 로마 황제 네로는 팔레스타인에 거주하는 유대인을 진압하기 위해 장군 베스파시아누스를 현장에 급파하여 무자비하게 진압하였다. 그 상황에서 2만 명의 유대인이 가이샤라에서 학살당하고, 갈릴리에서 8천여 명이 무참하게 죽임을 당했다. 그리고 3만여 명이 노예로 팔려갔다. 그러던 차에 네로가 반란으로 살해되자 베스파시아누스가 황제가 되고, 그 아들 티투스가 정복자로 예루살렘에 입성했다. 티투스는 예루살렘에 입성한 후 9만 7천여 명을 포로로 잡아갔으며, 예루살렘을 포위하고 대병력을 투입하여 110만여 명의 유대인을 잔인무도하게 학살했다.

서기 70년 예루살렘이 함락당하자 유대인들은 사해 서안 고지대인 천혜의 요새 마사다로 옮겨 가 3년간 항쟁을 계속했다. 유대인들은 끊임없이 핍박하는 로마제국을 악마의 집단이라고 여겼다.

서기 73년, 끝내 로마군의 사령관 실바에 의해 마사다가 점령되고 960여 명이 그 자리에서 자폭 순절했다. 남은 사람은 여자 다섯 명과 소년 두 명이 전부였다. 로마에 점령당한 유대인들은 노예가 되어 짐승처럼 끌려가 농노가 되거나 전쟁터의 맨 앞줄에 세워져 화살받이가 되었다. 그 후 기름 가마에 튀겨지고, 사자 굴에 던져져 사자 밥이 되는가 하면, 검투 시합장에서 짐승처럼 싸우는 등 온갖 실험 대상이 되어 소모품 취급을 받았다.

중세 유럽에서도 혹독한 박해가 이어졌다. 유대인들이 자신들의 제단에 피를 바치기 위해 사람을 죽였다는 소문이 11세기 초에 전 유럽에 퍼진 것이다. 유대인들의 율법은 짐승의 피도 금하는데 사람의 피를 쓴다는 소문은 터무니없는 것이었다. 그들은 짐승을 잡을 때도 피를 빼고 난 뒤에 식용으로 쓰도록 율법으로 정하고 있다. 그런데 황당하게도 아무 근거도 없는 중상모략이 입에서 입으로 옮겨져 불길처럼 번졌다. 그리고 이 이야기는 더욱 구체성을 띠며 '유대인이 유월절에 먹는 무교병無酵餅·Matzo을 구울 때 그리스도교의 남자아이를 죽여 그 피를 바른다.'는 등으로 번져나갔다. 이 흉흉한 유언비어는 사람들의 마음을 빼앗아 무자비한 박해로 이어졌다. 유럽의 그리스도교 사회에서 유대인들은 유대교인이라는 것 때문에 미움을 받았다. 유대인들이 앞서가는 것을 못마땅하고 아니꼽게 여긴 것도 핍박의 이유였다. 교리적인 측면에서 보면, 유대교는 예수를 하나님의 독생자로 받아들이지 않고 메시아로 인정하지 않는다는 점에서 종교 간의 정통성 시비가 갈등 요인으로 작용했다. 게다가 정치적인 힘까지 가세하여 유대인을 박해한 것이다.

사실 그리스도교와 유대교와 이슬람교는 그 뿌리가 같다. 유대교와 그리스도교가 공존이 불가능했던 데 반해 유대교와 이슬람교는 이스라엘에서 추방된 뒤에도 이슬람 회교문화권에 적응하여 충돌 없이 공존해 왔다.

한편, 그리스도교와 이슬람교는 물 위에 기름 돌듯이 같은 자리에 앉지 않았다. 그러니까 1516년부터 400년간 터키는 오스만제국의 지배를 받았는데, 십자군전쟁 기간이었던 200년간을 제외하고는 근 1천 년간 유대인들이 이슬람 영향권 내에 있어도 학살 같은 것은 없었다.

그러나 그리스도교와 회교문화권은 상황이 달랐다. 성서적으로 보면 조상의 뿌리는 같지만 둘은 이복異腹, 즉 배다른 형제 그 자체였다. 여기에 정세가 황제나 왕에게 불리하게 돌아가면 그 죄를 여지없이 유대인들에게 뒤집어 씌웠다.

유대인을 핍박한 반셈주의

• • •

그리스도교가 로마제국의 국교가 된 후부터 유대인은 여러가지 형태로 박해를 받았다. 19세기 후반 들어 독일에서 발생한 핍박은 제정 러시아 등으로 번져나갔다. 반셈Anti-semite이라는 말은 유럽에 거주하는 유일한 셈족이라는 뜻으로 붙여진 이름이다. 이 유대인 혐오사건은 나중에 프랑스 드레퓌스 사건, 러시아의 포그롬, 나치의 유대인 학살로 이어졌다.

이처럼 유대의 박해는 정치와 종교가 수레의 두 바퀴처럼 상호 협조하며, 때로는 독수리처럼 두 날개를 펴고 두리번거리며 유대인들이 사는 거리를 살폈다.

1517년 마틴 루터Martin Luther가 종교개혁을 부르짖고 나서면서 잠시 유대인들에 대한 유화책이 펼쳐지기도 했다. '예수 그리스도 또한 태어날 때는 유대인이었다.'면서 유대인들에 대한 박해를 반대하고 인간적인 대접을 강조했다. 그러나 말년에는 루터도 유대인을 비방하고 나섰다. 그것은 유대인들이 그리스도교로 개종할 기미가 보이지 않았기 때문이었다.

비방의 목소리가 높아지자 유대인들을 반대하는 '반셈주의Anti-semitism'가 일어나게 된 것이다. 이는《독일주의에 대한 유대주의 승리》라는 책을 쓴 빌헬름 마르Wilhelm Marr(1819~1904)가 처음 사용한 용어로, 반유대주의를 뜻한다.

한편, 그리스도교인들은 출애굽기에 나오는 모세의 이야기를 예로 들면서, 이스라엘 백성들의 탈출을 성공시키기 위해 신 여호와가 어떻게 이집트의 사내아이를 죽였는지 상기시켰다. 그리고 그처럼 유대인이 그리스도교의 아이를 죽였다는 식의 비방을 퍼뜨렸다.

사실 유대인들은 이미 아브라함 시대에 인간을 제물로 바치는 일을 멈췄다. 비둘기와 소와 양을 바쳤던《성서》의 기록이 이를 증명한다. 그러나 16세기에 들어서《구약성서》가 일반인들에게 읽히기 전까지의 상황에서 유대인들에 대한 오해는 말로 할 수 없을 정도로 극심했다.

1144년 영국의 노위치 마을에서 있었던 소년 사건도 마찬가지였다. 나중에 배교背敎한 유대인이 퍼뜨린 헛소문임이 밝혀졌지만, '유월절의 제물로 쓰기 위해 소년을 죽였다.'고 유대인들을 참소

했다. 다행히 살인의 흔적이 없는 소년의 시체가 발견되어 들끓던 그리스도교인들의 비난이 간신히 무마되었다.

그리고 100년이 지난 뒤, 또다시 유대인이 그리스도교도 소년을 유괴하여 십자가에 매달아 죽이고, 그 피로 유월절의 떡을 물들였다는 괴이한 이야기가 퍼져 나갔다.

사회적으로 흉흉한 기류가 감돌 때마다 악몽 같은 소문이 퍼져 나갔는데 이때마다 유대인들은 피를 말리며 떨어야만 했다. 이 괴사건 또한 유혈 사태를 두려워한 왕이 유대인을 제물로 삼아 20명의 유대인을 유죄로 잡아들였다. 이들은 심한 고문을 받고 준비된 자백서에 서명함으로써 사형에 처해졌다. 사건이 종결된 후에 소년의 시체가 발견되었는데 시체에는 아무런 타살의 흔적도 없었다.

이러한 핍박이 있은 후 그리스도교가 313년 로마 황제 콘스탄티누스 대제大帝의 칙령으로 공인되었다. 하지만 이전부터 반유대주의는 전통으로 자리 잡아 괴이한 일이 생겼다 하면 유대인들을 끈질기게 괴롭혔다.

콘스탄티누스 2세는 유대인들을 차별하는 정책으로 기독교인과의 혼인을 금지시켰다. 그리고 유대인에게는 농지 대여조차 막는 조치를 취했다.

1095년, 교황 우르바누스Urbanus 2세는 예루살렘의 성지 탈환을 목적으로 십자군 파병을 제창했다.

1096년 3월 제1차 십자군이 예루살렘을 향하여 발걸음도 당당하게 출발했는데, 십자군의 출발과 더불어 유대인의 비극은 다시 시작되었다. 정해진 목표는 이슬람이 점령한 예루살렘 정복이었지만 실은 그리스도를 살해한 유대인을 척결하는 데 복수심을 불태우고 있었다.

그 예로 1099년 7월 15일 예루살렘을 점령한 십자군은 유대인이 피난하여 숨어 있는 회당에 불을 질러 모조리 태워 죽였다. 대의명분은 성지 탈환과 그리스도교의 중흥이었지만, 그 실체는 유대인을 무차별 학살하고 약탈과 만행을 스스럼없이 저지르는 십자군의 흉측스런 단면이었다.

십자군은 '성지 탈환'이라는 목표만으로 모병을 하기가 쉽지 않았다. 그래서 십자군에 지원하는 자들에게 전쟁에서 이기게 되면 그 전리품을 가져올 수 있는 특권을 약속했다. 그렇게 해서 십자군을 모았으나 보급물자와 식량 지원이 어려웠다. 보급이 어려워짐에 따라 병사들은 현지조달 방식으로 연명하며 전투에 임할 수밖에 없었다.

그러다 보니 천주교회 지역을 벗어나 이교도 지역으로 행군할 때는 약탈과 강도 행각을 서슴지 않았다. 점차 전리품에 눈독을 들여 살인 등 중범죄를 저질렀고 나중에는 폭력집단으로 변했다. 이때부터 십자군 부대가 지나가는 곳마다 무차별 살인·강도·강간이 자행되었으며 그 지방은 공포의 도가니가 되었다.

십자군의 눈에는 이교도들인 유대인이나 이슬람교인이 전리품으로밖에 보이지 않았다. 성지 탈환이라는 목표 아래 잔인한 행동도 정당화되어 양심의 가책이나 신앙의 모순을 느끼지 않았다. 아니, 이교도들을 죽이는 것은 하나님의 뜻을 위한 영광스러운 일이며, 이것은 이미 출정할 때 교황이 허락해 준 특권이었다. 그러니까 결국 교황이 무장강도질을 허가해준 것이다.

이런 가운데 1096년 출정한 마인츠에서 십자군은 전유물을 차지하기 위하여 개종을 거부한 1천여 명의 유대인을 무차별 살해했고, 마그데부르크와 멧츠와 플랑드르와 보름스 등지에서도 수 없는 학살을 자행했다. 십자군은 이슬람교도와 교전하면서 유대인을 또 다른 적으로 간주하여 남녀노소를 가리지 않고 전면작전을 폈다.

예루살렘 성전에 입성한 십자군은 남녀노소 할 것 없이 무차별 학살을 저질러 시체가 산더미처럼 쌓였으며 그것을 하나님의 영광을 드러내는 것이라 믿었다. 그리고 그리스도의 뜻을 땅끝까지 전하기 위해서는 당연한 일이라고 생각했다. 그러니까 십자군은 하나님의 이름으로 학살하고, 하나님의 이름으로 약탈하고, 하나님의 이름으로 강간하고, 하나님의 이름으로 방화하는 무도한 행위를 서슴치 않았다. 이처럼 십자군은 아홉 차례에 걸쳐 200여 년 동안 행각을 벌였으니 이보다 흉측한 일이 어디에 있을까!

이런 잔악상에 대하여 성 버나드St.Bernard(1090~1153)는 설교를 통하여 '적을 죽이는 것은 주님께 쓰임받는 행동이며, 자신이 죽임을 당하는 것은 주님 곁으로 가기 위한 행위이다'라고 했다. 물론 이슬람인들도 한 손에는 코란, 한 손에는 칼을 들고 있다. 만일 인간이 신(여호와·알라)의 이름을 빌려서 대립하고 전쟁을 일삼는다면 어떻게 될까? 그렇다면 신을 믿는 종교가 있는 한 인류 평화는 없단 말인가. 타종교와의 전쟁을 '성전'이라고 정당화한다면 지구상에 평화는 언제 올 것인가? 생각건대 십자군 전쟁이 진정으로 하나님의 뜻이었을까? 그렇다면 왜 실패했던 것일까?

정치적 소요를 막기 위한 유대인의 희생

◆ ◆ ◆

1348~1350년경에는 흑사병(페스트)이 창궐하여 전 유럽의 반수 이상이 희생당하는 전대미문의 사태가 벌어졌다. 그런데 이 질병의 책임이 유대인에게 있다고 하여 유대인 대학살이 시작되었다. 참으로 하늘이 있어도 소리 지를 수 없는 천인공노할 일이었다. 게다가 몰지각한 그리스도교인들이 '유대인들이 샘물에 독약을 뿌려 그리스도교인을 전멸시키려 한다.'는 소문을 퍼뜨렸다. 유대인들은 유럽의 영토에 살아 있어도 산목숨이 아니었다. 독 안에 든 쥐처럼 벌벌 떨고 있을 수밖에 없었다.

민심이 흉흉하게 돌아가자 스위스 제네바 근교에 거주하는 유대인을 끌고 나와 고문한 뒤 강제로 자백을 받아내 100명이 넘는 사람을 무참히 학살하는 사건이 일어났다.

그리고 1492년에는 유대인이 성찬식의 음식을 훔친다는 소문이 떠돌았다. 이는 권력자들이 국내 경제 침체의 원인을 유대인들에게 돌려 중상하고, 눈엣가시 같았던 유대인을 골라잡아 처형함으로써 민심을 달랜 정치적인 쇼였다.

이처럼 유럽의 정치인들과 그리스도교인들은 기아와 질병에 시달릴 때마다 유대인을 지목하여 저들의 탓이라고 몰아 그들을 제물로 삼았다. 이들이 유대인들에게 허울 좋은 죄목으로 내세운 것은 예수 그리스도를 잡아 죽인 민족, 카인의 후예라는 것이었다. 그렇게 몰아세워 세계 각처에서 유대인을 박해하고, 때로는 저주를 퍼부었다.

그런데 아이러니하게도 유대 민족의 중심 사상이 지금의 세계를 지배하고 있다. 즉, 그리스도교의 유대인에 의해서 전해졌고 세계는 그 날개 아래 놓여 있다는 말이다. 그러나 유대 역사는 박해와 고난의 연속이었으며, 결과적으로 역사는 학대받는 자들의 기록문화였다.

이스라엘의 역사는 한 개인 아브라함에서 기원한다. 그리고 이스라엘은 여호와의 연합체로 탄생하고 가나안 땅을 점유함으로써 나라가 시작되었다.

가나안 땅 예루살렘은 긴 사다리 모양으로 지정학적으로 강대국 사이에 끼어 있다. 아시리아Assyria를 비롯하여 바빌론, 페르시아, 그리스, 시리아, 그리고 애급과도 근접해 있다. 그런데 이 많은 나라들 중에 이스라엘을 괴롭혔던 강대국들은 모두 역사의 무대에서 사라지고 말았다.

유대인들은 유일신 여호와를 믿는다. 그리스도는 신이 될 수 없다는 유대인들의 사고, 이것이 그들이 집단으로 살해당해야 했던 어처구니없는 이유였다.

고대 희랍의 아리스토텔레스 시대에는 1년에 한 번씩 노예를 끌고 아테네 시내를 돌고 난 뒤, 모든 죄를 그 노예에게 뒤집어씌운 다음 대속 제물로 삼아 죽였다. 이런 일은 고대 유대인 사회에서도 있었다.

축제일을 맞아 1년에 한 번씩 산양山羊 한 마리에게 모든 죄를 덮어씌운 다음 예루살렘에서 사해死海의 사막을 향해 내쫓았다. 이를테면 '속죄양'으로 삼았던 것이다. 사실상 그리스도가 전 인류의 죄를 뒤집어쓰고 죽었다는 것도 이런 발상에서 기초한 것에 지나지 않는다.

예수 그리스도 당시 유대인들은 바라던 주님이 오셔서 유대 민족을 해방시켜줄 것이라고 믿었다. 그때 나타나신 예수가 바로 그이라고 하면서 유대인들이 구름같이 모여들자, 유대를 다스리던 로마로서는 심각한 문제가 아닐 수 없었다. 어떻게든 주모자를 잡아 처단해야 한다는 판단을 내렸다. 이때 가롯 유다가 나서게 된 것이다. 이로 말미암아 그리스도 예수의 꿈은 좌절되고, 두 강도와 함께 십자가 형틀에 못 박혀 처참하게 돌아가시는 참극이 벌어진 것이다. 그 후 그리스도와 같은 피를 나눈 유대인들은 아무 이유 없이 세계 도처에서 수난을 당했는데, 그 이유는 오직 유대인이라는 것이었다.

유럽의 중세기는 그리스도교의 엄중한 통제하에 있었다. 또한 교회의 가르침은 인간의 정신적인 면만이 아니라, 자연계와 인간계를 포함하여 하나님의 말씀으로 해석되었다.

따라서 교회의 가르침을 위반하는 자는 악마의 영혼에 침해당한 이단으로 규정되고 종교재판에 회부돼 처벌당했다. 몇 백 년이라는 장구한 세월 동안 수백만 명이 그렇게 피살되었다. 이런 재판을 '마녀재판'이라고 불렀는데, 이 마녀는 여성에만 국한되지 않았다. 그리스도교에 위배된다고 판단되는 남녀는 모두 마녀로 규정되었다.

마녀를 만드는 것은 민중이었으며, 민중의 혐의나 밀고가 없이는 그리스도교에서도 선뜻 재판권을 발동하지 못했다.

스코틀랜드의 제임스James 6세나 잉글랜드의 제임스James 1세처럼 태풍이 와서 큰 피해를 입게 되자, 이를 마녀의 장난으로 규정해 용의자를 체포하여 처형한 예도 있다. 마녀재판에는 고문이 뒤따랐는데, 심한 고문으로 의식을 잃게 한 다음 자백을 강요하는가 하면 쇠로 만든 장화를 뜨겁게 달구어 신게 하고 자백을 강요하기도 했다.

그 밖에도 발목에 무거운 추를 단 다음 겨드랑이를 로프로 묶어서 도르래로 높은 천장에 닿도록 올렸다가 땅바닥에 내동댕이쳐 자백을 강요하기도 했다. 코가 깨지고 팔다리가 부러져 고통을 참을 수 없게 되면 모든 것을 포기하는 심정으로 사실을 인정하게 된다. 뿐만 아니라 바늘로 눈동자를 찌르거나 입과 코에 고춧가루 물을 붓는 등 온갖 잔인한 고문이 동원되었다. 이런 고문에 못 이겨 마녀임을 자백하면 화형대에 올려져 처형되었다.

이런 처형대에서 온갖 죄를 뒤집어쓰고 죽은 유대인의 수도 헤아릴 수 없이 많다. 이런 속에서도 오늘날까지 유대인이 그 독자성을 잃지 않을 수 있었던 것은 유대인을 에워싼 멸시와 박해가 그 근본이었다면 믿을 수 있을까? 이는 마치 용수철처럼 누르면 누를수록 억눌렸다가 튀어오르는 이치와 같은 것이다. 그러니까 유대인들이 그들의 안전을 도모하기 위하여 쌓았던 물리적인 벽은 언제고 부술 수 있었지만, 유대인들의 정신적인 벽은 박해가 가해질수록 더욱 견고하고 굳건해졌던 것이다.

러시아와 동구권이 계획적으로 유대인을 학살한 포그롬Pogrom도 그렇다. 14세기에서 16세기에 동구권에 정착한 유대인들은 삶의 터전을 따라 러시아에까지 흘러 들어가 살게 되었다. 그러자 그곳에서도 유대인을 박해하는 포그롬이 시작되었다. 이는 제정 러시아의 경찰 등이 공권력을 동원하여 계획적으로 국가 주도하에 공공연하게 자행한 박해였다.

살아 남기 위해 공산혁명에 가담한 유대인

◆◆◆

제정러시아의 황제들은 말과 행동이 다른, 두 혓바닥을 내보이는 통치를 서슴지 않았다. 일례로 계몽주의를 주창하면서 교육은 전혀 장려하지 않는 등 모순적인 정치를 일삼았다. 또 유대인들에게 농업을 권장해 놓고 토지를 소유하지 못하게 했다. 한편 슬라브족과 유대인들의 화합을 역설하면서 유대인들의 주거를 철저하게 제한했다.

그런 가운데 1801년 알렉산더 1세는 비엔나에 회의를 다녀오고 나서부터 유대인들의 탄압을 노골화했다. 알렉산더 1세를 계승한 니콜라이 1세도 유대인을 강제로 개종시켜 군대에 편입시키는 등 박해를 심화시켰다.

알렉산더 2세는 러시아 은행 설립과 철도 부설에 유대인들의 머리를 빌리는 대신 징병을 면제해 주었다. 그러나 얼마 안 있어 그들을 반차르주의자로 몰아 집단 처형하거나 시베리아로 강제 유배를 보내 격리시켰다.

여기에 알렉산더 3세는 1단계로 개종, 2단계로 강제 이주, 3단 계로 집단 학살이라는 조직적인 박해를 가했다. 로마노프 왕가의 마지막 황제인 니콜라이 2세 때인 1881년부터 1921년 사이에 1천 여 건의 유대인 학살이 있었으며, 그 결과로 볼셰비키 공산혁명이 일어나게 되었다.

그런데 주목할 것은 공산혁명을 주도했던 인물들이 유대인이었 다는 사실이다. 마르크스 이념의 창시자가 유대인이므로 공산혁 명을 일으켜 그 기초를 세운 사람들도 유대인이라는 데 이론의 여 지가 없을 것이다.

포그롬으로 이래도 죽고 저래도 죽을 수밖에 없는 상황에서 어 쩔 수 없이 택한 길이었다. 그러니까 계획적인 유대인 학살이 주 요인이었음은 두말할 나위도 없다.

이 무렵 동구 여러 나라에서도 40여 년에 걸쳐 유대인에 대한 박해가 이루어졌는데, 로마노프 왕조 말기 1881~1884년에는 우 크라이나 오데사와 키예프, 발타 등의 도시에서 유대인들의 재산 약탈과 살해가 자행되었다.

이 박해를 제1기로 본다면 제2기인 1903년~1906년에는 기시네프, 티모디르, 비알리스록 등의 도시에서 조직적으로 유대인 살해가 이어졌다. 제3기는 공산혁명 직전으로 우크라이나 프로스쿠로프와 파스토프 등의 도시에서 많은 유대인이 희생되었다.

이 3차에 걸친 포그롬으로 7만여 명이 살해되었다. 이 조직적인 유대인 학살로 튕겨져 나온 저항 세력은 공산혁명에 참여하든지 아니면 시온주의 운동으로 빠져들든지 선택의 여지가 없었다.

이렇게 해서 공산혁명이 성공하자 당 중앙위원 일곱 명 중 네 명인 트로츠키, 카메네프, 지노비에프, 스베르트로프가 유대인이었다. 또한 소련 공산당원 전체의 70%가 유대인이었다. 그러니까 제정러시아의 유대인 박해가 공산혁명이라는 보복으로 결론이 난 셈이다.

시간이 흘러 어느덧 21세기의 찬연한 해방 시대가 도래했지만 유대인들을 바라보는 벽은 아직도 사라지지 않고 있다.

편견 때문에 상인이 된 유대인

• • •

로마인들은 어떻게든 유대인을 비유대인으로 만들기 위해《탈무드》를 공부하는 것을 엄격하게 금지시켰다. 그런 중에도 유대인들은 숨어서《탈무드》를 공부했는데 20권의《탈무드》중 1권만 끝내도 대단한 경사로 여겨 성대한 잔치를 베풀었다. 이런《탈무드》가 수레에 실려 와 불태워지고 찢기고 오려지는 수난을 겪은 것이다.

혹《탈무드》를 보관하고 있다 발각되면 그리스도교의 교리에 위배되는 행위를 했다고 하여 재판에 회부되어 마녀 사냥감이 되기도 했다.

20세기에 들어와서도 가슴에 유대인이라는 기장을 달고 다니게 하는 차별이 행해졌다. 로마 교황은 유럽의 모든 유대인들에게 황색 모자를 쓰도록 명하고 배지를 달고 다니도록 했다. 그런가 하면 1239년에는 그레고리우스 9세가 유대인들이 창고 깊이 소장하고 있던《탈무드》를 몰수하여 불태우도록 했다. 1244년에는 파리와 로마에서 일반인들이 간직한 것까지 찾아내 모조리 불태웠다. 1533~1534년에 이탈리아에서도, 1558~1559년 로마의 곳곳에서《탈무드》를 찾아내 수레로 끌고나와 불살랐다. 1577년에는 동유럽과 천주교회까지 직접 관여하여《탈무드》를 오려내고 찢어내는 등 말로는 할 수 없는 만행을 저질렀다.《탈무드》를 읽다 보면 내용이 연결되지 않는 부분이었는데 이는 검열에서 찢겨 나간 부분 때문이다.

이렇게 수집되어 소각된 책 중에는《신약성서》도 있었는데 그 양이《탈무드》에 버금갈 정도로 많았다고 한다. 여기서 특기할 만한 것은 히브리어로 된《구약성서》는 한 번도 불살라진 일이 없다는 점이다. 그러니까 시나고그가 약탈자들에 의해 불살라진 일이 한두 번이 아니었는데도 모세의 율법인 토라만은 온전했다는 이야기이다.

이는 유대인이 그리스도교로 개종하지 않는다고 해서《탈무드》

는 불태웠지만 《구약성서》 토라는 경애되고 있었다는 증거이다. 즉, 유대인이 제물을 바치기 위해 사람을 살해한다는 것도, 성찬식의 떡을 모독했다는 말도 그리스도교로 개종한 유대인이 꾸며낸 허위라는 사실이 밝혀졌는데, 이 또한 일말의 여운을 남긴다.

그중에 나치스는 유대인들이 쓴 책이라면 무조건 수거하여 불사르는 폭행을 일삼았다. 그래서 인간을 잡아먹는 아프리카 식인종과 인간을 죽여서 비누를 만들었던 독일인 중 어느 편이 더 문명적이냐고 질문을 던지는 조크가 나오기도 했다.

여기서 주목할 만한 사실이 있다. 기원전 70년에 이스라엘이 정복당하고 젖과 꿀이 흐르는 땅 팔레스타인에서 쫓겨난 뒤 유대 민족에겐 한 명의 농민도 없었다는 사실이다. 중세 유럽인들이 유대인은 토지를 소유할 수 없게 금지시켰기 때문이다. 토지를 가질 수 없도록 법으로 통제했기에 소유가 불가능했던 것이다. 그러다 보니 유대인들은 자연스럽게 장사의 길로 들어설 수밖에 없었다. 이는 중국의 상商나라가 망하자 기득권자들이 재산을 갖고 탈출해 장사로 생계를 유지하였던 것과 같다. 중국에서 장사를 하는 사람은 상나라 사람이라는 말이 오늘날 '상인商人'이 된 것과 같은 맥락이다.

또 영국은 셰익스피어가 태어나기 전에 모든 유대인이 추방되어 한 사람도 없었다. 그런데도 작품 속에서 '샤일록(《베니스의 상인》에 등장하는 유대인 고리대금업자)'과 같은 등장인물을 세워 유대인에 대한 편견을 드러냈다.

한편, 그리스도교도들이 금전을 멸시하고 있었을 때 유대인들은 은행 제도를 만들어 돈을 효율적으로 유통시켰다. 영주들만이 많은 금전을 소유하고 일반인들은 적은 금액만 소유하고 있을 때 대차對借를 통해 돈을 빌려주고 빌리는 유통을 도와 경제를 활성화시킨 것이다.

이처럼 열정적으로 상업에 종사했던 유대인들은 당시 아무도 할 수 없었던 비전을 사회에 던져 주면서 발전의 기틀을 만들었다. 하지만 유대인들은 길드guild, 즉 조합에 가입하는 것도 금지되었다. 유대인들은 자연히 제조업에 종사하거나 상인이 되는 길밖에 없었다.

제조업에 뛰어든 많은 유대인들은 여기서 또 하나의 벽, 길드에 발목을 잡히고 말았다. 조합으로부터 제외된 유대인들은 단순한 상호 부조만이 아니라 길드에서 시행하는 체제에서 자유로울 수 없음은 물론 복수의 벌칙까지 받아야 했다. 카알 대제와 가톨릭교회가 집권적 교화 정책을 폄으로써 더 심한 불이익을 당하게 되었다. 조합에 가입하지 못하게 해놓고 조합원 이외는 영업을 금하는 등 유대인들에 대한 차별의 실태는 참으로 다양했다.

또 다른 한편으로, 유대인은 돈이 많다는 편견이 존재한다. 이는 유대인들이 금융업에서 두각을 나타내자 붙여진 단견이다. 금융업이야말로 중세 유럽 경제를 도약시킨 유대인들의 공헌이었다. 금융업의 발전은 중세 유럽 발전의 핵심이 되었으며 봉건제도가 붕괴되는 단초를 제공했다. 흉년이 들면 농민들은 다음해에 파종할 종자를 사기 위해 돈을 꿀 수밖에 없는 형편이었는데, 지배 계급에게 매달리는 것이 아니라 유대인이 경영하는 은행으로 쫓아갔기 때문이다.

일반 농민들은 가축이 병들어 죽거나 살림이 어려워 가축을 새로 사야 할 때면 영주에게 매달려야 했는데, 대신 은행으로 가게 되었다. 식량이 떨어져 굶주릴 때도, 세금이 밀려 시달릴 때도, 영주에게 바칠 소작인의 납부 금액도 은행에서 돈을 빌려서 막았다. 그런가 하면 귀족들도 큰 성을 사거나 팔 때, 그 외 많은 돈이 필요할 때는 유대인이 경영하는 은행으로 달려갔다. 교회조차 대성당을 짓거나 벽화를 발주할 때는 은행에 손을 내밀었다.

그런 주요 역할을 유대인이 담당하여 일을 도모하다 보니 유대인은 돈이 많다는 이야기가 나오게 된 것이다.

그런데 여기서 중요한 것은 그리스도교인들의 정서이다. 그리스도교인들은 은행을 금융이라고 부르지 않고 '고리대금'이라 불렀다. 고리대금이라고 하면 부당하게 비싼 이자를 받는 것을 의미하지만, 중세 때는 아무리 낮은 이자라도 이자를 받고 돈을 빌려주는 것은 죄라고 생각했기 때문이다. 또한 돈을 빌려주고 이자를 받으면 그 영혼은 지옥에 떨어져 구원을 받지 못한다는 생각을 가지고 있었다.

그러니까 그리스도교인들의 입장에서 보면 죄짓고 지옥에 떨어질 사람을 고리대금업에 세워놓고 그들이야 지옥에 떨어지든 말든 이용만 하자는 것이었다. 이는 일을 하면 안 되는 안식일에 유대인들이 자신을 대신해 다른 사람에게 일을 시키는 것과 마찬가지였다.

《탈무드》는 고리대금을 살인에 비교한다. 그래서 랍비들이 모여서 허용할 수 있는 이자율을 정하게끔 되어 있다. 그러나 중세의 그리스도교에 대한 금융 이자를 정한 것은 랍비가 아니라 교황이나 황제, 왕이었다.

이처럼 실권이 유대인 금융권에서 그리스도교 금융으로 넘어오자, 이자율이 극심해 교황들조차 그리스도교의 대금업은 무자비하다고 비난하는 사태에까지 이르렀다. 그래서 단테의 《신곡》에서 고리대금업자를 연옥에서도 최하층에 갇힌 자로 묘사하게 되었던 것이다.

그러자 영국, 프랑스, 이탈리아 등지에서 유대인이 다시 대금업을 하도록 허가해 달라고 했으나 허락하지 않았다. 이렇듯 시작은 유대인들이 했지만, 그 열매는 황제나 왕들이 차지하고 나머지는 그리스도교인들이 빼앗는 식으로 항상 따돌림을 받았다.

그 후 유대인들이 살았던 곳을 보면 땅은 척박하고 그들의 삶은 궁핍하기 그지없었다. 하지만 속박에서 해방되자 유대인들은 근면과 성실로 상층부로 옮겨가는 데 그리 오랜 시간이 걸리지 않았다.

유대인과 탈무드

◆ ◆ ◆

유대인들은 기도의 의미를 '히트파렐'이라 한다. '히트파렐'은 '스스로 평가한다' 혹은 '자기를 달아본다'는 의미다. 이는 여호와 앞에 자기가 얼마만큼이나 부응했는지 재본다는 의미를 가지고 있다. 유대인들은 기도할 때 소원을 이루어 달라고 하지 않는다.

다만 자기 행위가 얼마나 옳았는지, 얼마만큼 세상을 옳게 만들었는지를 스스로 평가하는 기도를 한다.

자기가 구하는 것, 자기가 갈망하는 것을 기도하는 것은 여호와에게 욕망의 향수를 뿌리는 것이라고 생각한다. 진정한 기도는 '신이 바라는 자기'를 만들어 신이 만족하는 것이다.

《탈무드》는 그래서 '스스로 할 수 있는 일을 하나님께 기도하지 말라'고 가르친다. 그리고 스스로 겸허해지는 마음가짐을 가지라고 말하고 있다.

《탈무드》는 전체 6부로 농업·제사·민법·형법·사원·순결·불순결로 이루어져 있다.

그 구성에는 일정한 규칙이 있는데 반드시 미쉬나Mishna라는 부분에서 시작한다. 미쉬나는 유대인들의 율법을 말하며, 이는 족장 혹은 랍비들이 편집한 구전 율법으로 수집본을 일컫는다. 이 미쉬나는 200년경에 편찬되었으며 겨우 500g의 작은 책으로, 후에 논의와 토론 부분을 정리하여 실은 것이《탈무드》이다. 즉, 초대교회 당시 유대인들의 저작 모음집이다.

앞에서 잠시 언급되었지만《탈무드》는 할라카라고 하는 토론 부분으로, 유대인의 윤리 도덕 법칙과 제의와 유대인의 생활방식을 예시한 가르침을 말한다. 즉, 할라카는 법률적이지만 인간의 모든 일이 하나님을 섬기는 일과 관계가 있도록 하여 신의 뜻에 절대성을 확립하는 데 깊은 의미를 두고 있다.

할라카와 더불어 학가다는 토론 부분이다. 학가다는 히브리어로 '설화'라는 뜻이다. 할라카가 율법적이라면, 학가다는 설화적인 것으로 내적 경건과 종교적 헌신에 목적을 둔다. 할라카가 유대 민족에게 의무를 가르쳐 준다면, 학가다는 그 의무를 수행하고자 하는 마음의 의지를 어떻게 다지게 하는가이다. 유대인들은 세계에서 종교 계율을 가장 잘 지키는 민족이라고 알려져 있지만, 그들의 말 속에 종교라는 낱말은 없다. 그것은 생활이 곧 종교 그 자체이므로 종교라는 말을 따로 떼어 생각할 필요가 없기 때문이다.

부언하자면, 할라카는 유대인의 생활로, 제사·예술·식사·건강·언어·대인관계 등 모든 행위가 이에 속한다. 이를테면 그리스도교인은 그리스도교를 믿으면 기독교인이 되지만, 유대인은 오직 할라카에 맞는 행동을 해야만 유대인이 되는 것이다.

학가다는 탈무드의 3분의 1을 차지하는데 철학·신학·역사·도덕·시·속담·성서 해설·과학·의학·수학·천문학·심리학·형이상학 등 인간의 지혜가 담겨 있는 부분을 말한다.

그러나 《탈무드》의 예로 제시한 말 중에는 7년 동안이나 토론을 벌였지만 끝내 결론은 '모른다.'였다는 이야기가 실려 있다. 그런 《탈무드》에 남자의 일생을 일곱 단계로 구분하여 다음과 같이 말하는 부분이 있다.

첫째 단계는 한 살로, 모심을 받는 왕의 단계이다. 사람이 태어나서 한 살 때는 모든 사람이 안아주고 달래주고, 불면 날아갈까 떨어지면 다칠까 돌봐주는 왕자의 단계이다.

둘째 단계인 두 살 때는 돼지와 같은 단계이다. 똥을 싸놓고도 울기만 하고, 이것저것 할 것 없이 손에 잡히기만 하면 입으로 가져가 늘 돌봐줘야 하기 때문이다.

셋째 단계는 열 살로, 어린 양과 같은 단계이다. 미운 다섯 살이라는 말이 있지만, 열 살은 세상 물정을 막 터득할 시기로 부모에게 기쁨을 주고 티없이 밝은 표정으로 세상을 펼쳐 나갈 원대한 꿈을 키워 비상을 준비하는 기간이다.

넷째 단계는 열여덟 살로, 말과 같은 단계이다. 몸집이 커지고, 지금까지 고삐 풀린 망아지처럼 제멋대로였다면 이제 부모의 품을 벗어날 때가 되어 이성에 눈을 뜨는 단계이다. 스스로를 제어하지 못해 과시하고 싶고, 세상을 향해 날고 싶은 원대한 꿈을 갖는 시기이다.

다섯째 단계는 청년기로, 당나귀 같은 단계이다. 이제 짝을 만나 장가를 가고 고삐 채인 당나귀가 되어, 무거운 가정의 짐을 지고 사회의 일원이 되어 힘겹게 터덜터덜 걸어야 하는 시기이다.

여섯째 단계는 중년기로, 개의 단계이다. 가족을 부양하기 위해 뭇사람의 눈치를 보면서 사리를 판단하고, 서로 공대하면서 수평을 유지하되 부양할 가족을 위해 소신을 꺾거나 자기의 고집을 접는 시기이므로 개로 비유한 시기이다.

일곱째 단계는 노년기로, 원숭이 단계이다. 사람이 나이가 들어 노년이 되면 어린이처럼 온순해지지만 아무도 관심을 가져주지 않으므로 노년의 쓸쓸함과 고독을 느껴야 하는 연민의 시기이기 때문이다.

이처럼 여러 단계로 상세하게 인생을 논하고 있지만, 위에서 말한 대로 결론은 '모른다.'가 정답일 수 있다. 아무리 세분하여 설명하여도 결코 그것이 정답이 될 수는 없기 때문이다.

유대인의 대사면 희년

•••

유대인에게 있어서 랍비는 교사요, 재판관裁判官으로서 계율에 따른 온갖 문제를 처결한다. 예를 들면 월경 중에 성교는 안 된다든지, 금전이나 재산상의 쟁의를 판결한다든지, 집안의 대소사에 관한 애매한 문제를 해결해 주는 것이다.

특히 돈을 꿔주고 이자를 받는 기준은 시대에 따라 다른가 하면,《성서》에서도 그 기술 방법이 다르다. 이런 복잡한 문제까지도 《탈무드》의 지혜를 빌어 랍비들이 해결해 준다.

한때 랍비들은 이자를 받아서는 안 된다는 토라의 근거를 들어, 이자 받는 것을 금지해야 한다고 주장했다. 그런데 유대교의 주장과 달리 예수 그리스도는 이자를 받는 것을 금하지 않았다.

유대인들은 중세 시대를 거치면서 오늘날의 자본주의 사회처럼 돈도 상품과 다를 바 없다는 생각을 갖게 되었다. 그래서 소, 양, 말 등을 번식시키는 것과 씨를 뿌려 곡식을 수확하는 것이 금전에 이자를 붙이는 것과 다르지 않다고 생각했던 것이다.

이렇게 이자에 이자를 놓고 또 이자를 생각하다 보니 복리 계산이라는 것이 나오게 되었다. 유대인들의 사회에서 유대교를 믿는 신도들이 이처럼 이자 놀이를 해서 오늘날에 말하는 '경제적 동물'이라는 말이 나오게 되었다. 더불어 원금에 대해서만 이자를 붙이는 단리계산 방법과, 이자에 이자를 붙이는 복리계산 방법은 유대인들의 금융경제에서 기인한 것이다.

모세 5경인 신명기 15장에는 매 7년 끝에 빚을 없애주는 해로 면제의 규례를 제시하고 있다. 그러니까 '이웃에게 꾸어준 것을 면제하고 독촉하지 말지니 이는 면제년이니라.'고 기록하였다.

또 모세 3서로 불리는 레위기 25장에서는 '6년 동안 주어진 땅에 6년 동안 파종하여 포도원을 다스려 그 열매를 거두라. 제7년에는 땅으로 쉬어 안식케 하라. 그리고 안식년에 맺은 열매는 거두지 말라. 그 열매는 너의 남종과 너의 여종, 그리고 품꾼과 너의 육축과 들짐승들이 다 섭취하리라. 일곱 안식년을 일곱 번 동안 곧 사십구 년 칠 월 십 일은 속죄일이니 오십 년을 거룩하게 하라. 또 너희의 그날은 희년禧年이니 첫째, 모든 이스라엘인에게 자유를 선포하라. 둘째, 가난 때문에 조상의 소유를 팔았거든 돌려받아라. 셋째, 땅을 쉬게 하라.'고 하면서 50년째를 희년으로 정하고 있다.

그러니까 7년째, '빚을 없애주는 해'에는 빚을 탕감해주는 것이 유대인들이 지켜야 할 율법이다. 이 율법은 유대교에서 가난한 사람들을 돌보기 위해 마련한 고육책인 동시에 민족의 대동단결을 꾀한 정책이었다.

희년을 뜻하는 '요벨의 해year of Jubilee'라는 말은 '숫양의 뿔나팔'을 의미한다. 레위기 25장 9절에 '칠 월 십 일은 속죄일이니 너는 나팔 소리를 내되 전국에서 나팔을 크게 불며'라고 해, 오십 년을 거룩하게 하라는 데서 연유한 것이다.

희년은 '유대 민족이 가나안Canaan 땅을 정복하여 지금의 시리아 지방으로 들어간 해부터 헤아려 50년마다의 해'로 공포되었는데 세 가지의 특징이 있다.

첫째, 나라의 어떤 사람에게 소속되어 있든 노예로 있는 모든 이스라엘인은 자유인이 된다.

그래서 율법은 희년이 가까울수록 노예의 값을 다르게 규정지을 수 밖에 없었다.

둘째, 가난 때문에 조상의 소유물을 판 사람에게 그 소유물을 산 사람은 다시 돌려주어야 한다. 그 당시에는 땅덩어리를 영원히 파는 것을 금지시켰다. 그래서 희년이 다가올수록 값을 조정해야만 했다.

셋째, 땅을 쉬게 해야 한다. 이전 안식년에 묵혔던 땅을 희년에 다시 묵히도록 하는 것은 검소하게 살아야 한다는 희년의 뜻을 되새기게 하려는 것이다.

가톨릭에서도 그 정신을 이어받았는데, 다만 요벨을 유빌레움Jubilwum 대희년으로 선포하여 완전 사면을 행하고 있다. 유빌레움이나 요벨은 가난한 사람을 배려하는 훌륭한 제도였다. 이자에 이자를 붙이다 보면 돈이 없어 빚을 진 사람은 평생 빚에 빠져 헤매게 되므로, 이런 사람에게 광명을 주는 제도이기 때문이다. 같은 백성들이 빚과 이자에 시달리는 부조리를 차단하고 공정하게 다시 시작하는 단초를 만드는 일은 쉽지 않은 일이지만 꼭 필요하다.

제3장

유대인들의 민족의식

부자가 저지르기 쉬운 자아도취

* * *

《탈무드》에서는 지나치게 자신을 믿는 자만심이 죄는 아니지만 남을 얕보거나 깔보는 것은 어리석은 짓이라고 말한다.

'사람들이 부자를 칭찬하는 것은 부자이기 때문에 칭찬하는 것이 아니라 돈을 칭찬하는 것'이라는 유대인의 속담처럼 재산이 많으면 그 재산으로 인하여 자칫 거만한 마음을 가지기 쉽다. 거만하면 겸손함을 잃어버려 자신을 고치려는 생각이 사라지고, 자신이 모든 일의 중심이라는 그릇된 생각에 빠져 또 다른 잘못을 저지르게 된다.

반대로 자신에게 갖는 지나친 저항감도 거만한 마음가짐의 또 다른 면이라고 말할 수 있다. '사람들이 나에게 관심을 가질 턱이 없다.'는 지나친 자기혐오, '내가 아니면 안 된다.'는 자기중심적인 생각은 부풀 대로 부푼 풍선처럼 위험한 것이다. 더구나 부를 신분 상승의 수단으로 여기거나, 돈이 없다는 생각으로 자기혐오의 늪에 빠지는 것은 참으로 위험한 발상이다.

자만으로 사로잡힌 사람과 자기혐오에 빠진 사람의 마음속에는 여호와 신이 머무를 장소가 없다.

여호와는 인간을 만든 뒤에 피조물을 만든 것이 아니라, 빛과 어둠을 만들고 하늘과 땅을 갈라 물과 뭍으로 나눈 다음에 초목을 내시고 맨 나중에 아담과 이브를 만드셨다. 사람이 먼저인 것처럼 우쭐댈 이유가 아무것도 없다. 개미나 모기보다도 나중에 만든 것이 인간이다. 자랑스러움과 거만함, 자기혐오의 마음은 분명 구분되어야 한다.

고대 유대 사회에서는 1학년 학생을 현자라고 부르고, 2학년 학생을 철학자라고 불렀다. 그리고 3학년 학생이 되면 비로소 학생이라고 불렀다. 학생이 되면 학문을 연구하여 수업을 쌓지 않으면 안 된다고 생각했기 때문이다. 오늘날에도 유대인들은 학생들에게 이와 같은 교육을 시행하고 있다.

《탈무드》는 현인이라도 지식을 함부로 떠벌리는 자는 무지를 부끄러워하는 어리석은 자보다 못하다고 겸허를 강조한다. 또한 돈을 가지는 것도 거기에 마음을 빼앗겨 부자가 저지르기 쉬운 자아도취에 빠지는 지름길이라며 경계한다.

평화를 존중하는 유대인

* * *

유대인들은 평화를 존중하는 민족이다. 그들은 《탈무드》 시대에서부터 인류는 모두가 한 형제라는 가르침을 받아왔다. 그래서 형제간에 다투는 것은 하나님의 뜻과 가르침을 거역하는 것이라고 인식하여 왔다. 유대인들은 다른 사람을 만나면 평화라는 뜻의 '샬롬'이라는 인사말을 건넨다. 네 이웃을 사랑하라는 성서의 말처럼 유대인의 마음을 전하는 것이다.

그러나 유럽인들에게는 그것이 눈엣가시처럼 보였다. 약삭빠르고 늘 앞서가는 모습으로 비쳐져 시기의 대상이 되었던 것이다.

산업혁명 이후 유대인들은 금융업뿐만 아니라 전기·기계·화학·공업 등 산업 전반에서 활약했다. 그들의 재빠른 활동은 독일 산업 근대화에 견인차 역할을 톡톡히 했다.

그러나 이렇게 눈부신 활동은 반유대주의라는 결과를 초래했다. 1930년 독일은 반유대주의가 가장 격심한 나라로 변했다. 그렇게 게르만 민족 내에 반유대주의 물결이 일고 있을 즈음 유대인들의 산업은 더욱 커져만 갔다. 그러자 독일뿐만 아니라 많은 유럽인들은 자기의 자리를 유대인들이 차지한다고 여겨 '유대인들이 자신들의 위치를 생각하지 않고 지나치게 날뛴다.'고 생각하게 되었다.

유대인들이 자기보다 낮은 열등 민족이라고 생각해왔는데 하루 아침에 뛰어 올라 자기와 대등하게 되고, 오히려 우월한 위치에 서서 영향력을 행사하는 것이 비위가 상했던 것이다. 유대인들은 평소와 다름없이 자기 일만 뚜벅뚜벅 해가고 있는데도 마치 바람을 일으켜 먼지를 뿌리는 양 얄밉게 보았던 것이다.

《탈무드》는 이렇게 가르치고 있다. '남과 다투지 말아라. 이웃 사람과 단란하게 살아야 한다. 그들을 즐거운 자리에 초대하라. 그 사람이 어느 나라에서 온 사람이든, 부자이건 가난한 사람이건 누구나 발가벗은 채 왔다가 흙으로 돌아가게 될 것이다.'

유럽 은행가를 석권한 유대인
◆ ◆ ◆

영국에서 산업혁명이 일어나자 유럽의 금융 중심지가 런던으로 옮겨지고 철도 건설 및 산업을 위한 대부와 투자가 활발하게 이루어졌다.

이때 유대인 로스차일드는 동유럽의 철도 건설을 위해 영국 재무성에 로비를 하여 1811~1816년 6년 동안 4250만 파운드의 거액의 차관을 받아내는 데 성공했다. 이로 인하여 그는 19세기의 자본가로서 프로이센과 유럽 각국 정부와 브라질에 거액의 차관을 제공하는 데 성공했다. 그런 기반 위에 그의 집안 4형제는 정보를 수집, 신용을 쌓아 차관을 안전하게 제공하도록 유럽의 유대인 은행가들과 긴밀한 협조 체제를 유지했다.

1817년에는 프랑스에까지 진출해 정부의 지원을 받게 되었고, 1823년에는 프랑스에서 국채를 독점적으로 취급할 수 있게 정부로부터 위탁을 받기도 했다.

이처럼 로스차일드의 집안이 눈부시게 발전해 갈 때 베를린의 오세프 멘델스존 은행은 베를린을 중앙유럽 금융시장의 중심지로 부상시키는 데 피치를 올리고 있었다. 그런가 하면 M.M 라보트 은행은 함부르크에서 개점하여 승승장구하였고, 쾰른에서는 오펜하임 은행이 새로이 창립되었다.

유럽 내에 금융가가 속속 들어설 무렵 독일의 히틀러가 정권을 잡게 되자 유대인 은행가들이 추방되는 운명에 놓이게 되었다. 그러나 1932년까지 독일 기업의 반 이상이 유대인 은행가들에게 자금을 공급받고 있을 정도로 유대 자금은 대단했다.

유대인들이 유럽 경제에 끼친 영향은 막대했지만 그 반대급부로 유대인에 대한 차별은 더욱 심해져만 갔다. 그 예로 로스차일드가 빈에서 은행을 창설할 당시 오스트리아에서는 유대인이 집을 가지는 것을 금지했기 때문에 호텔에 머물 수밖에 없을 정도였다.

이 무렵 러시아의 유대인 형제 니콜라스와 루드빅 시투리크가 페테르부르크에서 처음으로 은행을 열어 서방 금융과 연결되었다. 19세기 초 알렉산드로 1세는 시테이크리츠를 통하여 거액의 돈을 외국으로 송금하게 되었다. 이로 인하여 1826년 시테이크리츠는 유대인임에도 남작의 직위를 받음과 동시에 황실 전속 은행으로 발탁되었다.

폴란드에서는 1768년 네덜란드 암스테르담에서 온 시몬이 브래트라는 도시에 은행을 설립했다. 루마니아에서도 유대인 모리스 프랭크가 마르말라시 은행을 창립했다. 헝가리에서도 유대인들의 활약은 두드러졌으며 체코에서는 베체크 집안이 유명하였다. 스웨덴에서도 미셸 베네딕트 집안이 왕실의 보석과 은행을 겸하였으며 왕실의 금융고문을 지닐 정도로 유대인들의 금융 진출은 활발했다.

마커스의 셸 무역 회사

◆ ◆ ◆

유대인은 일상생활 속에서 유머를 활용하여 분위기를 환기시킨다. 그러니까 웃음으로 환심을 사는 기지를 발휘하며 험난한 세월을 긍정적으로 살아왔다. 유대인들은 조크나 수수께끼를 머리를 날카롭게 가는 숫돌과 같은 것이라고 생각해왔다. 유대인의 이런 조크는 온 세계에 흩어져 있는 유대인들을 결집시키는 데 큰 역할을 해왔다. 그래서 유대인들에게 조크나 유머는 좌중을 휘어잡는 무기로서 이디시어Yiddish Language와 히브리어에 이은 제3의 언어라고까지 말하고 있다.

유대인들은 저녁 식사 자리에서 어린 자녀들에게 여러 가지 수수께끼를 낸다. 기계의 회전을 원활히게 하기 위하여 윤활유를 사용하듯 두뇌 회전을 위해 의도적으로 수수께끼를 내놓는다.

셸 석유Shell Oil Co.의 창업자 마커스 새뮤얼Marcus Samuel은 가난한 가정에서 태어났으나 유대인 특유의 유머를 생활 속에 녹여 즐겁게 살았다. 그의 아버지는 손수레를 끌고 런던의 뒷골목을 다니며 잡화를 파는 행상이었다. 머커스는 11형제 중 열째로 1853년에 태어났다. 그의 아버지는 저녁 식사 때면《탈무드》에 나오는 여러 가지 이야기를 들려주곤 했다. 그중에서도 지혜를 번득이게 하는 유머를 호두알처럼 고소하게 말하면서 비밀을 끝까지 지켜야 한다는 이야기를 해주었다. 그러면서 '비밀이 너의 수중에 있는 한 네가 비밀의 주인이지만, 그 비밀이 입에서 나오는 순간 너는 그 비밀의 노예가 된다.'고 일러주었다. 그만큼 늘 신중해야 한다는 당부였다.

또 사람이 살아가면서 무엇을 소중히 해야 하는지에 대해서도 유머로 깨우쳐 주었다. 얼굴에 미소를 띤 채 '사람들은 돈을 시간보다 소중히 여기지만, 실은 그 돈 때문에 잃은 시간은 돈으로 살 수 없다.'는 등의 이야기를 들려주곤 했다.

마커스는 아버지의 자상한 가정교육을 받을 수 있었지만, 가정 형편 때문에 멀리 떨어져 있는 유대인 학교에 다녀야 했다. 하지만 마커스는 학교 공부에는 큰 관심을 가지지 못했다. 그래서 19세가 되는 해에 아버지가 마련해 준 여비로 아시아 여행을 떠나는 기회를 가졌다.

아버지는 여행을 떠나는 마커스에게 매주 금요일 안식일 전에 반드시 어머니에게 편지를 쓰라고 했다. 또 형제가 열한 명이나 되니 장차 먹고살 수 있는 일자리를 찾아보라는 당부를 곁들였다.

마커스는 혼자 배에 올라 인도, 싱가포르, 필리핀, 태국, 홍콩, 중국을 거쳐 낯설고 물선 일본의 요코하마항에 내리게 되었다.

당시(1872년) 일본은 문호를 개방한 지 얼마 안 되는 미지의 세계였다. 열아홉 살 소년 마커스는 이 신천지에서 뭔가 기회를 잡을 수 있을 것이라고 생각했지만, 심정은 착잡할 뿐이었다.

의지할 곳도 없고 서로 이야기를 나눌 친구도 없는 데다가 장사할 밑천도 없는 알몸이었다. 신용이 있어야 자금을 빌릴 수 있을 텐데 아무것도 없는 입장이라 외롭고 불안한 마음뿐이었다. 그는 요코하마를 정처 없이 걸어서 어느 바닷가에 도착했다. 그리고 빈 오두막집에서 며칠을 보내게 되었다. 그런데 매일 썰물이 되면 해변가 사람들이 모래밭에 와서 모래를 헤치고 조개를 잡는 것이었다.

마커스는 사람들이 조갯살은 식용으로 가져가면서 껍질은 그냥 버리는 것을 보게 되었다. 마커스는 이때 번쩍하고 머리를 스쳐 가는 섬광 같은 것을 느꼈다.

다름 아닌 무지갯빛 조개껍질을 수집하여 번쩍번쩍한 단추와 스카프에 다는 장식을 만들어 팔면 어떨까 하고 생각한 것이다. 그 아이디어는 곧바로 실행에 옮겨졌다. 조개껍질 안쪽에 번쩍거리는 무지개 색깔을 이용하여 옻칠을 하고, 문이나 책상에 붙일 수 있게 이름을 새기거나 아름다운 문양을 넣어 세공품을 만들어 내는 데 성공했다. 더 나아가서 일본인들이 쓰는 풍속적인 민예품에도 조개 장식을 넣어 사람들의 시선을 끌었다. 상품을 더욱 다양화해 담뱃갑이나 작은 상자에도 무늬를 새겨 넣었다. 예쁜 조개껍질을 넣은 상품들은 폭발적인 호응 속에 크게 호평을 받았고, 마커스의 사업은 눈부신 발전을 거듭했다.

마커스는 그렇게 만든 물건을 배에 실어 영국으로 보냈고, 아버지는 그것을 손수레에 싣고 다니면서 팔았다. 아버지는 아들이 만들어 보낸 상품을 팔면서 상품의 이모저모를 뜯어보고 소비자 입장에서 생각했다. 그리고 즉시 아들에게 편지를 썼다.

'단추나 어린이용 장난감, 조개 명패 같은 것은 예쁘기는 하지만 사려고 하는 사람이 많지 않다. 그러나 검은 옻칠을 한 동양의 이국적인 정서가 깃든 상자는 반응이 좋다.' 또 '상자는 빅토리아풍의 피아노 위에 두고, 담배나 자질구레한 물건을 넣어두는 데 안성맞춤'이라고 세세한 내용을 적어 보냈다.

일본에서 보낸 물건이 영국에서 반응이 좋자 그는 드디어 동양에서 건너온 수입상품을 파는 가게를 내게 되었다. 가게는 문을 열자 특수 상품을 파는 전문점으로 발전하여 상당한 재력을 쌓게 되었다.

마커스는 아버지의 교훈대로 돈을 시간보다 소중히 여기지 않고, 잃어버리는 시간은 없는지 챙기면서 요코하마에 '새뮤얼상회'를 창업했다. 간판을 올리고 난 뒤에 마커스는 자기가 구상한 상품을 의뢰하거나 눈에 들어오는 물건을 사들였는데, 그중에는 일본의 판화도 있었다. 마커스가 수집한 판화는 19세기 일본 목판화의 걸작으로 그 유명세가 대단했다. 그만큼 물건을 볼 줄 아는 혜안을 가지고 있었던 것이다.

마커스는 일본의 잡화를 영국에 수출하는 것 외에도 새로운 활로를 찾기 위해 끊임없이 눈과 귀를 열어놓고 호시탐탐 기회를 노렸다. 이때 미국의 록펠러가 석유사업에 뛰어들었다는 소식이 들려왔다. 더불어 러시아에서는 유전을 개발하는 등 석유 시대의 개막을 알리고 있었다. 마커스는, 지금은 난방용 땔감으로 목탄을 사용하지만 언젠가는 석유로 대체될 새로운 시대가 올 것이라고 확신했다.

그래서 마커스는 중국과 일본에 등을 밝히는 조명과, 난방용 경유와 등유를 팔 다양한 계획을 짜놓고 있었다. 영국에 있는 아버지가 경영하는 가게에서 목돈을 쥐게 되자, 마커스는 가까운 러시아와 석유를 거래하기로 결심했다.

그러나 석유를 운반하는 일이 문제였다. 그 당시에는 5갤런 깡통에 석유를 넣은 다음 밧줄로 묶어서 운반해야 했는데 이 작업이 매우 번거로웠다. 마커스는 이 문제를 해결하기 위해 기름을 배에 직접 실어 나르는 유조선을 생각해냈다. 그는 조선 전문가들에게 의뢰하여 설계도를 그리게 하였다. 그리고 영국의 조선소에 유조선을 건조하도록 발주를 넣었다.

얼마 후 세계 최초로 유조선이 완성되자, 요코하마에서 조개를 줍던 때를 기념하기 위해 유조선의 이름을 '뮤렉스Murex(뿔고둥)'라고 지었다. 유조선 제1호는 사람들이 우려했던 것처럼 화재가 발생하는 일도 없이 세계를 순조롭게 항해했다.

그런데 러시아에서 기름을 가득 실은 뮤렉스가 수에즈 운하를 통과하려 할 때 위험하다는 이유로 운행을 거부당하는 일이 생겼다. 마커스는 할증료를 지불하면서 뮤렉스가 빠져나갈 때까지 다른 배가 운하에 들어오지 못하게 한 다음 배를 통과시켰다.

이렇게 석유로 인해 거상이 된 마커스는 어렸을 때 아버지가 들려주신 말씀을 기억했다. '자신의 결점을 찾으려고 노력하는 사람은 남의 결점이 보이지 않는다. 하지만 남의 결점만 찾는 사람은 자신의 결점이 눈에 띄지 않는다.'는 말씀을 늘 가슴에 새겼다. 마커스는 영국에서 유대인 학교에 입학했으나 공부에 취미가 없어 배를 타고 일본으로 온 일을 생각했다.

그러나 마커스에게도 시련은 있었다. 러시아에서 유대인에 대한 박해가 심해지자 불안을 느끼지 않을 수 없었다. 독일과 오스트리아에선 유대인이 전 재산을 몰수당하고 추방당했다. 그런데 추방된 유대인들을 받아주는 나라가 없었다. 추방되는 고통뿐만 아니라 자신들을 받아주는 나라가 없는 이중의 고통을 당하고 있었다. 미국에서조차 유대인 이민 수를 제한하고 있었기 때문에 여간해서는 들어갈 수가 없었다.

이런 사실을 잘 알고 있던 마커스는 러시아 정부에서 석유를 외국 배로 운반하는 것 자체를 금지하려는 움직임이 일어나자 원유 수입국을 바꿀 수밖에 없었다. 당시 인도네시아에서도 소규모 유전이 개발되고 있었으므로 마커스는 그곳으로 눈을 돌려 유전 개발에 투자했다. 한동안 유전을 찾아내지 못하다가 가까스로 발굴에 성공했는데, 그 유전은 인도네시아에서 가장 생산량이 많았다. 그는 뮤렉스가 성공적으로 물량을 이송한 데 힘입어 8척의 유조선을 추가로 발주했다.

이는 세계 최초의 유조선단이 되었다. 그러자 마커스는 유조선단을 중심으로 삼은 '셸무역운송회사'를 설립하였다. 세계 최초의 유조선 산업의 출현이었다.

19세의 소년이었던 마커스는 마침내 세계적인 대부호의 반열에 오르게 되었으며, 유럽과 아시아 석유시장을 석권하여 한때 '석유의 나폴레옹' 또는 '유럽의 록펠러'라고 불렸다.

마커스의 석유산업이 성공을 거두자, 영국을 비롯하여 각국에서 유대인이 석유산업에 군림하고 있는 것에 대한 보이지 않는 반발이 나타나기 시작했다. 마커스는 아버지가 들려주신 '손님이 기침을 하거든 스푼을 주라.'는 말처럼 여기저기서 유대인이라는 기침 소리가 높아지자, 네덜란드와 영국 기업에 셸무역운송회사를 매각하기로 결정했다.

이렇게 해서 마커스가 쌓아올린 회사는 '로열더치셸그룹Royal Dutch-Shell Group'이란 이름으로 바뀌게 되었다. 마커스는 셸무역운송회사를 팔 때 몇 개의 명문화된 조건을 붙였다. 소주주라 할지라도 반드시 마커스의 혈통을 이은 사람을 임원으로 채용해야 하고, 사업 발상의 상징으로 조개껍질 마크를 영원히 사용해야 한다는 것이었다. 지금도 셸석유 영업소에는 조개껍질 마크가 걸려 있는데, 이는 계약에 명시된 대로 그 명예를 이어오기 때문이다.

마커스는 사업을 정리하고 영국으로 돌아갔으며, 그의 명성이 널리 알려져 1902년에는 런던시장에 당선되었다. 그는 시장 취임식 때 유대인 거주 지역인 이스트엔드를 통과해 시청으로 입성하는 용기를 보이기도 했다.

시장에서 물러난 다음에는 '런던랜드'라는 부동산 회사를 설립하여 부동산에 투자했으며, 많은 재산을 축적했다. 지금도 런던랜드에는 창립자 마커스가 수집한 조개껍질이 전시되어 있어, 그의 아버지의 말처럼 '사람들은 돈을 시간보다 소중히 여기지만 그 돈 때문에 잃고 만 시간은 돈으로 살 수 없다.'는 말을 되새기게 한다.

경제에 밝은 유대인

◆ ◆ ◆

유대 민족이 전통문화를 숭상한다는 것은 정의를 따른다는 것을 의미한다. 자신들은 비록 나라 없이 떠돌아다니면서 다른 민족으로부터 차별 대우를 받았지만 다른 민족을 차별하지는 않는다. 정의란 세계 어느 곳에서나 공통되는 것이라는 신념과 철학을 가지고 있기 때문이다.

유대 민족도 처음에는 유목민이었다. 그러다 팔레스타인에 정착하면서부터 농경생활을 하였다. 유대인에게 '가나안 사람'이란 말은 외국인이라는 의미와 상인이라는 뜻을 동시에 지닌다. 그러니까 유대인들은 상인이었으며, 상인으로서의 재능을 지니고 있었다.

위에서 말한 대로 유대인들은 읽고 쓰고 계산하는 능력은 물론 사물을 추정하고 생각하는 능력이 탁월하다. 그럼에도 불구하고 나라가 없다는 이유로 유럽 여러 나라로부터 늘 내몰림을 당했다.

중세 후 유럽경제는 길드가 지배했는데 유대인들은 이 길드조합에 가입할 수가 없었다. 참가할 자격을 주지 않았기 때문이다. 이처럼 홀대받기도 했지만 한편으로 교양이나 재능을 가진 유대인들은 유럽의 상류사회에서 봉건영주들에 의해 대단히 주목받고 있었다.

유럽의 봉건 영주들은 계리計理와 무역을 계산이 빠르고 국제적인 감각이 있는 유대인에게 맡겼고, 유럽 각 군주들의 통상무역은 국제적인 교류가 활발한 유대인들에 의해 이루어졌다. 그 당시 유럽의 경제는 지중해를 중심으로 이루어졌는데, 지중해에서 멀리 떨어져 있는 독일이나 폴란드와 같은 나라들은 외국 상인의 활동에 의존할 수밖에 없었다. 바로 이런 통상무역의 중심에 유대인들이 자리하고 있었고, 그들은 경제의 흐름을 손바닥 읽듯 훤히 꿰고 있었다.

이렇게 중세기 초반의 통상 활동을 담당했던 유대인들은 자기의 신앙과 사회를 버리지 않았다. 상권을 쥐고 있으면서도 여전히 그들은 유럽인들의 눈에 '외국인'이었다.

지중해를 중심으로 편성되었던 경제의 중심에는 항상 그들이 있었다. 그러다 보니 자연히 자본 축적에 힘입어 유럽 안에서 경제적 독립을 이끌어 내기에 이르렀다.

이때부터 봉건 영주나 유럽 실세들은 유대인에게 사업을 빼앗기지 않을까 하여 일정 분야 외에는 유대인들이 상업 활동을 할 수 없도록 아예 법률로 규정했다. 유대인들의 발목을 잡기 위해서였다.

그런데 18세기 영국에서 시작된 산업혁명의 태풍은 유대인들에게 새로운 활동 무대를 제공해 주었다. 산업혁명으로 인해 산업활동이 비약적으로 커졌고, 그로 인해 대량 생산에 따르는 큰 자본이 필요하게 되어 금융업이 급속도로 발전하게 되었다.

이때 자본을 담당했던 것이 독일의 유대인 은행들이었다. 당시 독일은행, 드레스디너은행, 담슈리나은행, 독일 국민은행 등이 있었는데 거기에는 모두 예외 없이 유대인의 금융회사가 연관되어 있었다. 이처럼 산업혁명을 통하여 유대인들의 은행이 급속도로 발전한 것은 그 무렵의 전통적인 은행들이 투자에 소극적이었기 때문이다.

그러니까 유럽 각국에 흩어져 금융업을 하는 유대인들은 서로 정보를 주고받으며 장래를 정확하게 예측했던 것이다. 그로 인해서 지금까지 온갖 제재로 압박받아온 약소 민족이 대세의 흐름에 따라 새롭게 열린 세계의 길로 진출했던 것이다.

빈 지갑이 세상에서 제일 무겁다

• • •

두툼한 지갑을 훌륭하다고 말할 사람은 없다. 그러나 텅 빈 지갑은 사람을 기죽게 만들어 영 좋지 않다.

이 세상에서 제일 무거운 것은 무엇일까?

그것은 빈 지갑이다. 물건이 가득 들은 부대는 무겁다. 그러나 빈 부대가 더 무거울 때가 있다.

아무리 더러운 때도 벗겨 주고, 쩔렁대기만 해도 욕이 가라앉는다는 돈은 언제부터 사용되었을까?

바빌로니아 포로 시대 이전에 유대인들에게는 주조된 돈(화폐)이 없었다. 그래서 그때는 바터 무역barter trade, 즉 물물교환이나 가치 교환으로 주고받았다. 이렇게 물건과 물건을 대차貸借로 주고받다가 중량 기준이 되는 저울 추錘가 나오게 되었고, 양量을 재는 됫박 두斗가 나오게 되고, 길이를 재는 자尺가 나와 주고받는 기준이 다양화되었다. 이런 물정시대를 거쳐 청동기 시대의 비약적인 발전을 가져오게 된 것이다. 먼저 구리와 주석, 철, 호박琥珀, 소금, 비단 등의 물건이 거래되면서 대륙을 가로지르고 대양을 넘나들게 되었다. 이후 상업이 발달함에 따라 기원전 1천 년경에 페니키아인들에 의해 화폐라고 할 수 있는 연마된 돌에서 동전이 나오게 되었다. 그러니까 이때부터 비로소 돈(화폐)이 통용되기 시작한 것이다. 유대인들은 짧은 독립 기간을 제외하고는 정복자들의 돈을 이용했는데, 그리스와 로마, 그리고 유대의 돈이 시대에 따라 사용되었다.

그리스인들은 '드라크마drachma'라는 돈을 사용했는데 성서에 나오는 '잃어버린 동전'은 로마의 돈 '데나리온Denarius'으로, 하루 임금의 가치가 한 드라크마와 같았다. 또 '과부의 엽전'은 유대인들이 직접 만든 동전으로 구리나 청동으로 만든 '렙돈'이었다.

《성서》에 나오는 가장 흥미로운 돈은 데나리온인데, 예수와 사도 시대에 사용한 동전으로 포도원 품꾼 삯으로 비유된 바 있다. 이 돈이 데나리온이고, 마리아의 기사도 데나리온으로 기록되고 있다.

유대인들은 신명이 날 때는 '아이, 이, 이'라 소리치고, 힘들 때는 '오이, 오이, 오이'라고 하는데 그렇다고 돈이 있다 하여 '아이,

이, 이'라고 하지는 않는다.

그러나 돈이 없으면 언제고 '오이, 오이, 오이'라고 한다. 유대인은 돈에 대해서 좋은 것이라고도 나쁜 것이라고도 말하지 않는다. 다만 돈이 있으면 많은 기회를 가질 수 있다고 생각한다. 그래서 돈은 인간을 축복하는 것이라고 여긴다.

유대인들은 자기가 살고 있는 땅에서 자라는 나무, 굴러다니는 돌이나 바위 등에 대하여 친밀한 감정을 느끼지 못했다. 이스라엘이라는 자기 나라에서 쫓겨난 이후 땅을 소유하지 못했으므로, 대지나 기타 안정된 어느 것에 의지하고 기댈 수 있는 형편이 못 되었기 때문이다. 그래서 대신 유동 자산인 돈을 모으게 된 것이다. 그만큼 유대인들은 길고도 슬픈 역사를 가지고 있다.

유대인들은 그들이 오랫동안 살던 나라에서 강제적으로 쫓겨난다 해도 환금성이 좋은 다이아몬드 몇 개만 챙기면 다음 이주지에서 새롭게 생계를 꾸려 나갈 수 있다. 이처럼 돈에 대한 사고방식은 유대인들의 마음에서 마음으로 전승되어 불문가지라는 맥을 이어가고 있다.

그래서 유대인들은 돈이 없으면 돈이 무자비한 주인이 되지만, 수중에 들어오면 유익한 종이 된다고 말하기도 한다. 돈은 무엇이든지 움직이게 할 수 있다. 돈은 안 되는 것을 되게 할 수 있고 '노'를 '예스'로 바꿀 수 있는 힘이 있다.

《성서》에 돈이 때로는 빛을 주고 온기도 던져 준다고 말했던 것은 유대인들의 삶 속에 남아 있는 역사의 흔적이다.

유대인들의 민족의식

◆ ◆ ◆

《탈무드》에는 아이의 생각을 키워주기 위한 여러 가지 이야기가 많이 쓰여 있는데, 다음의 것도 그중 하나이다.

"만일 갓난아이가 두 개의 머리를 가지고 태어났다면 그 아이를 한 사람으로 보아야 하는가, 아니면 두 사람으로 보아야 하는가?"

어리석은 질문으로 보일 수도 있으나 그렇게 쉬운 문제는 아니다. 머리는 둘이지만 몸뚱이가 하나이므로 한 사람이라고 결론지어야 할 것인가? 아니면 머리가 두 개이므로 당연히 두 사람이라고 할 것인가?

《탈무드》는 이 문제에 대하여 실로 명쾌한 답변을 마련해 놓고 있다. 즉 한쪽의 머리에 뜨거운 물을 부었을 때 다른 쪽의 머리도 함께 비명을 지른다면 한 사람인 것이요, 다른 쪽의 머리가 아무렇지도 않은 듯 태연한 얼굴을 하고 있다면 이들은 두 사람이라는 것이다.

이는 마치 불교의 전설에서 나오는 이두조二頭鳥를 다른 각도로 풀어 놓은 것과 같다.

유대인들은 아이가 태어난 지 한 달이 되면 회당에 데리고 가서 축복을 받는다. 그럴 경우 머리가 두 개 있으면 축복을 두 번 받아야 한다. 그리고 기도할 때 머리 덮개를 써야 하는데, 이럴 경우 한 개만 필요할까, 두 개가 필요할까? 해답은 앞에서의 대답과 같다.

유대인이 어떤 민족인지 말할 때 들려주는 이야기가 있다. 즉 이스라엘이나 러시아에 있는 유대인들이 박해를 받았다는 이야기를 듣고 마음 아파하는 사람이라면 틀림없이 유대인이고, 아무 반응이 없다면 유대인이 아니라는 것이다.

공동체 의식이 강한 유대인

•••

'유대인들이 지적 수준이 높은 것은 유대교가 글자로 지탱해온 종교이기 때문이다.'

유대인들은 직업이 뭐든 누구나 글을 읽을 줄 안다. 그들은 어렸을 적부터 철저한 윤리교육을 받으며 도덕인간으로 자라고, 커서는 유대교의 일원이 되어 활동한다. 그래서 장사를 하는 상인이 되어서도 도덕이 얼마나 중요한 것인지 마음에 새기는 이야기가 있다.

부자와 가난한 사람이 같은 배를 타고 여행을 했다. 부자는 다이아몬드와 황금과 보석 등을 트렁크 가득 담아 배에 실었다. 가난한 사람은 실을 것이 아무것도 없어서 머리에 들은 지식만 가지고 배에 올라탔다.

그런데 배가 출발한 지 얼마되지 않아 심한 풍랑을 일어 배가 가라앉고 사람들은 간신히 목숨만 건졌다. 부자는 그 많은 보석을 다 잃어버렸지만 가난한 사람은 잃은 것이 없었다. 두 사람 중에 누가 더 부유한 편인가?

이 이야기의 주제는 재산보다 중요한 것이 교육이며, 교육만 제대로 이루어지면 새로운 고장에서도 다시 살 수 있다는 것이다.

유대인은 열 자녀가 있으면 아무리 가난해도 열 명 모두에게 교육을 시켜 누구나 글을 읽을 수 있게 한다. 다른 민족이 교육을 시키는 것은 출세나 장부 정리, 장래 이익을 위해서겠지만 유대인들은 신에게 기도하기 위해 글을 가르친다.

유대인들은 교육뿐만 아니라 일반 생활에서도 잘 짜여진 양탄자의 꽃처럼 유기적으로 연대한다. 이것을 히브리어로 '하베림 코르 이스라엘'이라고 하는데 '모든 유대인은 한 덩어리다.'라는 뜻이다.

이와는 반대되는 개념으로 '키드시 하셈'이라는 말이 있다. 이 말은 유대인 각자가 저마다 유대인다운 올바른 행동을 하여야 한다는 뜻이다. 공동체는 한 사람 한 사람의 구성원에게 바른 행위를 하도록 인도할 책임이 있다는 뜻이기도 하다. 유대인들이 남달리 자선 행위를 강조하는 것도 이와 같은 맥락에서 유래한 것이다

유럽에서뿐만 아니라 현대사회에서 각 개인은 자기 자신에게만 책임을 지면 된다. 이는 개인주의가 자각하지 못한 이기주의의 단면이기도 하다. 개인주의가 발달하면 할수록 자기가 공동체의 구성원이라는 자각과 누군가의 잘못이 바로 자기가 속한 공동체의 잘못이라는 책임의식이 결여된다. 어떤 면에서는 그런 사고방식

이 저마다 다른 개성과 생활방식을 낳기도 한다. 그러나 유대인은 유대라고 하는 공동체 속에 일원이 될 때 비로소 유대인이 되는 것이다. 이러한 사고방식은 고대로부터 현대에 이르기까지 전승되고 있다.

'만일 자식을 올바로 교육시키지 못하였거나 올바른 교육환경을 제공하지 못하여 저지른 죄는 사회 전체가 책임져야 하며 자식에게만 추궁할 수 없다.'는《탈무드》의 가르침은 유대인들이 얼마나 교육을 중요시하는가를 단적으로 말해주고 있다. 더불어 그 부모도 자기 자식에 대한 잘못이 있을 땐 일정한 책임을 확실히 지운다. 그 책임의 한계가 어디까지인가를 아래 예에서 잘 보여주고 있다.

유명한 배우 커크 더글라스의 아버지는 알콜 의존증이 있는 사람이었다. 어느 날 더글라스의 아버지가 유대교 회당에 들어갔는데 마침 와인이 즐비하게 진열되어 있었다. 더글라스 아버지는 그 와인을 한 병도 남기지 않고 모두 마셔버렸다. 이 사실이 뒤늦게 발각되어 문제가 되자 그는 다음과 같이 항변했다.

"내가 손만 뻗으면 닿을 수 있는 자리에 와인을 놓아둔 랍비와 교회 담당자가 첫 번째로 잘못했다. 나에게 알콜 의존증이 있다는 것을 알고 있으면서 왜 와인을 좀 더 엄중히 관리 못했는가? 그러니까 내가 죄를 범한 책임은 전부 저들의 관리 태만에 있다."

결국 커크 더글라스 아버지의 이 엄중한 항변으로 랍비와 회당 담당자는 와인은 와인대로 변상하고 알콜을 마시게 한 것에 대한 위자료까지 지불해야만 했다. 이는 자식을 교육시키지 못한 책임을 부모에게만 묻지 않고 사회 전체가 책임져야 한다는 것과 같은 논리다.

베푸는 일에 인색하지 않아야

• • •

유대의 랍비 어니스트 베번Ernest Beiven의 아들이 물었다.

"아버지 《성서》에 나오는 현인賢人을 만나 뵙고 싶습니다."

난감해진 베번 랍비는 아들에게 둘러댈 말이 없었다. 전해 내려오는 말에 의하면 1년에 몇 번은 현인이 땅에 내려온다고 했기 때문이다. 그래서 이렇게 말했다.

"네가 경건한 마음으로 기도하고 올바르게 생활하면 틀림없이 만나 뵐 수 있을 것이다."

이 말에 아들은 날마다 기도하고 바르게 사는 데 온 힘을 기울였다. 그렇게 한 달, 그리고 반년이 흘렀다. 그러나 베번 랍비는 아무것도 해줄 수 없었다. 그러던 어느 날, 아들이 또 물었다.

"현인을 꼭 만나 뵙고 싶습니다."

그러자 베번 랍비가 아들에게 대답했다.

"인내력을 가지고 기다려라. 아침에 옳은 일을 했다고 저녁에 모세를 만날 수야 없지 않느냐?"

이렇게 시간이 흘러 드디어 한 해가 지나고 말았다. 베번 랍비의 아들은 날마다 현인을 손꼽아 기다렸다.

비 오는 어느 날, 시나고그 예배소에 누더기 옷을 걸친 거지가 찾아와 하룻밤 잠자리를 청했다. 아들이 그 거지에게 말했다.

"여기는 호텔이 아니라 예배소입니다."

"잘 수 없으면, 혹 먹을 것이라도 좀 주십시오."

"이곳은 식당도 아니오!"

아들은 이렇게 말하며 거지를 그대로 내쫓았다.

그날 밤 베번 랍비는 아들을 불러서 하루 동안 있었던 일을 물었다.

"오늘은 어떤 일이 있었느냐?"

"웬 거지가 예배소에 와서 잠자리와 먹을 것을 청하기에 내쫓았습니다."

그러자 아버지는 하늘을 올려다보며 탄식했다.

"오늘 예배소에 왔던 그 거지가 네가 그토록 오랫동안 기다렸던 현인이었다!"

아들이 그 말을 듣자마자 아버지 베번에게 다급한 어조로 말했다.

"아버지! 저는 꿈에도 생각지 못했습니다. 저는 평생 오늘을 잊지 못할 것입니다. 오늘을 되돌릴 방법은 없을까요?"

랍비 베번은 아들에게 이렇게 말했다.

"아니다. 아마 다시 찾아오실지도 모른다."

그리고 아들에게 조용히 《탈무드》에 있는 이야기를 들려주었다.

"눈먼 거지가 길모퉁이에 앉아 있었단다. 그곳으로 두 사나이가 지나가게 되었는데 한 사나이는 그 거지에게 동전을 꺼내 주었고 다른 사나이는 아무것도 주지 않고 지나갔단다. 그러자 죽음의 신이 와서 이렇게 말했단다."

랍비 베번은 아들의 시선을 응시하며 말을 이었다.

"'이 불쌍한 거지에게 자선을 베푼 사람은 이후 50년 동안 나를 두려워할 일이 없을 것이다. 그러나 자선을 베풀지 않은 사나이 너는 곧 죽게 될 것이다.'

그러자 동전을 주지 않은 사나이가 지금 다시 돌아가 그 거지에게 자선을 베풀겠다고 하자, 죽음의 신이 단호하게 말했단다.

'아니다. 배를 타고 이미 바다에 나섰는데 배 밑바닥에 난 구멍을 이제야 살핀다고 되겠느냐?'

그리하여 돈을 주지 않은 사나이는 물에 빠져 죽게 되었단다."

시간은 인간을 기다려주지 않는다. 해야 할 일을 알아서 제때에 하는 사람이야말로 현자요, 성인이다.

북아메리카의 유대인

* * *

1654년 북아메리카 대서양 연안에 있는 뉴암스테르담에 23명의 유대인이 도착했다. 뉴암스테르담은 오늘날의 뉴욕이다. 그들은 타고온 뱃삯을 지불할 수 없어 일행 중 다윗 이스라엘과 모세즈 암브로셔스가 가지고 온 짐을 팔아서 겨우 여비를 치렀을 정도로 가난했다.

그러나 다음해 맨해튼 섬의 외벽을 쌓기 위해 시민들로부터 모금을 했을 때 23명 중 다섯 사람이 1,000플로린(네덜란드 은화 단위)을 기부했다. 그 외벽을 쌓은 곳이 지금의 월가이다.

이로 미루어 볼 때 무일푼이었던 유대인들이 1년 새 1,000플로린의 거액을 기부할 정도였다면 얼마나 재능이 뛰어났는가를 알 수 있다.

신대륙의 미국인들은 재능인에 대하여 매우 우호적이었다. 그들이 유럽에서 박해를 피하여 온 청교도나 신교도들이었기 때문이다.

유대인 솔로몬(프로이센 태생, 1740~1782년)은 미국 역사에서 미국의 독립을 도운 애국자로 기록되어 있다. 그는 모리스가 북아메리카 은행을 창설하자 그 은행의 최대의 예금자가 되었다. 그리고 미국의 독립전쟁 자금으로 65만 달러를 미국의회에 내놓았다. 솔로몬이 죽자 미국 대통령 제임스 메디슨은 '솔로몬이 없었더라면 미국의 독립전쟁에서 끝까지 싸울 수 없었을 것이다. 그는 그만큼 큰 공적을 남겼다.'고 치하했다.

그 후 19세기 중엽 구겐하임 일가가 스위스에서 건너와 구겐하임 재벌이 되고, 셀리그먼 4형제가 미국으로 이주해 와 캘리포니아 주, 펜실베이니아 주, 앨라배마 주에서 양복점을 경영하여 돈을 벌자 은행업을 시작했다. 그 가운데 요셉 셀리그먼은 1880~1890년 사이에 유럽으로 건너가 미국의 국채를 모집하여 미국 주식을 처음으로 유럽 증권시장에 상장시키는 데 성공했다.

남북전쟁이 일어나자 셀리그먼 은행은 북군에게 전쟁 비용을 지원했다. 유대인들 중에는 남군에 자금을 지원한 에르랑가 같은 사람도 있었지만, 대부분의 유대인은 노예 제도를 반대했기 때문에 북군을 지원했다.

유대인들은 평화를 사랑한다. 평화에 대하여 유대인들만큼 생생하게 이해하는 민족은 없을 것이다. 그것은 유대교의 가르침에 따라 평화를 존중하여 실천하고 추구하도록 배워왔을 뿐 아니라 오랜 세월 압제의 역사를 살아오면서 평화의 중요성을 뼈저리게 느껴 왔기 때문이다.

미국의 독립전쟁에 그 많은 돈을 자금으로 내놓은 것도 '샬롬' 이라는 평화를 위해서였던 것이다.

유대인들의 역사관
◆ ◆ ◆

유대인들은 지리적인 수평적 연결과 함께 과거와 미래를 수직적으로 결속하는 입체적인 연대의식도 가지고 있다.

미드라시Midrash, 즉《탈무드》에 다음과 같은 기록이 있다.

모세가 시나이반도의 시나이산 꼭대기에서 '토라'를 받을 때 시대를 초월하여 전 유대인들의 영혼이 그곳에 모여 하나님에게서 그것을 받았다고 말한다. 모세가 토라를 받은 그때의 유대인이라면 누구든지 토라를 받았다는 뜻이다. 또한 모세와 함께 하나님에게 토라의 세계를 이룩하는 데 다같이 노력하기로 약속했다는 뜻이기도 하다. 그러니까 시간을 초월하여 유대인으로서의 책임을 모세 때에 서약했다고 생각하는 것이다.

유대인들은 할아버지가 못 이룬 뜻이 있다면, 그 후대의 손자라도 꼭 이루어 하나님과의 약속을 지켜야 한다고 생각한다.

지구상의 모든 국가가 저마다 역사를 면면히 유지해왔는데, 유대인들은 나라도 없이 산지사방으로 흩어져 살면서도 끝까지 살아남아 뻗어나왔다. 그것은 그들이 현실에 안주하지 않고 진실을 추구해 왔기 때문이다. 바꿔 말하면 유대인들은 진실만을 신뢰함으로써 소멸되지 않고 살아남을 수 있었던 것이다.

유럽의 게토(유대인 거주 지역)는 비좁고 누추했다. 그러나 그 안에 들어가면 세계보다 크고 광대한 활력이 넘쳐흘렀다. 그것은 유대인들이 후손들을 가르치고 배우는 데 힘을 기울였기 때문이다.

많은 사람들은 유대인들을 스스로 과거의 역사에 사로잡힌 '과거의 죄수들'이라고 생각하면서 폄하했다.

그런데 여기서 생각해 볼 점은 유대인들에 있어 과거는 자동차의 백미러와 같다는 것이다. 자동차가 앞으로 전진하기 위해서는 백미러로 좌우와 뒤를 살피고 안전하게 질주할 수 있는지 확인해야 한다.

유대인들이 과거의 기록인 《탈무드》를 보면서 변함없는 진실이라고 말하는 것은 이 때문이다. 《탈무드》의 특징은 고대에 관해 말할 때에도 반드시 현재나 미래 어느 시간에 속해 있지 않다는 데 있다. 예루살렘의 랍비들도 말을 전할 때에 과거형을 쓰지 않고 반드시 '누구는 말한다.'는 식의 현재형으로 이야기한다. 유대인들은 게토라는 좁은 테두리 안에 거주하면서도 늘 가슴속에서는 도덕에 의지하며 이상을 섬기는 데 여유롭고 너그러웠다.

외부 세계가 화려하고 번영하여 게토 지역이 좁고 초라하게 보일지라도 번영하고 화려한 세계가 강한 것이 아니라, 좁고 여유로운 게토 세계가 더 넉넉하고 평화로운 세계라고 생각했다.

《탈무드》에 죽음에 대한 질문이 있다. 사람이 죽어서 하늘나라에 가면 우선 하늘나라의 문에서 문지기가 묻는다.

"너는 거래할 때 정직했느냐?"

이것이 죽음을 맞아서 맞는 첫 질문이라는 것이다. 그다음의 질문은 아래와 같다.

"너는 얼마만큼 기도를 했느냐?"

"너는 얼마만큼 자선을 배풀었느냐?"

"너는 얼마만큼 사람을 도와주었느냐?"

랍비들도 소나 양을 잡을 때 사용하는 칼을 정기적으로 검사해야 하듯 유대인들의 상거래에서도 정직이 제일 원칙이었다.

미드라시(탈무드)에서는 상거래에서의 정직은 그 자체가 성서의 계율을 실현하는 것이고, 부정을 행하는 것은 파괴하는 자라고 경고하고 있다.

13세기 모세이사크 랍비의 경영에 대한 이야기가 흥미롭다.

그는 '양복을 짓고 남은 천을 고객에게 돌려주는 양복점으로 유명했으며, 품질 좋은 가죽으로 구두를 만드는 양화점으로, 그리고 무게와 분량을 속이지 않는 고깃간으로 이름이 높았다. 이런 사람들은 반드시 내세에서 랍비보다 더 풍족한 생활을 누릴 수 있다.'

고《탈무드》는 말하고 있다.

유대인의 세계에서는 이만큼 진실에 대해서 강조한다. 특히 유대인들의 도덕은 물건을 너무 비싸게 팔아서는 안 되며, 품질이 떨어지는 물건을 팔아서도 안 된다는 등 매우 구체적인 일상생활의 사례까지도 언급하고 있다.

이처럼 상도덕은 인간의 도덕 그 자체로, 물건을 통해서 자기의 인격을 팔지 말라는 말인 것이다. 즉 자신을 사랑하기 때문에 비즈니스로 자신을 헐값에 팔지 말라는 이야기이다.

유대인들의 가족관과 경제 관념

• • •

유대인들은 세계의 어느 민족보다 가족의 단결이 강해서 사업도 가족끼리 한다. 월가의 리먼 브라더스 은행도 리먼 집안 사람들로 구성되어 있다. 이들 중엔 나중에 뉴욕 주지사가 된 사람도 있고, 루즈벨트 대통령 때는 정계 각료로 진출한 사람도 있었다.

유대인들은 사업이 성공하면 자기 형제를 제일 먼저 그 사업에 끌어들이고, 더 성공하면 또 다른 형제를 끌어들여 확장해 나간다. 이렇게 하여 가족끼리 서로 협조하여 부산물로 플러스 알파가 생기면 그것은 공평하게 공유한다.

유대인들은 자기네 민족 자체를 대가족이라고 생각한다. 따라서 세계에 널려 있는 유대인 사업가들은 어떤 계기가 오면 어느 순간 두꺼운 얼음처럼 협력 관계를 유지한다.

유대인들은 어느 지역에 가든지 도착하자마자 그곳의 시나고그가 어디에 있는지 조사한다. 그것은 회당에 가서 기도하기 위함이 아니라 가족의 한 사람이 되기 위해서다.

그리고 시나고그에 들르면 그중의 누군가가 집으로 초대한다. 의례적인 우정의 표현이거나 유대인들은 유대 요리 외에는 먹지 않기 때문이라고 말할 수도 있겠지만 초대받은 집에 가면 또 다른 초대손님이 있다는 것을 알게 된다. 그러다 보면 세계 각국에서 사업을 하는 사람들이 한 자리에 모이게 된다. 그러나 이런 경우에도 아무도 놀라지 않는다. 그것은 유대 사회에서는 너무나 당연하고 자연스러운 일 중의 하나다.

이렇게 자리가 마련되면 스스럼없이 말을 꺼내 이야기를 주고받는 가운데 새로운 정보 교환이 이루어진다. 때로는 새로운 사업의 아이디어도 상의하고 그곳에서 거래가 이루어지는가 하면, 서로 체험담을 나눔으로써 산 경험을 쌓게 된다. 유대인들은 이렇게 사고를 키우고 사업을 확장하여 나간다. 그들은 늘 순리적인 것만 이야기하는 것이 아니라 역설적인 말도 서슴지 않는다. 그것은 지금까지의 사고방식을 확 뒤집어서 다시 생각하는 계기가 되고, 강조하는 의미가 되기도 한다.

예를 들어 누구나 돈을 버는 것은 어렵고 돈을 쓰는 것은 쉽다고 생각한다. 그것은 자기 품에 들어온 돈이니까 기분 좋게 써버리는 습관 때문이다. 그러나 유대인들에게는 이 말이 통하지 않는다. 아무리 적은 돈이라고 하더라도 소홀히 해서는 안 된다는 의식이 깔려 있기 때문이다. 돈을 버는 것은 확실히 어려운 일이다.

어렵게 번 돈인 만큼 더 절약하고 신중히 써야 한다는 역설적인 말도 되는 것이다. 돈에 관심을 갖는 것은 그만큼 쓰임새에 대해서도 세심해진다는 이야기이다.

한마디로 말해서 유대인들은 돈을 적재적소에 합리적으로 쓰기 위해서 몇 번씩 생각한 다음에야 쓴다. 이 모든 것은 돈을 버는 데에서나 가족 관계에서 자연스럽게 배우지만 쓰는 데에 대해서도 자연스럽게 쓰도록 유도한다.

유대인들에 있어서 가정은 사회이고, 학교이고, 실습장인 셈이다. 바겐세일이라고 해서 어울리지 않는 옷을 산다든지, 유명 브랜드라고 해서 선뜻 사는 일은 거의 없다. 겉옷은 그럴듯한 걸로 입으면서 블라우스나 기타는 빌려 입는 스타일이다. 모양과 색깔을 잘 매치시키면서 맵시도 따지는 한마디로 검약의 길을 찾는다는 말이다.

유대인들은 돈을 인간보다 아래에 두지만 때로는 돈을 숭상하는 듯한 삶을 사는 사람들도 있다. 그렇다고 돈을 하찮은 것이라고 생각하거나 경멸하는 것은 옳은 태도가 아니다. 돈은 올바르게 사용하면 좋은 것이고, 나쁘게 사용하면 좋지 않은 것이 된다.

유대인들은 한마디로 돈을 더러운 것이라고 생각하지만 축제일이 되면 돈에 초점을 맞춘 듯한 인상을 주기도 한다.

하누카Hanukkah(BC 165년 예루살렘 성전을 재봉헌한 것을 기념하는 봉헌절)에는 8일 동안 밤이면 촛불을 밝히고 기념한다.

그런데 여기에는 몇 가지 주의해야 할 사항이 있다.

첫째가 촛불을 밝히되 평소에 쓰는 초가 아니라 예배용으로 사용한다. 즉 전깃불이 환하게 켜져 있어도 촛불을 켜고 그 촛불을 중심으로 가족이 한자리에 모여 이날을 기념한다. 제 몸을 태우고 성별하는 촛불이 구심점이 되는 셈이다.

둘째로, 하누카 때에는 아이들에게 돈을 선물로 준다. 유대인들은 행사 때에는 다양한 선물을 주고받는다. 에스더Esther(구약성서에 나오는 유대인 처녀)를 기념하는 부활절에는 음식을 선물로 주고, 하누카 때에는 아이들에게 우리나라의 세뱃돈처럼 돈을 선물로 주어도 흉이 되지 않는다. 그렇게 함으로써 아이들에게 하누카에 대한 긍정적인 생각을 가지게 하는 것이다.

하누카라는 말은 '교육'이라는 뜻의 히브리어이다. 그날 밝히는 촛불은 지식과 교육을 상징한다. 8일 동안 촛불을 중심으로 온 식구가 둘러앉아 담소하고 돈을 아이들에게 주는데, 그 의미는 촛불의 불빛에서 느껴지는 온화함과 같다. 이때 돈의 액수는 그 아이가 다른 사람에게 얼마만큼 도움되는 일을 했느냐에 비례한다.

하누카는 유대 민족에게 빼놓을 수 없는 경축일이다. 이때 다른 사람에게 도움을 줄 수 있는 일이 무엇인가를 생각하게 하는 교육이야말로 가장 좋은 교육 방법이 아닌가 생각된다.

돈에 대한 유대인의 생각

◆ ◆ ◆

뉴욕에 회사를 세워 성공한 사람에 대한 이야기다.

그는 맨해튼에 호화로운 아파트가 있고, 교외에는 수영장이 딸린 별장을 갖고 있었다. 이렇게 많은 재산을 가지고 있는데도 그는 아침일찍부터 저녁 늦게까지 열심히 일을 했다.

그런 그에게 다가가 물었다.

"돈이 그 정도로 많으면 쉬어도 되지 않겠습니까? 그 정도면 편안하게 살 수 있을 텐데요. 돈이 더 많아야 행복을 살 수 있다고 생각하는 것 아닌가요? 그러나 아무리 돈이 많아도 행복을 살 수는 없는 것 아닙니까?"

그러자 그가 조용히 말했다.

"내게서 일을 빼앗는 것은 고통입니다. 말씀하신 대로 돈으로 행복을 살 수는 없습니다. 그렇지만 행복을 불러오는 데는 많은 도움을 주지요."

그는 허리를 펴며 다시 말했다.

"나는 주말에는 교외의 조용한 집에서 마음의 휴식을 취하고, 여름에는 유럽의 휴양지에서 쉬면서 여행을 즐기고, 겨울엔 따뜻한 플로리다 주에서 크리스마스를 즐기는데 이게 어디 한두 푼으로 되는 일입니까? 인생을 즐기고 행복한 기분에 젖는 것은 돈이 없으면 꿈도 꿀 수 없습니다. 말하자면 돈이 행복이 오도록 도와주는 셈이지요."

그는 일에서 손을 떼는 것은 고통을 가져다주는 것이라고 했다. 역설적이기는 해도 유대인들의 취향과 돈에 대한 생각의 단면을 잘 드러내 보이는 말이다.

사실 돈이 없다면 불행이 문 앞에 엎드려 있는 것이나 마찬가지이다. 돈이 인생의 전부는 아니라 해도 돈이 없으면 곧 불행으로 가는 길목에 들어선다는 말이다.

그래서 유대인들의 속담에 '돈은 모든 문을 연다.' '집안에 돈이 있으면 평화가 있다.'고 했다.

돈과 랍비와의 관계에 대한 이야기도 많지만 그 결말은 항상 유머러스하다.

어느 날 두 남자가 상담차 랍비를 찾아왔다. 한 사람은 마을에서 소문난 부자이고, 한 사람은 가난한 사람이었다. 부자가 먼저 랍비의 방으로 들어가서 한 시간이 지나서 나왔다.

곧이어 가난한 사람이 랍비의 방으로 들어갔다. 그는 5분도 채 안되어 상담이 끝나자 랍비에게 불만스런 말투로 말했다.

"랍비님. 당신은 부자한테는 상담 시간을 한 시간이나 할애해주고, 저한테는 겨우 5분 정도라니, 왜 이렇게 불공평하십니까?"

그러자 랍비가 말했다.

"아, 진정하시오. 당신이 가난하다는 건 금방 알 수 있었소. 하지만 부자의 마음이 가난하다는 걸 알기까지 한 시간이나 걸렸기 때문이오."

돈 자체는 좋은 것도 나쁜 것도 아니다. 그런데 가끔은 사람 위에 돈이 있게 되고, 신의 자리까지 넘보게 된다. 아니, 요즘의 사회에서는 신보다 더 높이 숭상하는 자리에 서기도 한다. 그래서 때로는 돈과 랍비를 같은 자리에 세우기도 한다.

한 랍비가 거지에게 돈을 주었다. 그러자 옆에서 지켜보던 랍비가 말했다.

"남이 보는 데서 줄 바에는 차라리 주지 않는 것이 좋을 텐데."

유대인들은 자선은 보이지 않게 하는 것이라고 생각한다.

탈무드에는 '아무도 보는 사람이 없는 곳에서 남에게 자선을 베푸는 자는 모세보다 훌륭하다.'고 했다. 그런데 위의 상황에서는 생각해 볼 일이다. 거지는 지금 당장 배가 고파 허둥대고 있는데 누가 보고 있다고 해서 베풀지 않는다면 어찌 잘하는 일이라고 하겠는가.

한 랍비가 친구에게 돈을 빌리러 갔다. 그러자 친구가 차용증서를 쓰고 증인을 세우라고 요구했다. 랍비는 의외라서 놀라며 말했다.

"아, 나를 믿지 못하는 건가? 내가 오랫동안 율법을 연구하여 온 것을 자네도 알지 않는가? 나는 이미 권위자로 이름이 알려진 사람일세."

그러자 친구가 말했다.

"그러니까 걱정하는 것이네. 자네가 율법 공부만 했기 때문에 마음속에 율법만 가득 차서 내 빚에 대해서는 까마득히 잊어버릴 것이 아니겠는가? 그래서 이런 조치가 필요한 것일세."

친구지간에도 돈을 주고받는 일을 명확하게 해야 그 관계가 계속될 수 있다는 말이다.

많은 사람들은 돈을 버는 것이 어렵다고 생각한다. 그런데 돈을 번 사람들은 돈 버는 것이 의외로 쉽다고 말한다. 동전이 둥글기 때문에 이쪽으로도 굴러가고 저쪽으로도 굴러가는 것과 같다는 식이다. 어쩌다 돈이 굴러왔다 하더라도 그것을 지키는 것은 더욱 어렵다. 왜냐하면 항상 생긴 금액보다 써야 할 금액이 더 많고 구멍이 크기 때문이다. 그래서 돈을 버는 방법을 아는 것만큼 쓰는 방법을 진지하게 생각하는 사람에게만 돈은 머물고 귀한 가치가 있다.

반유대주의를 극복한 유대인

• • •

유대인들은 오랫동안 게토라고 불리는 제한된 거주 지역에서 살았다. 그들에겐 지정된 구역 밖에서 사는 것이 허용되지 않았다. 또 토지를 소유하는 것도 허용되지 않았다. 이렇게 철저히 배제되었지만 중세에서 근세로 옮겨 오는 동안 게토 지역의 인구가 증가했다. 제한된 구역에서 증가하는 인구를 수용하기 위해서는 건물을 높이는 방법밖에 없었다. 이러다 보니 유럽에서 높은 건물이 있는 곳은 으레 게토 지역이었다.

이처럼 이들은 반유대주의에 쫓기고 몰리면서 살았다. 유대인이라는 이유만으로 사는 집이 불태워지고 재산을 몰수당하기도 했다. 이런 현상은 지금도 사라지지 않고 남아 있는 형편이다. 그런데 그 어려움을 타개하는 방법이 바로 빌딩을 짓는 기술로 연결되어 건축업에서도 뛰어난 재주를 나타내게 되었다.

이에 비해 미국의 월가는 유대인들이 지배하고 있다. 뿐만 아니라 대통령을 비롯한 대부분의 요직을 유대인들이 차지하고, 강대국 미국은 물론이고 세계를 주름잡고 있다. 따라서 유대인들이 반유대주의자들에게 핍박을 받는다는 것은 적어도 오늘날에는 올바른 시각으로 보지 못한 데서 나온 주장일 수 있다.

　중동의 작은 나라 이스라엘, 어떻게 저렇게 작은 나라가 미국을 움직이고 아랍국가들과 대등한 관계를 유지하면서 군림할 수 있을까?

　지도상에 반토막으로 갈라진 대한민국을 바라볼 때면 생각이 복잡해진다. 우리도 천손 민족이라고 자랑만 할 것이 아니라 미국, 중국, 러시아와 일본을 요리하여 빠른 시간 내에 민족통일을 이룩해야 할 텐데 하는 조급하고 안타까운 마음이 든다.

제4장

유대인의 상술

처음 정가定價제도를 시행한 유대인

• • •

유대인들은 물건을 파는 데 뛰어난 재주를 가지고 있다고 알려져 있다.

비즈니스에서 물건을 싸게 사들여 비싸게 팔려고 하는 것은 당연한 일이다. 그러나 물건을 깎는 것과 사람을 속이는 것은 다르다.

쌍방이 합의한 물건 값은 정당한 비즈니스 행위라 할 수 있다. 유대인들은 물건을 팔 때 구매자가 값을 깎는 것을 싫어한다. 상품 값을 깎는 것은 자기의 위신에 관계된 일이라고 생각하기 때문이다. 그래서 유대인들이 세계에서 제일 먼저 정가판매定價販賣를 실시했던 곳이 디파트먼트 스토어Department store이다.

디파트먼트 스토어란 미국에 와 있는 유대인들이 맨 처음 설치한 백화점이다. 즉, 상품을 정가대로 팔고 많은 물품을 다양하게 갖춘 상점이다. 킴블이니, 메이신, 니만마가스니 하는 디파트먼트 스토어는 모두가 유대인들이 경영한 곳들이다.

유대인들은 미국에 이민 와서 처음에는 손수레를 끌고 이 골목 저 골목 다니며 물건을 팔았다. 수레 한 대에 물건을 싣고 다니며 팔던 것을 나중에는 건물 안에다 가지런히 진열해 놓고 팔았다.

유대인들이 장사꾼이 된 것은 살아나갈 방도가 그 길밖에 없었기 때문이다. 허용된 비즈니스에도 한계는 많았다. 상류사회와 교제가 허용되지 않았고, 클럽에도 가입할 수 없었으며, 골프클럽의 회원도 될 수 없었다. 그런 입장에서 유대인들이 새로운 영역을 개척해 나갈 수밖에 없었던 것이 상거래였다.

유대인이 샤일록인가?

• • •

유대인에 대한 이미지는 셰익스피어의 《베니스의 상인》에 나오는 샤일록Shylock에 의해 잘못 굳어졌다. 눈물도 피도 없는 냉혹한 모리배로, 이익에 눈먼 고리대금업자로 그려진 것이다.

그러나 작가 셰익스피어는 유대인을 만나본 일이 없다고 한다. 그도 그럴 것이 셰익스피어가 살던 때에 영국에는 유대인이 한 사람도 없었다. 셰익스피어가 태어나기 전에 유대인들은 영국에서 모조리 쫓겨났기 때문이다. 그러니까 셰익스피어는 전해 들은 이야기의 토대 위에 자신의 상상력을 더해 악역 등장인물 유대인 샤일록을 만들어낸 것이다.

《베니스의 상인》은 훌륭한 문학 작품임에는 틀림없다. 그래서 세계 각국어로 번역되어 읽혀지고 있다. 그러나 유대인의 입장에서 본다면 이 작품이야말로 위험한 작품이라고 할 수밖에 없다. 셰익스피어의 이 작품을 읽은 세계의 모든 사람들은 특별한 근거 없이 유대인은 악한 사람이라는 인식을 갖게 되었다.

작품 속에서 샤일록은 돈을 빌려주면서 약속한 날짜에 그 돈을 갚지 못하면 신체의 일부를 도려내기로 서약하게 한다. 그는 신체적 위해가 목적이 아니라 약속을 지키게 하기 위해 조건을 붙인 것인데, 작품 속에서는 약속 같은 것은 뒤로하고 오직 위해 부분만 강하게 부각시키고 있다. 당시 유럽을 지배하고 있던 유대인에 대한 반감이 작용한 결과로 보여지는 대목이기도 하다.

셰익스피어가 유대인을 제대로 알지 못하면서도 교활하고 냉혹하다고 분통을 터트림으로써 세계의 모든 사람들도 덩달아 유대인을 같은 시각으로 평가했던 것이 지금까지의 태도였다.

유대인의 상술

◆ ◆ ◆

유대인들은 위에서 말한 대로 장사를 잘하는 사람들이라고 알려져 있다. 모든 장사는 고객이 있어야 거래가 이루어진다. 따라서 장사를 잘한다는 말은 고객 제일주의를 잘 실천하고 있다는 말이

기도 하다.

미국 내에서 2%도 안 되는 유대인이 미국은 물론, 세계의 상권을 쥐고 흔드는 것은 고객을 주인처럼 받들기 때문이다. 즉 소비자들 위에 군림하는 것이 아니라 뒤에서 서포트하며 문제의 현장에 있었다는 의미이다.

스미스 앤 호킨Smith & Hawkin의 설립자는 자기가 일을 할 때에는 토끼를 쫓는 사냥개와 같이 뛴다고 말했다. 뒤에서 후원만 하는 것이 아니라 전면에 나서서 직접 문제를 해결한다는 말이다.

회사는 혼자의 힘으로 이끌어 가는 것이 아니다. 지평을 넓혀줄 수 있는 두뇌맨들이 있어야 하고, 끊임없이 샘솟는 아이디어가 뒤따라야 지속적인 발전이 가능하다. 따라서 끊임없이 정보를 입수하고, 입수된 정보를 분석하는 혜안을 가져야 한다. 그래야 비로소 대안이 나오고, 대안이 서야 일을 힘있게 추진해 나갈 수 있는 것이다.

유대 역사 5천 년을 보면 약소국가로서 불리한 교섭이 수없이 많았다. 그러나 그들은 고도로 세련된 상술로 승리를 얻어내 역사를 유지해 왔고, 마침내 일으켜 세웠다. 그래서 유대인들의 상술이야말로 세계 최고의 수준이라고 말할 수 있다.

유대인들은 협상이 불리하더라도 두려워할 것이 없다고 말한다. 그들은 협상의 마지막 순간에 의미를 부여하고 잘 활용한다. 어떤 협상이든지 여유 있게 나서는 사람이 항상 유리한 고지에 설수 있다는 묘미를 알기 때문이다.

유대인들의 정직성

◆ ◆ ◆

유대인들은 신 여호와에 대한 불평도 기록으로 남겼다.《탈무드》에 여호와는 많은 민족 가운데 유대인을 선택했다고 하는데 왜 하필 우리 유대인을 선택했는가에 대한 내용도 나온다.

만일 신 여호와가 이 세상에 살고 있다면 여호와의 집 유리창은 한 장도 남아 있지 못했을 것이다. 불평하는 사람들이 돌을 던져 유리창을 다 깨버렸을 것이기 때문이다.

그리고 다음과 같은《탈무드》의 기록을 남겼다.

여호와는 얼마나 공정하고 옳은가? 부자에게는 음식물을 주고 가난한 사람에게는 식욕을 주지 않았는가?

여호와에 대해서는 질문을 해선 안 된다. 듣고 싶다면 하늘로 올라가라.

여호와는 가난한 자를 사랑한다. 그리고 부자를 도와준다.

여호와는 사람을 세 단계로 저울질한다. 어렸을 때는 어느 허물도 용서해준다. 청년이 되면 무슨 목표를 세웠는가를 저울질한다. 나이가 들면 여호와는 그가 회개하기를 간절히 기다린다.

믿음의 조상 아브라함이 우상숭배하는 노인을 개종시키기 위해 밤새도록 권유했다. 그래도 노인이 듣지 않자 아브라함은 그 노인을 단념하고 집으로 돌아와버렸다. 그러자 여호와가 아브라함 앞에 나타났다. 나는 네가 나를 믿어주도록 70년을 기다렸다. 그런데 너는 하룻밤 기다리더니 가버리느냐?

유일신 여호와는 절대적인 신이다. 그런데 유대인은 그 절대신과 계약을 맺었다. 그래서 유대인은 자신을 선택받은 민족이라고 규정하고 있다.

그럼 선택은 여호와의 것인가? 유대인의 것인가?

유대인들의 정직성은 이런 것에도 자유롭다.

유대인들은 항상 상대의 처지를 먼저 이해하기 때문에 편리한 대로 하라고 권한다. 그리고 곧잘 이런 말을 인용한다.

'맛있는 음식이라 해도 배부른 사람에게 계속 권하면 그것은 고통이 된다. 마찬가지로 아무리 뛰어난 제품이라도 구매자가 원하지 않는 상품은 팔리지 않는다. 따라서 배고픈 사람에게 음식을 주듯 고객이 원하는 것이 무엇인가를 알아내 그것을 제공해야 한다.'

고객이 원하는 것, 그것은 고객이 필요로 하는 것이다.

시장 바닥을 훑고 다니면서 고객의 심리에 맞는 물건을 찾아내야 한다. 또 제품에 대한 불만을 찾아내 문제가 되는 부분을 해결해야 한다.

비록 작은 문제라 할지라도 그것이 쌓이고 쌓이면 시장 전체로 번져 고객을 내쫓는 결과가 된다.

유대 속담에 '두 귀를 거리에다 대고 기울이라.'는 말이 있다. 밖으로 나가 제품을 폭넓게 관찰하고 시장의 흐름이 어떻게 변화하고 있는지 주목하면 기회를 잡을 수 있다는 말이다. 유대인들은 비즈니스에서도 높은 도덕 수준을 끊임없이 요구한다.

'물건을 지나치게 비싸게 팔아서는 안 된다.'는 말도 생활 속에서 얻어낸 구체적인 방법이다.

또 물건의 품질까지도 상세하게 규정하고 있다. 말이나 행동에 대해서도 구체적으로 적시하여 생활 속에 녹아들게 한다.

사람에게 귀와 눈은 둘인데, 왜 입은 하나일까?

이는 입으로 말하기 전에 먼저 두 배로 듣고, 두 배로 관찰하라는 뜻이 담겨 있다는 것이다.

유대인들은 거짓말이나 이중적인 태도에 대해서는 경계를 늦추지 않는다. 특히 성직자라든가 지도자급에 있는 사람이 그런 태도를 보일 때는 눈살을 찌푸린다. 다음은 그 예인데, 성직자 목사를 지칭한 점 양해를 바란다.

어느 목사가 부모들에게 아이들을 사랑하라고 설교하였다. 어린아이들을 때리거나 큰소리로 꾸짖지 말고 온화한 사랑으로 감싸주어야 한다고 가르쳤다.

어느 날, 교회 앞 한길의 포장이 망가지자 목사가 시멘트를 사다가 말끔히 고쳐 놓았다. 그리고 막대에 줄을 묶어 울타리를 치고 푯말을 세웠다.

'시멘트를 발라 놓았으니 주의하십시오!'

그런데 이튿날 아침에 나와 보니 아이들의 빌자국이 여러 개나 있었다. 목사는 화를 내며 큰소리로 아이들을 향해 '망할 자식들'이라면서 나무랐다. 그러자 옆에서 지켜보던 목사의 부인이 말했다.

"평소에 당신은 아이들을 사랑하라고 말하지 않았던가요?"

목사가 말했다.

"그야 말을 잘 듣고 사랑받을 수 있는 아이들이라야지, 이렇게 말썽을 부리는 녀석들이라면 당연히 꾸지람을 들어야지요."

성서에는 한 입으로 두 말을 하는 동물을 뱀에 비유하고 있다. 이랬다 저랬다 하는 것을 뱀의 갈라진 혀에 빗댄 것이다.

그리스도교는 사랑의 종교인 데 반해 유대교는 계율의 종교이다. 사람들은 흔히 사랑의 종교가 계율의 종교보다 차원이 높은 것이라 생각한다. 그런데 사랑의 종교에는 추상적인 가르침만 있지, 실생활에 적용할 도덕적 계율이 없다는 것이 유대인들의 반론이다. 유대인들 의식의 저변에는 딱 꼬집어 말할 수 없는 그 무엇인가가 있다.

유대인들에게는 유대인들만의 노래가 있다.

'유대인 아닌 자는 술에 취해 곤드라지네. / 술을 좋아하니 안 마실 수가 없네. / 그래서 또 술에 취해 곤드라지네.'

이 노래에는 술에 취해 있는 자는 유대인이 될 자격이 없다는 뜻과 유대인 아닌 자들의 방탕함을 은근히 비꼬는 뉘앙스가 담겨 있다. 그래서 유대인들은 이 노래를 다른 사람에게 들려주기를 좋아하지 않는다.

비즈니스맨은 술자리에서 거래를 성사시키기도 하므로 기분 좋게 한잔하는 것은 나무랄 이유가 없다. 그런데 한 잔 두 잔 마시다 보면 내일은 없고 오늘만 있는 것처럼 마셔대게 된다. 이런 분별 없는 행위는 다음 날 새로운 계획을 구상하는 데 막대한 지장을 초래한다.

그러나 유대인들의 십중팔구는 이튿날 지장이 있을 정도로 과도한 술을 마시지 않는다. 그래서 유대인들은 술자리에서 교활한 친구로 따돌림받는다.

유대인과 돈

· · ·

'돈'을 히브리어로 '키소'라고 한다. 앞에서 드라크마의 돈과 데나리온의 돈에 대해 언급한 바 있지만 유대인들의 돈에 대한 관념을 다시 한 번 짚어본다.

우리말에 '돌고 도는 것이 돈'이라는 말이 있다. 이처럼 돈은 일정한 장소에 한정되어 있지 않다. 돈이라는 말은 상품의 가치를 표현해 주고, 그 유통을 매개해 준다는 뜻이 강하다. 돌고 도는 것이 돈이라는 뜻으로 보면 그렇다. 그러나 돈을 '가치의 척도'로 보면 축적의 목적물이 될 수도 있다. 그래서 우리나라 속담에 '돈만 있으면 개도 명첨지다.'라고 했으며, '돈만 있으면 호랑이의 눈썹도 빼오고 귀신도 부릴 수 있다.'고 했던 것이다.

유대인들은 돈에 대한 장구한 역사를 가지고 있다. 그리고 이자에 대한 견해도 시대에 따라 여러 가지로 분류되고 있다. 사전적으로 설명하자면 '채무자가 화폐 이용의 대가로 채권자에게 지급하는 금전'이라고 할 수 있다. 이윤이 장사를 해서 남긴 이익이라면, 이자는 금전적 이문利文이나 변리邊利라고 할 수 있다.

성서에 '가난한 자에게 돈을 빌려주고 그에게서 이자를 받으면 안 된다.'고 쓰여 있어 가난한 사람에게 이자를 받는 것을 금하기도 했다. 그러나 그리스도 시대의 성서에는 다음과 같은 이야기가 나온다.

'주인이 여행을 떠나면서 세 사람의 종들에게 각각 1달란트씩 돈을 주었다. 그중 한 사람은 그 돈을 땅에 묻어 두었다가 주인이 돌아오자 파내어 돌려주었다. 그러자 주인은 이렇게 말했다.

"너야말로 악하고 게으른 종이다. 내가 심지 않은 데서 거두고 뿌리지 않은 데서 모으는 사람인 줄 알았다면 그 돈을 필요로 하는 사람에게 꾸어 주었다가 나에게는 이자를 붙여서 돌려주어야 할 것이 아니냐."(마태 25장~27)

이는 돈을 섭리적 관점에서 바라본 그리스도의 생각을 피력한 것이라고 말할 수 있다.

중세에 접어들면서 돈도 상품과 마찬가지로 이윤이 붙어야 된다고 생각하기 시작했다.

돈에 이자를 붙이는 일이 소·양·말 따위가 번식하는 일이나 종자를 뿌려 농작물을 수확하는 일이 다르지 않다고 생각했던 것이다. 돈에 대한 문제나 재물에 대한 인식은 환경에 의해 형성된 것이라고 할 수 있다. 게토에서 하루하루를 간신히 연명하다 보니 살아남기 위해 상황에 맞추고, 틈만 있으면 교묘히 파고들어 기회를 포착했던 것이다. 그들은 귀를 쫑긋 세우고 바람소리에도 반응하는 토끼마냥 변화하는 상황에 맞추어 신속하게 판단함과 동시에 순간적인 능력을 발휘하는 재간둥이였다.

여기서 새겨들어야 할 것은 앞으로 질주하는 차를 브레이크를 밟아 정지시키듯이 성서의 말씀대로 빚을 없애주는 7년째의 해와 50년째의 희년禧年, 즉 요벨Jubile의 해 등이 그들에게 제동을 걸었다는 것이다. 7년째는 '빚을 없애주는 해'로서 그해 말에 채권자는 빌려준 돈을 탕감해 주어야 한다고 계율로 정하고 있다.

이런 제도는 유대인 사회에서 가난한 사람들을 보호하기 위한 정책이었다. 특히 이 시대의 노예는 물건과 같이 취급되었다. 그런데 노예를 샀을 때에도 7년째에는 자유의 몸으로 풀어 주어야 한다. 무상으로 반환하고 해방시켜 주었다. 또 7년째가 다가오는 걸알고 재물을 빌려주기를 거절하는 자에게는 그 탐욕을 막는 벌칙까지 있었다. 또한 노예를 자유의 몸으로 풀어줄 때는 빈손으로 내보내서는 안 되었다.

또 안식년이 있었는데, 이는 6년 동안 경작한 밭을 7년째에는 완전히 쉬게 하는 것을 말한다.

안식년에는 모든 밭일을 허용하지 않는다. 경작하지 않는데도 자연히 맺은 열매는 이방인이나 가난한 사람들에게 나누어준다. 땅은 하나님이 주신 것이니 7년째에는 하나님에게 돌려드려야 한다는 발상에서 비롯된 것이다.

안식년을 일곱 번 되풀이하면 49년이 되고, 49년이 끝나는 해가 50년이 된다. 이 50년 되는 해가 희년이다. 희년은 매입한 부동산을 원 소유자에게 무상으로 반납하는 획기적인 해이다. 이는 토지가 무제한으로 매매되면 대지주와 소작민 사이에 빈부격차가 커질 수밖에 없으므로 이러한 국면을 해소시키고자 제정한 것이다.

유대인들의 근면성

...

유대인들이 남에게 의존하여 살기 시작한 것이 바로 이집트에서 노예 생활을 할 때부터다. 그때 유대인들은 역사가 역행한다고 생각하여 대단한 경계심을 가지고 있었다. 남이 베푸는 자비에 익숙해지고 타성에 젖어 빚을 지고 있다는 것도 잊은 채 누군가의 도움을 받지 않으면 안 되는 상태로 스스로 속박되어 가는 것을 극도로 경계한다.

유대인들은 인격적인 자유가 경제적 독립에서 비롯된다고 생각한다. 이러한 생각은 오늘날의 유대를 만들고, 그들의 의식과 생활방식을 바꾸어 놓는 데 근원적인 동기가 되었다.

랍비들은 '사람은 항상 노동을 사랑하여 일에 힘써야 한다. 왜냐하면 천지를 창조하신 신도 모든 것을 끝내고 나서 휴식을 취했기 때문이다.'라고 가르치고 있다.

유대인들은 노동이 고통을 동반하는 것이라 해도 신에 대한 충성의 표시이며, 창조적 행위에 참가하는 것이라고 생각한다. 노동은 신이 천지창조 때 행한 행위이기 때문에 신성한 것이라는 인식이다. 히브리어로 '아보트'는 노동을 의미하지만 신에 대한 예배로까지 의미를 확대하여 부여한다. 이는 노동을 통해 생활의식을 고취하여 근로의욕을 높이는 일석이조의 효과가 있다.

2세기 랍비 탈폰Talpon은 '신의 위력은 노동하는 사람에게 머문다.'고 말했다. 기독교는 오랜 기간 동안 수도원에서 명상을 하거나 기도에 몰두하는 수도사를 존귀하다고 생각했다. 반면에 세속에서 일에 쫓기며 사는 민중을 업신여겼다. 그런데 종교개혁이 있고 난 뒤부터 직업을 가지고 노동하는 것이 신에 대한 의무이며 숭고한 사명이라고 생각하게 되었다. 즉 17세기 후반부터 노동에 대한 인식 변화가 시작되었던 것이다.

《탈무드》에서는 '손을 놀려 생활할 수 있는 사람은 종교가 보답한다.'고 말하고 있다. 예루살렘에 신전이 있었던 시대에는 신전을 운영하기 위해 국민 소득의 10%를 세금으로 거두어들였다. 제사장 및 레위Levi인이라는 직업 종교가들은 이 세금으로 생활비를 충당했다. 그러나 랍비들은 따로이 생활 대책이 없었기 때문에 양치기, 경전 베끼는 일, 땔나무 장사를 해서 생활했다.

랍비 아키바는 양치기 출신이었고, 랍비 메이르Meir는 필경사로 돈을 벌었으며, 랍비 힐렐은 땔나무 장사였다.

예수는 목수가 본업이었고, 베드로는 어부였다. 선교에 생애를 바쳤던 바울은 천막 만드는 일을 했다.

시오니스트 아론 고든은 '스스로 노동하라. 그래야 비로소 우리 유대도 문화를 얻고 자신의 생활을 얻을 수 있다.'고 외쳤다. 이런 데서 유대 민족의 근면성과 그들의 생활 철학을 충분히 엿볼 수 있다.

상품 종목의 선정

◆ ◆ ◆

유대인들의 상술에 있어서 노려야 할 대상은 두 가지밖에 없다고 말한다. '여자와 그 입'이다. 이것은 유대 상술에서 공리公理라고 일컫기도 한다. 누구나 다 아는 공리이므로 이것은 설명이 불필요하다.

《구약성서》에 남자는 일을 하여 돈을 벌어 오고, 여자는 남자가 벌어들인 돈으로 생활을 유지하는 것이라고 말하고 있다.

그래서 동서고금을 막론하고 돈을 벌려면 살림을 하는 여자 쪽을 겨냥해야 한다. 가족 체제가 이렇기 때문에 유대 상술의 공리는 '여자를 노려라.'가 금언처럼 되어 있다.

예나 지금이나 여자를 상대로 하는 장사는 성공하지만 남자를 상대로 하는 장사는 여자를 상대하는 것보다 10배 이상 힘만 들고 어렵다고 실토한다. 왜냐하면 남자는 돈을 가지고 있지 않기 때문이다. 또 여자들은 감성적이기 때문에 상대하기가 훨씬 쉽다. 실제 물품에서도 요염하게 반짝거리는 다이아몬드, 호화찬란하게 빛나는 드레스, 반지, 브로치, 목걸이, 액세서리, 고급 핸드백 등 남자를 상대하는 물건보다 가짓수가 월등히 많고 매혹적이다.

위에서 입을 노리라고 말했는데 그것은 입에서 입으로 전해지는 구전 광고도 있겠지만, 여기서는 입에 들어가는 것, 즉 요식업을 말하는 것이다. 예를 들면 채소가게, 생선가게, 쌀집, 과일가게, 과자가게, 건어물가게 등이 그렇고, 요리집, 음식점, 레스토랑, 스탠드 바, 카바레 등이 그렇다. 입에 들어가는 물품의 장사를 하면 반드시 돈을 벌 수 있다는 말

이다. 그 이유는 입에 들어가는 것은 무엇이든지 반드시 소화되어 배설되고, 그러면 다시 필요해지기 때문이다. 그래서 다시 사게 되는 회전 상품이라는 말이다. 이런 사이클을 알기 때문에 입에 주목하여 장사를 하라고 가르친다.

그래서 유대인들은 토요일이나 공휴일에도 돈을 벌어 주는 것은 은행 예금의 이자와 입으로 들어가는 상품뿐이라고 말한다.

유대 상인들이 여성용품을 제1의 상품으로, 입에 들어가는 상품을 제2의 상품으로 정한 이유도 바로 여기에 있다.

유대인들의 풍부한 지식

◆ ◆ ◆

유대인들은 상거래에서 판단이 정확하고 신속하다. 그들과 거래를 해본 사람들은 신속한 판단과 정확한 계산에 놀란다. 세계 각 곳을 제집 드나들 듯하는 사람들이니 그러려니 하지만 세계를 누비려면 언어라는 장벽이 있다. 유대인들은 최소한 2개 국어 정도는 구사할 수 있는 능력을 가지고 있다. 자기들의 문화를 이해하고 외국에 소개할 수 있을 정도가 되려면 외국의 문화나 문물이나 사물에 대해서도 폭넓게 이해할 수 있어야 된다. 바로 이러한 요소가 국제적인 상인으로 나갈 수 있는 원동력 역할을 하는 것이다.

모름지기 외국어 중 영어 정도는 자유롭게 구사할 수 있어야 글로벌맨으로 활약할 수 있으며 돈벌이의 제일 조건이 될 수 있다.

유대인들은 유교나 불교에 대해서도 상당한 수준의 지식을 쌓고 있다. 다른 문화나 종교에 대하여 상식이 없으면 대화가 막히고, 의사소통이 어려우면 물건을 팔 수 없기 때문이다. 그들은 상담을 위해서라도 철저히 준비하고 대응 방법까지 충분히 연구한다.

이러한 준비로 상대방을 충분히 이해하고 있기 때문에 자연히 두뇌가 빠르게 돌아가 계산의 천재들이라는 말을 듣는다.

판단이 빠르고, 계산이 빠르고, 행동이 민첩하다 보니 상대방이 눈치채기 전에 일을 성사시키는 경우가 많다.

부드럽게 돌아가는 분위기가 조성되니까 자연스럽게 상담이 이루어진다. 유대인들은 철저하리만큼 하나하나를 체크하고 메모한다. 그들은 날짜와 금액, 납품기일 등 모호하면 재차 물어서라도 정확하게 처리한다. 그래서 유대인들 사회에서는 '모호'라거나 '깜박'이라는 말이 절대 통하지 않는다.

유대인들은 끊임없이 노력하고 공부하는 사람들로 '잡학박사'라고 할 정도로 아는 상식이 많다. 정치, 경제, 역사, 스포츠 등 모든 분야에서 거침없이 대화가 쏟아진다. 장사나 하는 상인이 어떻게 저렇게 많이 알까 하는 생각이 들 정도다. 그들은 해저에 살고 있는 물고기의 이름이나 자동차의 구조, 식물의 종류 등 알고 있는 범위가 거의 전문가 수준이다.

이처럼 풍부한 지식은 화제를 풍성하게 하고 상담자를 즐겁게 만들며 스스로도 올바른 판단을 내리는 데도 뒷받침이 된다.

'장사하는 사람들은 주판만 튕기면 된다.'는 사고방식은 근시안적이고 글로벌 시대에는 전혀 맞지 않는 말이다.

절차탁마切磋琢磨, 즉 절은 자른다는 뜻이요, 차와 마는 갈고 닦는다는 뜻이니, 옛날에 짐승의 뼈나 뿔을 자르고 돌을 곱게 만드는 과정을 일컫는 말이다.

유대인은 장사를 하기 위해 철저히 수양을 쌓고, 넓고 풍부한 지식을 기반으로 정확한 판단을 내리고, 신속하게 행동에 옮겨 소기의 목적을 달성하는 상인들의 자세를 갖춘 절차탁마의 사람들이다. 유대인의 근면성을 한마디로 말한 것 중에 '죽을 때까지 돈을 벌라. 죽을 때까지 장사의 손을 멈추지 말라.'고 하는 말이 있는데, 이 말은 회사를 끝까지 붙들라는 말이기보다는 그 근면성을 지적한 말이다.

유대인들의 엄격한 약속 이행

◆ ◆ ◆

유대인은 일단 계약한 일에 있어서는 어떠한 일이 있어도 어기지 않는다. 그리고 자신이 그러한 것처럼 상대방에도 계약의 이행을 엄격히 촉구한다. 그래서 혹자는 유대인을 일컬어 '계약의 백성'이라고까지 말한다. 이는 유대인이 신봉하는 유대교가 '계약의 종교'라고 하는 데서 유래한다. 그들의 종교는 신과 이스라엘 백성과의 약속, 즉 계약으로 이루어졌다고 말하며 '근본적인 삶이 신과의 계약에 의해서 이루어졌다.'고 믿고 사는 민족이 유대 민족이다.

유대인이 계약을 어기지 않는 것은 신과의 약속을 중요하게 생각하기 때문이다. 그들은 인간과 인간 사이의 계약도 신과의 계약처럼 어겨서는 안 된다는 생각을 가지고 있다. 마찬가지로 채무 이행에 대해서도 엄격할 뿐 아니라 책임을 추궁하고 여지없이 손해배상을 요구한다.

《탈무드》는 대금을 지불한 물건에 대해서도 그 소유권이 어디에 있는가를 본질적으로 말해주고 있다.

우리는 흔히 대금을 지불했으면 물건을 구입한 것으로 간주한다. 그러나 유대인들은 매매 행위의 목적이 물건의 양도에 있음에 유의하여 구매인이 상품을 자기 창고에 옮겼는지 여하에 따라 매매 효력의 유무를 가린다. 대금을 지불하지 않고 상품을 자기 창고에 옮긴 후 상품이 파손되어 버렸을 경우 양도를 끝낸 것으로 간주한다. 그리하여 구매자는 판매자에게 대금 전액을 지불하지 않으면 안 된다.

유대인들은 매매 계약에 세심한 주의를 기울여 판 사람과 산 사람과의 관계 정립에 뚜렷한 선을 긋는다. 그래서 유대인들의 고유 사상은 계약 사상이라고까지 일컬어진다.

계약은 당사자의 신용과 이행을 전제로 하는 건설적인 제도라 할 수 있다. 원래 계약은 평등한 입장에서 평등한 의무를 전제로 한 것인데, 유대 사회에서는 약자를 보호하기 위한 제도로 받아들여지고 있다는 것이 다른 점이다.

근본적으로는 하나님과 이스라엘 민족과의 관계에 있어서도 그렇고, 부부간에 있어서도 약자를 우선으로 하는 배려의 차원이다.

유대의 율법은 이자를 받는 것을 금하고 있다. 땅 구석구석까지 축복을 한 신이기에 재산 증식에 반대할 이유가 없지만 착취와 강탈은 철저히 반대한다.

또 보리가 귀할 때 빌려간 보리를 보리가 많이 날 때 돌려주는 것은 부당한 일이라고 하여 금하고 있다. 원칙적으로 빌린 보리와 같은 양의 보리를 돌려주기만 하면 되는데, 그러다 보면 빌려준 사람이 손해 볼 수도 있기 때문이다. 보리가 귀할 때 팔았으면 많은 이익을 올렸을 텐데 보리가 넘쳐날 때 받게 되면 가격이 떨어져 손해를 보게 되는 것이다. 그래서 결국 분쟁으로 번지게 되고 시시비비를 가리게 된다.

이런 내용에 대한 해결도《탈무드》에서는 전해주고 있다.

숫자의 단위
* * *

유대인들은 위에서 말한 대로 수치에 밝다. 장사를 하는 유대인들이기에 숫자에 밝은 것은 당연한 일이지만 유난히 계수에 밝다. 그들은 숫자를 생활 속에 끌어들여 생활의 일부로 삼고 있다.

한국 사람들은 흔히 '오늘은 무척 덥다.' 혹은 '날씨가 쌀쌀하다.'라는 표현을 쓰지만 유내인들은 숫자로 지적하여 말한다.

'오늘은 섭씨 30도.' 혹은 '지금은 화씨 70도.'라는 온도계의 숫자를 들어 말한다. 산술학적으로 정확한 수치를 제시하여 상황을 설명하는 것이다.

《탈무드》는 250만 단어의 방대한 어휘가 집대성된 책이다. 유대인들은 이 책을 어려서부터 배움으로써 사물의 이치를 배우고 문제를 다루는 방식과 짜맞추고 꿰뚫어 보는 힘을 기른다. 그래서 지식만 전달하는 것이 아니라 두뇌를 날카롭게 해주어 사물을 꿰뚫어 보는 혜안을 갖게 만든다. 자연히 숫자에 친숙해지고 철저해지며 세심하면서도 정확해진다. 이처럼 세심한 주의가 돈을 벌게 만들고, 돈이 들어오면 철저하게 관리해 가면서 지출 계획을 세우고 짜맞춘다.

'돈을 벌고 싶다면 원칙을 세워라.'

이 말은 유대인들의 무언의 약속이다. 그들에게 무계획은 돈을 벌고 싶지 않다는 말이나 마찬가지다.

일반적으로 숫자에 약한 한국 사람들은 보통 경京까지는 알고 있지만 그 위의 단위는 별로 쓸 일이 없어 소홀히 여겨 모르거나 그냥 지나간다.

숫자는 영에서부터 일, 십, 백, 천, 만으로 이어지는데, ①만은 10의 4승 = 10,000이고, ②억은 10의 8승 = 100,000,000이며, ③조는 10의 12승 = 1,000,000,000,000이다. ④경은 10의 16승 = 10,000,000,000,000,000이고, ⑤해는 10의 20승으로 나머지 숫자는 0이 네 개씩 늘어난다. ⑥자는 10의 24승이고, ⑦양은 10의 28승이며, ⑧구는 10의 32승이다. ⑨간은 10의 36승이고, ⑩정은 10의 40승이며, ⑪재는 10의 44승이다. ⑫극은 10의 48승이고, ⑬항하사는 10의 52승(항하恒河는 인도의 갠지스강을 말함, 항하사는 갠지스강의 모래알에 비유한 수)이며, ⑭아승기는 10의 56승이다.

이 외에도 ⑮나유타는 10의 60승이고, ⑯불가사의는 10의 64승이며, ⑰무량대수는 10의 68승이다. ⑱구골Googol은 10의 100승(미국의 수학자 케스너가 9살의 어린 조카에게 이 세상에서 가장 큰 수를 무엇이라고 부르면 좋을지 묻자 어린 조카는 구골이라고 대답했다. 그래서 이 단위가 탄생했다고 한다.)이고, ⑲아산키아는 10의 140승이며, ⑳센틸리언Centillion은 10의 600승이다. 스쿠스수는 10의 3400승이고, 구골플렉스Googolplex는 10의 구골승(1 다음에 0이 10의 100승개 만큼 붙는 수로 10의 구골제곱이라고 한다.)이다.

위와는 반대로 작아지는 숫자에 대해서는 다음과 같다.

①푼은 할의 10의 -1승 = 1/10이고, ②리는 푼의 10의 -2승 = 1/100이며, ③모는 리의 10의 -3승 = 1/1,000이다. ④사는 10의 -4승 = 1/10000이고, ⑤홀은 10의 -5승 = 1/100,000이며, ⑥미는 10의 -6승(이하 생략)이다. ⑦섬은 10의 -7승이고, ⑧사는 10의 -8승이다. ⑨진은 10의 -9승이며, ⑩애는 10의 -10승이고, ⑪묘는 10의 -11승이다. ⑫막은 10의 -12승이고, ⑬모호는 10의 -13승이며, ⑭준순은 10의 -14승이다. ⑮수유는 10의 -15승이고, ⑯순식은 10의 -16승이며, ⑰탄지는 10의 -17승이다. ⑱찰나는 10의 -18승이고, ⑲육덕은 10의 -19승이며, ⑳허는 10의 -20승이다. 공은 10의 -21승이고, 청은 10의 -22승이며, 은 10의 -23승이다.

　※ 위 내용은 19세기 이후 수학적 차원에서 재정립된 개념이기 때문에 19세기 이전의 개념과는 차이가 있을 수 있음을 감안해야 한다.

그중에서도 순수한 우리말 숫자의 몇 가지를 예로 든다면 다음과 같다.

하나 = 1, 열 = 10, 온 = 100, 즈믄 = 1000, 두 즈믄 = 2000, 세 즈믄 = 3000, 골 = 만萬을 들 수 있다.

우리는 지금도 다음과 같은 말에서 골이라는 숫자의 흔적을 찾아볼 수 있다. 아이들이 엉뚱한 행동을 할 때 할아버지가 이렇게 꾸중을 한다.

"저놈이 언제 철이 들려고 저래? 골백 살을 먹으면 좀 나아지려나?"

즉, 만 년이 지나고, 백 살을 더 먹으면 철이 들겠냐는 걱정이다.

잘 = 억億으로 쓰인다. 흔히 누구를 칭찬할 때, '잘한다.'라고 하는데 이 말에서 유래한 것으로, 억척스럽다는 다른 변형의 말이다.

울 = 조兆는 옛 사람들에게는 상상하기조차 힘든 큰 숫자로 어마어마하게 많다는 뜻이다. 그래서 조잘댄다고 흔히 말하기도 하는데 말로는 표현할 수 없다는 표현이다.

유대인들은 숫자를 다루는 귀재들답게 항상 가방 속에 대수 계산자(대수의 원리를 이용하여 복잡한 계산을 기계적으로 산출할 수 있는 자 모양의 기구)를 가지고 다닌다.

그것은 숫자에 자신 있다는 표현임과 동시에 막히면 곧바로 꺼내 활용할 수 있기 때문에 사전처럼 소지하고 다닌다.

롱펠로우(미국 시인)는 '나는 어느 날 활을 쏘았다. 그 화살은 하늘 저쪽으로 멀리 사라져 버렸다. 나는 어느 날 노래를 불렀다. 그 노래는 저편으로 사라졌다. 먼 훗날 내가 쏜 화살이 숲속의 나무

밑둥에 굳게 박혀 있는 것을 보았다. 또 내가 부른 노래가 친구의 가슴속에 남아 있는 것을 발견했다.'고 노래했다.

사실은 유대인들에 대해서 지금까지 쓴 글이 이 시의 화살 같지나 않을지 염려된다. 그러나 롱펠로우의 노래가 친구의 가슴속에 남아 있듯이 이 글이 독자들의 가슴속에 알알이 맺히게 된다면 결코 헛되지 않으리라 믿는다.

78대 22의 법칙
• • •

유대인의 상술에는 인위적으로 만든 법칙이 아니라 인간의 힘으로는 어떻게 할 수 없는 우주의 대법칙이 있다.

'78 : 22의 법칙'이 그것인데 엄밀히 말하면 약간의 변수는 있다. 즉, 78.5 : 21.5가 될 수 있는 정도의 차이는 있지만 이는 ±1의 차이일 뿐이다.

이는 정사각형과 그 정사각형에 내접하고 있는 원과의 비율이 78대 22가 된다는 말이다. 즉, 정사각형의 면적이 100이라면 내접하는 원의 면적은 약 78이 되고, 나머지 모서리진 네 부분의 넓이가 22가 된다는 뜻이다.

이 78대 22의 비율 중에 하나가 공기의 성분이다. 공기의 성분을 분류하면 질소가 78, 산소와 그 외 기타 성분이 22의 비율로 이루어져 있다.

또 인간의 신체도 수분이 78, 기타 물질이 22의 비율로 이루어져 있다. 78대 22는 참으로 오묘한 비율로서 대자연의 법칙이다. 이러한 법칙 중에 물에 대해 한 번 더 생각해 보기로 한다.

일부 과학자들은 '지구와 태양과의 거리를 측정한 결과 우연하게도 물이 발생하기에 딱 좋은 거리에 지구가 있다.'고 말한다.

즉, 태양과 가까운 거리에 있는 금성은 대기의 온도가 수증기를 비로 바꾸는 온도보다 높기 때문에 물이 없다고 한다. 반대로 화성은 태양과의 거리가 지구보다 멀어서 수증기 표면의 온도가 영하 60℃보다 낮다. 때문에 빙하로 굳어 있어 물이 없다는 것이다.

하지만 지구는 태양과 절묘한 위치에 있어 물을 가지게 되었다. 지구는 물이 있기 때문에 녹색의 푸른 별이 되고, 생명의 별이라는 별명을 가지게 되었다. 이 생명의 별 안에 인간이 있고, 그 인간 중에 내가 있는 것이다.

그런데 위에서 말한 것처럼 78대 22는 대자연의 법칙이므로, 그 균형을 깨면 조화를 잃어 궤도를 이탈하게 된다. 질소 78, 산소와 기타 22의 비율을 인위적으로 질소 60, 산소 40인 공기를 만들면 인간은 살 수 없게 된다. 이것이 궤도의 이탈이다. 또 인체의 수분도 수분을 60으로 낮추면 죽고 만다.

이는 유대인의 상술에도 그대로 성립된다. 세상에는 돈을 빌려주고 싶어 하는 사람이 78에 해당되고, 빌려 쓰려 하는 사람이 22가 된다고 한다. 은행은 많은 사람들로부터 돈을 빌려다가 일부 사람에게 빌려주고 있는데, 저축하는 사람보다 빌려 쓰고 싶어 하는 사람이 많으면 은행은 당장 문을 닫게 된다.

유대인들은 매사에 이 법칙을 적용해 성공할 확률이 78이고 실패할 확률이 22라고 생각한다. 그런데 실패할 22는 생각하지 않고 성공할 확률 78만 생각하고 돌진하는 사람들, 그들이 바로 유대인들이다.

유대인들의 사고방식

• • •

유대인들은 하루를 살기 위해서도 배워야 한다고 말한다. 그런데 영원히 죽지 않고 살기 위해서는 얼마나 많은 배움을 가져야 하겠는가? 유대인은 배움만큼 삶을 영위하는 지혜를 가지고 있다. 그리고 그들은 지혜를 삶에 접목시켜 후손들에게 전하였다. 수천 년 동안 박해와 고난을 이길 수 있었던 것은 살아남기 위해 배우고 익힌 까닭이다.

바빌로니아인에게 끌려가고, 희랍인과 로마인에게 지배를 받고, 아랍인과 기독교인들의 틈바구니에서 용케 살아남을 수 있었던 것은 배움으로 독자성을 잃지 않는 문화를 가지고 있었기 때문이다.

'바빌로니아의 콩은 어떻게 심으면 좋은가? 어떤 토양에 어떻게 뿌려야 하는가?'

연구라는 뜻을 가진 책답게 《탈무드》는 이런 시시콜콜한 것에 이르기기까지 다 적고 있다.

유대인들은 실패를 부끄러워하지 않는다. 사람은 누구나 한번도 실패하지 않은 사람이 없기 때문이다. 그러나 두 번 세 번 실패를 거듭하면 얼굴을 들지 못할 정도로 부끄러워한다.

유대인들은 성공담과 실패담까지 온갖 일들을 화제로 삼는다. 가족 이야기, 레저 이야기, 꽃 이야기 등을 하면서 여유 있게 식사를 즐긴다. 그러나 식사할 때에 올리지 말아야 할 화제가 있다. 첫째가 사업 이야기이고, 둘째가 음담패설이다. 그러니까 전쟁과 종교와 사업 이야기와 음담패설은 절대로 해서는 안 되는 것이 묵시적인 규율이다.

세계를 전전하면서 쫓겨 다니는 유대인에게 전쟁 이야기는 식사 분위기를 어둡게 만든다. 종교 이야기도 이교도들과 대립하기 쉽다. 사업에 관한 이야기도 이해 대립을 초래하므로 유쾌하지 못하다. 유대인 사회에서는 식사의 즐거움을 깰 우려가 있는 화제는 올리지 않는 것이 상식이다.

유대인의 상술에 '시간을 훔치지 말라.'는 말이 있다. 이는 유대인의 에티켓을 잘 나타낸 말로서, 1분 1초라도 남의 시간을 허비하게 만들지 말라는 뜻이다.

서양의 격언, 'Time is Money'도 이런 정신에서 나온 것이다. 유대인은 문자 그대로 시간이 곧 돈이라고 생각한다. 그들은 시간을 금고 속의 현금을 도난당하는 것처럼 절실하게 생각하는 것이다.

월 수입이 20만 달러라면 하루는 8천 달러에 해당하고, 1시간에 1천 달러를 버는 셈인데, 5분을 그 사람 때문에 빼앗겼다면 85달러를 도난당한 것으로 계산한다.

유대인의 상술 중에 또 하나 염두에 두어야 할 것이 에누리가 없다는 것이다. 유대인들은 상품 가격에 대해서 각종 통계와 팸플릿 등을 동원하여 정당하게 제값을 받고 판다는 것을 확인시킨다.

유대인들은 물건과 더불어 자료를 보낸 뒤 '소비자들을 교육시켜 주십시오.'라고 말한다. 상품에 자신이 있으므로 에누리를 하지 않는다는 뜻도 있지만, 에누리를 할 정도라면 차라리 팔지 않겠다는 의지가 담겨 있다.

동업자끼리 과다한 경쟁으로 박리다매로 물건을 팔아 쌍방이 피해를 보고 문을 닫는 예는 얼마든지 있다. 이는 서로의 목에 밧줄을 걸고 힘껏 잡아당기는 것과 같은 어리석은 짓으로 상술이 아니라 너 죽고 나 죽자는 이판사판 외에 아무것도 아니다.

유대인의 교육 방법

◆◆◆

유대인들의 의지력과 홀로서기 교육은 보통 사람들은 이해하기 힘들 정도로 독특하다. 무엇이든지 스스로의 힘으로 해내야 한다는 생각을 가진 유대인들은 어린아이에게도 시험을 한다.

샤피로 씨기 손님을 집으로 초대했다. 집에는 세 살밖에 안 된 둘째 아들 토미가 응접실을 뛰어다니며 놀고 있었다.

그는 토미를 번쩍 안아 꽤 높은 장식장 위에 세우고 손을 내밀며 말했다.

"토미야, 아빠한테 뛰어내려 봐라."

아빠가 같이 놀아주는 것에 즐거워진 토미는 활짝 웃는 얼굴로 아빠의 팔로 뛰어내렸다. 그런데 어린 토미가 뛰어내리는 순간 아빠는 팔을 얼른 거두어들인다. 토미는 방바닥에 '쿵'하고 떨어져 큰 소리로 울음을 터뜨리게 된다.

샤피로 씨는 토미를 바라보며 싱글싱글 웃으며 말한다. 토미는 쇼파에 앉아 있는 엄마한테 울면서 뛰어간다. 토미의 엄마는 "오, 짓궂은 파파!" 하면서도 토미를 바라만 보고 있다.

손님이 놀란 표정으로 샤피로 씨에게 그 이유를 묻자 그는 대수롭지 않게 대답했다.

"이것이 유대인의 교육 방법입니다. 토미는 장식장에서 얼마든지 혼자 뛰어내릴 힘이 있습니다. 그런데 자기의 의지에 의해서가 아니라 내 말에 끌려 뛰어내렸습니다. 그래서 손을 거두어들인 것입니다. 이렇게 두 번 세 번 거듭하게 되면 토미는 '아빠라도 믿어서는 안 돼.'라는 자각을 가지게 됩니다. 자기를 사랑해 주는 아빠라도 무조건 믿어서는 안 되며, 믿을 수 있는 것은 오직 자신뿐이라는 것을 어려서부터 가르치는 것입니다."

아빠라도 무조건 믿어서는 안 된다는 사실을 깨우쳐 주려는 샤피로 씨의 행동이다.

유대인은 아내라도 믿지 않는다

• • •

유대인들은 사업을 할 때 '피는 물보다 진하다.'는 격언에 따라 종업원을 주로 유대인으로 고용한다. 계약서가 있건 없건 유대인들은 입 밖에 내뱉은 말은 꼭 지킨다. 이렇게 신용이 철저한 그들인지라 계약을 위반하는 이방인들을 보고 '이방인은 신용이 없다.'는 인식을 갖게 되었다.

만일 유대 사회에서 어떤 유대인이 약속을 지키지 않았을 경우, 그는 사회에서 매장되어 버린다. 매장은 사형선고와 다름없다. 그가 상인으로 재기하는 것은 꿈도 꿀 수 없다. 이런 보이지 않는 엄격한 규율이 있기 때문에 유대인은 약속을 꼭 지킨다. 이방인과 거래를 할 때 엄격한 조건을 내세우는 것도 다 이런 이유 때문이다.

그들은 '피는 물보다 진하다.'고 하여 신용을 모토로 하면서도 금전 문제에 대해서만큼은 태도를 바꾼다. 유대인 사이는 말할 것도 없고, 비록 살을 맞대고 사는 배우자인 아내라 할지라도 신용하지 않는다. 이것이 바로 유대인들의 사고방식이다.

유대인들은 이데올로기를 초월한다

• • •

유대인들은 전 세계에 흩어져 살고 있지만 유대인끼리는 언제나 긴밀한 연락을 취하고 있다. 그들은 국경에 관계없이 미국에

있거나 러시아에 있거나 다 유대인 동포일 뿐이다. 따라서 유대인
의 세계에는 자본주의도 공산주의도 없다.

그들은 유대 출신인 예수 그리스도와 마르크스에 대해서 이렇
게 말하고 있다.

"예수도, 마르크스도 사람을 죽이려 하거나 이데올로기로 묶으
려고 하지 않았습니다. 다만 어떻게 하면 '인간이 행복하게 살 수
있는가?'에 대한 견해 차이가 있을 뿐입니다."

이런 사고방식을 가진 유대인들이기에 냉전시대에도 소련의 유
대인과 미국의 유대인이 스위스의 유대인을 중심으로 장사를 했
다. 이것은 유대인들에 있어서는 당연하고 자연스러운 상식일 뿐
이다.

전 세계를 상대로 장사를 하는 유대인의 입장에서는 상대편의
국적 같은 것은 문제가 되지 않는다. 때문에 거래를 할 때 독일인
인가, 프랑스인인가, 한국인인가를 구분하지 않고, 유대인 외에는
모두 다 이방인으로 간주한다. 돈을 버는 일이라면 국적을 떠나
그냥 거래가 있을 뿐이다.

유대인들도 하나밖에 없는 목숨을 가지고 한 번뿐인 생애를 살
아간다. 그들은 하나님이 세상에 가장 고귀하고 존엄한 가치로 주
신 생명을 율법대로 실현하여 약속을 이루어 드려야 한다고 생각
한다.

인간 누구나 한 번 나서 한 번 죽는다. 즉, 일회성의 원리를 가지
고 있다. 만일 여러 번의 생애를 살 수 있다면 인간의 생애가 고귀
한 존재가 아닐 것이다. 오직 하나밖에 없는 생명을 가지고, 오직

한 번뿐인 인생을 살아가기 때문에 전 우주를 주어도 바꿀 수 없는 한없이 값지고 소중한 것이다. 그러니까 삶을 섭리 속에서 이루는 것이 유대인들의 지향점이다.

로스차일드 가의 번영

♦♦♦

유대인들은 '똑같음'과 '다름'에 대해서 논할 때 이렇게 말한다. '사람은 눈, 코, 입이 똑같고, 말을 할 줄 아는 것이 똑같고, 잠을 자는 것이 똑같다. 또 밥을 먹는 것이 똑같고, 배설하는 것이 똑같다. 그런데 눈, 코, 입의 달린 모양이 다르고, 말하는 내용이 다르고, 잠을 자는 모습이 다르다. 또 생각하는 각도가 다르고, 죽은 상태가 다르고, 사는 모습이 다르다.'

이렇게 같음과 다름을 교육하는 것이 유대 민족의 교육이다. 교육의 방법에 따라 생각의 차이는 점점 더 벌어져 간격을 좁히기가 쉽지 않다. 그래서 종국에는 어리석음과 현명함의 차이로 벌어지고, 그 간격이 자꾸만 넓어져 영원히 갈라지게 된다. 그래서 결론은 '사람은 다 똑같으며, 다 다르다.'는 식이다.

유대인은 하나의 비즈니스가 불타버리면 그와 동시에 다른 비즈니스를 생각해 낸다. 예를 들어 경영하던 은행이 몰수당하면 그 가족은 다른 곳에 가서 새로운 은행을 시작한다.

유대인들은 승부욕이 강하다.

살아남아야 한다는 본능에서 비롯된 것이기는 하지만, 포기를 모르며 불굴의 정신으로 칠전팔기를 마다하지 않는다. 자기 자신에 대한 확고한 믿음이 재능을 낳고, 결국 자기 자신을 일으켜 세우는 받침대 역할을 한다. 그래서 한 번쯤 실패를 하더라도 다시 일어설 수 있다는 자신감으로 충만하다.

미국의 할리우드는 세계 영화산업의 중심지다. 이 시장을 유대인들이 장악하고 있다면 어떻게 생각할까? 유대인들은 초창기에 아무도 돌보지 않는 영화산업 분야에 뛰어들어 이를 개척하기 시작했다. 그러자 영화 산업이 눈부시게 발전했다.

유대인들은 비즈니스 능력이 탁월하다. 그들은 지적인 능력이 앞서 있기 때문에 무슨 일을 할 때 어떻게 해야 하는지 상황 판단이 빠르다.

유대인들은 비즈니스를 하면서도 반드시 '기드시 하셈'에 따라 행한다. 기드시 하셈이란 '이름을 성별聖別한다.'는 뜻이다. 즉, 자신의 평판을 지키고 유대인을 욕되지 않게 한다는 뜻이다. 위에서 말한 바 있지만 유대인들은 결속력이 강하고 사업도 가족끼리 한다. 유대 민족은 한 가족이라는 개념을 가지고 있기 때문에 무엇이든 가족 단위로 생각하면서 동시에 민족도 하나의 가족으로 생각한다. 가족은 공동체의 중심이 되고, 민족은 사회적 차원에서 대가족이 된다.

세계에서 가장 성공한 가문으로 평가받는 로스차일드 가의 번영은 어떻게 시작되었을까?

로스차일드Rothschild 가의 성공 비결은 남들이 돌아보지 않는 분야에 진출하여 과감하게 투자함에 있었다. 그들은 기드시 하셈

정신을 믿고, 올바른 비즈니스를 행하며, 많은 사람들로부터 신뢰를 쌓았다. '절대로 유대인을 욕되게 하지 않겠다.'는 신념이 사람들을 감동시켰으며, 그런 정신으로 착실하게 일함으로써 재산을 모아 나갔던 것이다.

그들은 나름대로 뚜렷한 원칙이 있었다. 아무리 높은 금리를 준다고 해도 유대인을 박해하는 정부에는 돈을 융자해 주지 않는다는 것이었다. 반대로 유대인들에게 호의적인 정부에 대해서는 금리가 조금 낮더라도 장래성만 있으면 대출을 해 주었다.

로스차일드 가의 금융업은 가족 경영에서부터 시작되었다. 로스차일드 가의 자녀들은 훗날 영국·프랑스·오스트리아·이탈리아 등지로 가서 은행업을 시작했다. 그들은 명실공히 국제 네트워크를 형성하여 국제적인 은행이 되었으며 지금까지도 혈연으로 맺어져 있다.

금융시장의 대부 로스차일드 가의 '그림자 없는 제국'

* * *

로스차일드 가문은 대대로 프랑크푸르트의 유대인 지역 게토에서 고물상을 했다. 그들은 간판에 '붉은 방패'라고 써서 집 앞에 내걸었는데, 영어 발음으로 '로스차일드'다. 나중에 마이어가 이것을 성으로 사용하였다.

마이어의 아버지는 어릴 때부터 남다르게 명석한 마이어를 랍비로 키우고 싶었다. 그래서 마이어를 유대신학교에 보내 탈무드 공부를 하게 했다. 그런데 마이어가 12세 되던 해에 부모가 갑자기 돌아가셨다. 마이어는 학업을 중단하고 유대인이 경영하던 오펜하임 은행의 수습생이 되었다. 비록 수습생이었지만 마이어는 이미 신학교에서 중동과 유럽 역사에 대한 상당한 지식을 습득하고 있었다.

어느 날, 그는 옛날 돈에 대한 흥미를 가지게 되었고 곧 그 돈을 수집하기 시작했다. 마이어는 20세가 되자 아예 오펜하임 은행을 그만두고 고향으로 돌아가 화폐 수집상이 되었는데, 그것이 세계 최대의 금융 왕국을 건설하는 계기가 되었다.

'탈무드'와 '은행'은 절묘한 배합을 이룬 집합체였다. 탈무드가 지혜의 은행이라면 은행은 경제의 흐름을 디디고 선 현금, 즉 돈의 집합체였던 것이다.

마이어는 자신이 가진 옛날 돈의 안내서를 만들어 고객이 될 만한 사람들에게 보냈다. 그리고 화폐 수집에 별 관심이 없는 사람들에게서 옛날 돈을 싼값에 사들였다. 그리고 이것을 다시 부유한 귀족들에게 비싸게 팔았다.

그러던 중 프로이센 왕 프리드리히 대왕의 아들인 빌헬름 공과 직접 거래를 하게 되었다. 유대인에 대한 박해가 심했던 프랑크푸르트에서 유대인 청년이 영주와 직접적인 거래를 한다는 것은 획기적인 일이었다.

빌헬름 공은 명문 대가의 귀족이며 군대를 양성하여 영국과 기타 나라에 용병을 빌려주어 많은 돈을 모은 사람으로 유럽에서 손꼽히는 부자였다.

마이어는 빌헬름의 재정 담당에게 끈질기게 줄을 넣어 드디어 런던의 환어음을 현금화하는 사업에까지 손을 대기 시작했다. 그리고 자연히 국가 재정에까지 관여하는 그야말로 큰손이 되었다.

1785년 빌헬름 공이 아버지 프리드리히 대왕의 뒤를 이어 빌헬름 9세로 즉위하니, 그 위세가 날로 커져 가는 만큼 자산도 늘어났다.

때마침 영국이 산업혁명으로 섬유를 대량 생산하기 시작했고, 프랑스혁명으로 독일에서도 면제품 가격이 급등했다. 이에 주목한 로스차일드 가는 빌헬름 9세가 영국에서 용병 대금으로 받은 수표를 단순히 현금화하는 데 그치지 않고, 영국에서 구입한 면제품 대금으로 지불하였다. 그런가 하면 주식과 채권에도 투자하여 막대한 이익을 거두어들였다.

이렇게 하여 유럽 최대의 갑부가 된 빌헬름 9세가 마이어에게 돈을 맡기니 마이어는 독일 제일의 금고지기가 되었다. 그렇게 해서 유럽 최고의 금고지기가 된 마이어는 국경을 초월한 금융 네트워크를 구상하게 되었다.

마이어에게는 암셸, 잘로몬, 네이선, 카를, 야콥(개명 : 제임스) 등 다섯 명의 아들이 있었다. 이 다섯 아들을 엄격한 유대 교육하에 상인으로 단련시켜 장남 암셸은 독일 프랑크푸르트 본가의 후계자로 세우고, 잘로몬은 오스트리아 빈에, 네이선은 영국의 런던에, 카를은 이탈리아 나폴리에, 야콥은 프랑스 파리로 보냈다.

로스차일드 가의 다섯 아들들은 눈부신 활동을 펼쳤고, 그 결과 유럽의 주요 도시에서 명실공히 19세기 유럽 최강의 금융기관으로 자리 잡게 되었다. 그들의 활약은 그야말로 장대한 드라마이며 유럽금융의 산 역사가 되었던 것이다.

로스차일드 가의 시조 '마이어 암셀 로스차일드'는 다섯째 아들 야콥을 내세워 나폴레옹 전쟁 때 프랑스군의 최고 사령관을 매수하여 고금리로 군자금을 대여해 주었고, 영국의 웰링톤 장군에게는 네이선을 통해 군자금을 대주어 프랑스와 영국에서 막대한 이익을 얻었다.

그 후에도 잘로몬을 통해 오스트리아의 재상 메테르니히 가, 독일의 비스마르크 등 유럽의 영웅들을 상대로 돈놀이를 하여 날로 번영해 나갔다.

로스차일드 집안의 성공 비결은 첫째가 견고한 결속력이었다. 프랑스와 영국이 맞붙어 싸울 때 프랑스의 야콥과 영국의 네이선 형제에게 자금을 밀어주어 다섯 형제가 다 같이 금융업을 일으키는 데 엄청난 힘을 얻었다.

마이어는 죽으면서 '로스차일드 가의 사업은 아들만이 계승하며 딸과 사위는 경영에 참여해서는 안 된다.'는 유언을 남겼고, 그의 자손들은 그대로 따랐다. 만일 마이어의 유언을 거스르는 자가 있으면 사업을 계승할 수 있는 권리를 상실했다. 마이어가 사망한 후에도 유럽 각지에 흩어져 금융업에 종사한 자녀들은 혈통의 장점을 살려 결속을 유지했다.

둘째로는 국경을 넘나드는 빠른 정보력을 바탕으로 적재적소에 투자하여 막대한 이익을 창출해냈다. 영국과 프랑스를 가로지르는 도버해협에 여러 척의 범선을 대기시켜 놓고 독자적인 정보망을 구축했다. 마이어는 정보 보안을 위해 이디시어와 암호를 조합하여 사용했다. 그러니까 벌써 300년 전부터 정보가 돈을 낳는다는 사실을 알고 있었던 것이다.

셋째로, 뛰어난 정보 분석 능력이 있었다. 정세를 세심하게 분석하여 변제 능력이 있는지 파악한 다음 정세 변화의 추이까지 살폈다. 전쟁이 끊이지 않던 격동기의 유럽에서는 정세의 분석이 생존의 관건이었다.

다른 은행은 격변하는 시대의 물결 속으로 사라졌으나 로스차일드 집안은 다섯 아들들이 각자 정보 분석 시스템을 만들어 살아남을 수 있었던 것이다.

유대 상인들을 대표하는 로스차일드 집안은 박해의 소용돌이 속에서도 유대교와 유대인의 자긍심을 끝까지 지켰다. 박해를 받아 쓰러져도 다시 일어서는 유대인 특유의 강인한 결속은 로스차일드 가의 저력을 증명해 주고도 남음이 있다.

창시자 마이어는 자녀들에게 스키타이 이야기를 들려주었다. 스키타이는 기원전 6세기에서 3세기에 흑해 안 북쪽에 건설되었던 강대한 유목 국가로, 그 나라를 이끌었던 왕에 대한 이야기였다.

스키타이 왕이 죽음을 앞두고 자녀들을 둘러보며 말했다.

"여기 화살 다발이 있다. 이 다발을 통째로 꺾어 보아라."

그러나 아무도 꺾을 수가 없었다. 그러자 왕은 화살 다발을 풀어서 낱개로 꺾어 보이며 말했다.

"너희들은 이 화살 다발처럼 하나로 뭉치면 강력한 힘을 발휘할 수 있지만 흩어지면 힘을 잃고 번영도 사라질 것이다."

런던 시의 로스차일드 집안의 은행에는 '다섯 개의 화살'이 그려진 방패가 장식되어 그 일가의 전통을 나타내고 있다.

로스차일드 가문은 온 지구상에 경제적 영향을 끼친 세계 최대의 재벌이 되었다. 창업 300년이 지난 오늘날에도 로스차일드 가의 금융은 변함없이 번영을 누리고 있다. 은행뿐만이 아니라 다이아몬드, 석유, 차茶, 와인, 호텔, 백화점 등 다양한 분야에 진출하여 그 명성을 이어가고 있다.

셋째 아들 네이선 로스차일드는 영국으로 건너가 솜, 털실, 담배, 설탕 등을 거래하여 큰 부를 쌓았다. 또 그렇게 모은 돈을 주식 매매에 투자하여 수백만 파운드를 벌었다. 그의 신화적인 돈벌이에는 그럴 만한 비밀이 담겨져 있다.

1815년 6월 20일, 런던 증권거래소에는 아침부터 긴장된 분위기가 감돌고 있었다. 그 전날 그러니까 6월 19일, 대영제국과 프랑스의 운명을 건 '워털루 전투'가 벌어졌다. 영국이 이 싸움에서 이기면 영국의 주식은 폭등하고 프랑스의 나폴레옹이 이기면 폭락하게 되어 있었다.

영국 증권거래소에서는 모두 숨을 죽이고 전쟁 승패의 뉴스를 기다렸다. 결과를 남보다 한순간이라도 빨리 알게 되면 확실하게 돈을 벌 수 있는 찬스였다.

당시는 겨우 증기선이 있던 시대여서 벨기에 수도 브뤼셀 남쪽에서 벌어진 워털루 전투의 소식도 말을 사용하는 파발꾼에 의존하는 수밖에 없었다. 워털루 전투에 앞서 벌어진 전투에서는 영국군이 패했고, 이번에도 형세는 매우 불리하다는 소식이었다.

그런데 네이선 로스차일드가 영국의 주식을 팔기 시작했다.

"네이선이 팔았다."

그 뉴스는 금세 거래소 안에 일제히 퍼져 나갔다. 그러자 주식이 매도세라고 알려지면서 동시에 영국군이 패했다는 소식으로 둔갑되어 퍼져 나갔다. 추종하는 주식꾼들은 무조건 팔자는 쪽을 뒤따랐고, 영국의 주식은 순식간에 곤두박질쳐 폭락했다.

이젠 바닥 시세였다. 그런데도 네이선은 매도를 계속했다. 네이선의 얼굴은 여느 때와 똑같이 무표정했고, 그 손가락이 팔라는 신호를 보낼 때마다 주가는 뚝뚝 떨어졌다.

값이 마지막 한계선까지 내려가자 네이선의 손가락이 별안간 대량매입 신호로 바뀌었다.

순간 거래소 안은 숨을 죽였다. 이것은 무엇을 뜻하는 것일까? 시세차익을 바라는 것일까? 추종자들은 조심조심 뒤따랐다. 네이선은 폭락한 주식을 바닥값으로 마구 사들였다. 아무래도 시세 차익을 보기 위한 자세는 아닌 성싶었다. 사람들이 눈치를 챈 것과 동시에 정부의 소식이 전해졌다. '워털루 전투 영국군 대승리'라는 뉴스였다.

주식은 순식간에 폭등세가 되었다. 네이선은 큰 도박을 한 뒤 승리감을 맛보며 조용히 미소 짓고 있었다.

만약 영국군이 워털루 전투에서 패했다면 네이선은 휴지 조각만 쥔 채 한 푼 없는 빈털터리가 되었을 것이다. 분명히 네이선은 도박을 하는 도박사처럼 보였다. 그러나 그것은 도박이라기보다는 로스차일드 가문 특유의 어마어마한 계산의 결과에 지나지 않았다. 그러니까 도박이 아니라 치밀하게 계산된 전략과 전술의 승리였다.

워털루 전투에서 영국군이 이기면 주식은 폭등하고, 패하면 폭락한다는 것은 누구나 알고 있었다. 때문에 사람들은 영국 정부의 정보를 한시라도 빨리 손에 넣으려고 치열하게 다투었다. 오직 네이선 혼자만 다르게 행동했다. 그는 정부를 앞지를 비범한 계책이 있거나 모 아니면 도라는 투기의 비범함이 있었다.

사실 네이선은 정부보다 빨리 전황을 알기 위해 독자적인 정보망을 깔아 놓았던 것이다.

마이어의 다섯 아들들이 유럽 각국으로 흩어진 시기부터 로스차일드 가문은 서로 정보를 교환하였다. 장사에 관한 일부터 세상 돌아가는 일반적인 관심사까지 그들은 서로 정보를 주고받았다. 그런 정보가 변혁과 동란의 시대에는 유대 출신 가족의 번영을 지켜주는 생명선이 되기도 했던 것이다. 어느 시대에나 정보는 명줄이나 다름없다. 또 살아남는 수단이고 돈이다.

로스차일드의 네이선이 영국 정부보다 몇 시간 앞서 워털루 전투의 승리를 알 수 있었던 것은 민첩한 기동성의 결과였다.

로스차일드의 파발꾼은 현금, 증권류, 편지 그 밖의 뉴스를 휴대하고 유럽 각지를 휘돌고 다녔다.

6월 19일 밤, 네이선 정보망은 영국군의 승리를 전하는 네덜란드 신문 속보를 입수했다. 그리고 네덜란드 항구에서 특별히 많은 돈을 주고 세를 낸 범선을 타고 전속력으로 도버해협을 건너 네이선의 손에 건네주었다. 보통 사람 같으면 소식을 받자마자 반가운 마음에 얼른 주식을 사들였을 것이다. 그러나 네이선은 반대로 행동했다. 먼저 주식을 팔기 위해서 몽땅 한꺼번에 내놓은 것이다. 팔고 팔아서 영국군의 승리 소식이 들어오기 전에 주식 값을 폭락시킨 다음, 다시 사고 또 사들였다. 그렇게 해서 바닥 값으로 사들인 주식으로 앉은 자리에서 몇 곱절의 돈을 벌어들인 것이다.

같은 주식을 사고 판 동업자들까지도 네이선이 정부보다 더 빠른 정보망을 가지고 있을 거라고는 생각하지 못했다. 감히 정부를 상대로 더 빠른 정보 경쟁을 할 사람은 없었던 것이다. 오로지 네이선만이 할 수 있는 일이었다.

다음은 둘째 잘로몬과 오스트리아의 철혈 재상 메테르니히 사이에서 있었던 이야기이다. 완고하고 강력한 반유대주의 철혈 재상 메테르니히와 '부드러운 교섭'건은 그야말로 드라마틱하다.

오스트리아에 사는 유대인들은 토지의 소유는 물론이고 정부나 법원의 직원, 변호사가 되는 것도 금지되어 있었다. 심지어 결혼도 허가를 받지 않으면 할 수 없었다.

19세기 초, 오스트리아는 최악의 반유대주의를 정책으로 삼고 있었다. 그러나 재정난에 빠진 정부는 로스차일드 집안의 공채 발행이나 군사비 조달에 의존할 수밖에 없었다. 때가 되었다고 판단한 로스차일드는 잘로몬을 앞세워 작전을 개시했다.

잘로몬은 교섭에 능하였으나 처음부터 정면 돌파를 시도하지 않았다. 유대 격언에 '우물에 침을 뱉는 사람은 언젠가는 그 우물 물을 마시지 않으면 안 된다.'는 말을 상기하면서 우회 작전을 펼친 것이다.

잘로몬은 어떠한 자리에서도 순식간에 화기애애한 분위기를 만들어 가는 협상의 대가였다. 그는 사람을 기쁘게 하는 쪽이 협상에 훨씬 유리하다는 점을 감안하여 잘로몬을 그곳에 파견한 것이었다.

잘로몬은 로스차일드 집안이 프랑크푸르트 게토에서 다른 고장으로 옮길 예정이라는 소문을 오스트리아 고관에게 흘려보냈다. 이미 유럽에서는 로스차일드 집안에 돈이 많다는 소문이 널리 퍼져 있던 차라 이 극비 뉴스는 곧 오스트리아 정부를 움직였다. 로스차일드 가문에 특별히 관대한 이주 허가를 내준 것이다.

오스트리아 정부는 로스차일드 가문이 들어오게 되면 막대한 세금을 거두어들일 수 있고, 그 파급 효과 또한 말할 수 없이 클 것이라는 생각으로 선뜻 허가를 내준 것이다. 그런데 빈에 옮겨 온 사람은 잘로몬 한 사람뿐이었다.

잘로몬은 이 사태를 수습할 방법을 구상하면서 오스트리아 국채 공모를 청부받았다.

잘로몬은 아주 독특한 복권부라는 독창적인 국채를 고안해냈다. 그러나 반유대 감정이 뿌리 깊은 오스트리아 국민은 높은 이

율에다 복권 형식의 국채에 분노를 터뜨리면서 판매 금지 운동을 폈다. 이에 잘로몬은 특유의 부드러운 기법으로 신문에 광고를 내 절약을 강조하면서 투자를 장려했다.

잘로몬이 복권이라는 사행심을 부채질하는 한편, 로스차일드 가에서 공모한다는 소문을 내자 국채는 폭등했다.

오스트리아 정부는 만족했고, 국채를 구입한 대중도 이익을 얻었으며, 잘로몬 또한 수수료와 국채 값 폭등에 따른 엄청난 프리미엄을 챙겼다. 이는 돈으로 열리지 않는 문이 없다는 유대 격언과도 잘 들어 맞는 사건이었다.

이렇게 하여 잘로몬은 반유대 감정이 뿌리 깊은 오스트리아 수도 빈에 기반을 쌓았고, 이윽고 빈의 명예시민이 되었다.

잘로몬은 능력과 일을 추진해 나가는 교섭술을 인정받은 다음 또 다시 '악마의 강철기계'라는 프로젝트로 실력을 인정받았다.

영국에서 스티븐슨이 증기기관차를 발명하자 철도의 장래성에 대한 논의가 분분하였다.

철도 사업이란 사람이 끄는 마차보다 못하다고 평가절하하여 네이선은 손을 대지 않았다. 그런데 예상과는 달리 철도가 순조롭게 발전해서 장래성이 밝아 보이자 네이선은 땅을 치며 후회했다. 이러한 사실이 오스트리아에 있는 잘로몬에게 전달되었다.

잘로몬은 정부의 이런 프로젝트를 검토하면서 보수적인 오스트리아인들이 '말 없는 탈것'에 대해서 터무니없이 잘못 알고 있음을 알았다. 심지어 지식층까지도 '철도는 악마의 강철기계'라고 생각할 정도였다. 이런 일을 유대인이 하게 된다면 틀림없이 세상 사람들로부터 몰매를 맞을 것이 뻔했다.

그러나 잘로몬은 조용히 이 프로젝트를 진행시켰다. 영국에 조사단을 파견하여 철도 사업의 기술과 금융 관계에 대해서 검토했다. 그리고 여러 곳의 역마차 사업을 매수하는 한편 운행 예정지를 도보로 쫓아다니며 면밀히 조사했다. 그러면서 한편으로는 신문에 철도에 대한 계몽 기사를 계속 연재했다.

5년이라는 준비 기간을 거쳐 황제 페르디난트 1세에게 $100km$에 걸친 유럽 대륙 최장거리의 철도 건설 사업을 신청했다. 이미 메테르니히 재상으로부터 충분히 검토받은 사안이기에 잘로몬은 별 어려움 없이 황제로부터 허가를 취득하였다.

이 어마어마한 계획이 발표되자 빈의 신문들이 잘로몬의 반대편에 서서 맹렬한 비난을 쏟아냈다. 이제까지 신중을 기해 준비한 이 계획이 수포로 돌아갈지도 모를 정도로 심각했다.

신문들은 '인간의 육체는 시속 $24km$ 이상에는 견딜 수가 없다.'고 하면서 악마의 강철기계가 오스트리아를 달리게 되면 승객의 코와 눈과 입과 귀에서 피가 터져 나올 것이라는 등의 기사를 내보냈다. 철도는 터널에서 승객을 질식시켜 '흉악한 영구차'가 될 것이라고도 했다. 그런가 하면 의학자들까지 나서서 '지금처럼 스트레스가 많은 사회에서 가뜩이나 인간은 과로 상태인데 철도에 승차하여 긴장하면 완전히 발광하게 될 것'이라고 했다.

이렇듯 '악마의 기계로 신성한 제국을 오염시키지 말라.'고 위협하면서 유대인의 음모를 분쇄하자고 연일 대서특필했다.

잘로몬은 진퇴양난에 빠져 궁지에서 헤매고 있었다. 그는 어떻게든 이 사면초가에서 벗어나 활로를 찾아야겠다고 생각했다. 거기다가 오스트리아의 금융업자들도 철도 사업에 투자하는 것은 위험하다고 강조하면서 잘로몬을 적대시했다.

잘로몬은 재상 메테르니히나 정부의 고위층을 만나 정면 돌파를 시도할 수도 있었지만 그렇게 하지 않았다. 또 프랑스의 제임스(야콥)처럼 반대파와 주요인물을 매수하여 잠재울 수도 있었지만 그것도 시도하지 않았다.

잘로몬은 정도를 실천하는 부드러운 전술을 앞세웠다. 그는 틀림없이 난관을 뚫고 사업을 성공시킬 것이라고 굳게 믿고 있었다. 그래서 유대인 특유의 참고 견디는 지혜를 활용하면서 길이 열리기를 기다렸다.

잘로몬은 여론의 반대에 부딪쳐 있으면서도 주식 발행으로 분위기를 띄웠다. 철도 건설 자금을 충당하기 위하여 12,000주를 발행하여 로스차일드 집안이 8,000주를 소유하고, 4,000주는 선착순으로 모집했다. 잘로몬의 계산대로 철도에 반대하던 자들도 로스차일드 집안이 나섰다는 소문을 듣고 너도나도 앞다투어 신청했다. 결과는 대성공이었고, 4,000주 공모에 8배에 가까운 신청이 쇄도하였다.

'금화가 쩔렁대는 소리를 내면 욕설은 조용해진다.'는 유대인의 격언대로 여론은 잠잠해졌다.

잘로몬은 황금의 위력을 여지없이 보여주었다. 그는 자기 사람들을 내세워 자기 돈으로 응모하게 하여 주식의 인기를 최대한 부추겼다. 이러한 사실은 잘로몬과 그 하수인 외에는 아무도 모르는 일이었다. 또 잘로몬은 절묘한 아이디어를 끌어냈다. 철도 명칭을 '황제 페르디난트 북방철도'라고 명명하여 허가를 얻었다.

페르디난트 황제는 유럽의 최장거리 철도에 자신의 이름이 붙게 되면 지도나 역마다 황제 명칭이 붙어 영원히 남을 것이라고 생각하고 쉽게 허가를 해준 것이다.

그는 계속해서 황제 이하 모든 사람에게 감명을 주고자 메테르니히 재상과 추밀원 의장 이름도 철도 표지판에 올려놓을 것을 제안했다. 특히 메테르니히 재상은 철도의 명예 보호관으로 추대했다. 이 모든 계획은 잘로몬의 것이었는데 마치 마술 같은 효과를 가져왔다.

'페르디난트 황제 북방철도'라는 명칭은 어느 면에서 '로스차일드 집안의 철도'에서 오스트리아 제국의 철도가 된 듯한 느낌을 갖게 했다. 황제의 이름을 넣음으로써 철도 건설에 감히 반대할 수 없게 만드는 기발한 착상을 했던 것이다.

잘로몬은 이렇게 위기를 극복하여 4년 뒤 철도 일부를 개통시켰고, 오스트리아는 유럽의 어느 제국보다 앞서는 유통혁신에 당당한 명예를 누릴 수 있었다.

화장품 업계를 개척한 헬레나
◆ ◆ ◆

헬레나는 1872년 폴란드의 아우슈비츠 부근 크라쿠프에서 태어났다. 그녀는 93세의 나이로 1965년에 생을 마쳤는데, 화장품

업계에서는 억만장자로 군림한 큰 인물이었다.

화장품 산업의 여왕이 된 헬레나는 고향 폴란드에서 스위스, 호주, 영국, 미국까지 사업 영역을 넓혔다.

그녀는 재력가인 숙부가 돈을 대주어 크라쿠프대학에 다닌 뒤 스위스 의과대학으로 유학을 갔다. 스위스에 있을 때 사귀던 남자와 결혼하려 했으나, 남자의 집에서 헬레나가 유대인이라는 이유로 반대하는 바람에 뜻을 이루지 못했다.

1903년, 30살이 된 그녀는 학교를 그만두고 화장품 크림 12병을 가지고 호주에 있는 숙부를 찾아갔다.

호주에 도착하자 유럽에 비해 덥고 건조한 기후 때문에 피부가 건조해지고 거칠어졌다. 그녀는 가지고 온 크림이 거친 피부에 효과가 있는 것을 발견했다.

그녀는 영어도 못했고, 화장품에 대한 지식도, 장사에 대한 경험도 없는 상태였다. 그러나 자기가 가지고 간 크림이 틀림없이 장사가 될 거라고 믿었다. 그래서 폴란드에 계시는 어머니께 매월 큰 병으로 12개씩 보내 달라고 부탁하고, 호주로 올 때 배에서 사귄 사람으로부터 약간의 돈을 빌려 멜버른에 작은 미용실을 열었다.

미용실에서 손님을 맞다 보니 건성 피부의 사람이 있는가 하면 지성 피부를 가지고 있는 사람도 있었다. 그녀는 피부 상태에 따라 성분이 다른 크림이 필요하다는 것을 깨달았다. 그래서 직접 크림을 제조하여 피부에 따라 다르게 사용하게 했다. 그러자 그녀가 만든 크림은 큰 호평을 받았고 폭발적으로 팔려나갔다. 헬레나는 여전히 낮에는 미용실에서 일하고, 밤에는 비밀리에 화장품을 제조했다.

당시 영국은 해가 떨어지지 않는 나라로 절정기에 올라 있었으므로 런던은 말 그대로 세계 중심지였다.

헬레나는 1908년 런던에 진출하여 미용실을 열었다. 그러자 주위 사람들은 영국인은 보수성이 강하기 때문에 아무리 고객의 피부에 맞춰 만든 크림이라 해도 성공하지 못할 것이라고 말렸다.

그러나 현대식으로 잘 꾸며진 그녀의 미용실은 대성공을 거두었다. 고전풍의 칙칙한 미용실보다는 밝고 현대적이며, 자신에게 맞는 화장품이 있는 헬레나 미용실에 흠뻑 빠져 들었던 것이다.

에드워드 7세의 알렉산드라 왕비도 헬레나 미용실의 단골 손님이 되었다. 밀려드는 손님을 수용하기 위해 점포를 확장함에 따라 점포 수가 늘어났다. 그래서 폴란드에 있는 동생들을 불러들여 일을 돕게 했다.

1912년, 헬레나는 화려한 유행의 도시 파리로 진출하였으며, 뒤이어 유럽의 주요 도시에 차례로 가게를 냈다.

이제 명실공히 유럽의 중심가마다 헬레나 미용실이 자리 잡고 손님들로 북적이자, 헬레나는 아예 실험실에 틀어박혀 화장품 크림을 제조하는 데 주력했다. 검은 머리에 등까지 찰랑거리는 머릿결을 날리면서 뛰어다니던 헬레나가 실험실에 틀어박혀 만들어 낸 상품이

1,000종 이상이 되었다.

당시 미국의 화장품은 유럽에 비해 품질이 크게 뒤떨어져 있었다. 1914년, 파리에 진출해 성공한 지 2년 만에 헬레나는 미국으로 건너가서 뉴욕 맨해튼에 제1호 미용실을 열었다. 이 1호점의 성공을 기점으로 전 미국의 주요 도시에 일제히 미용실을 열었다.

미국에 진출할 때까지만 해도 헬레나는 직접 제품을 제조했는데 무엇이든지 자기 손으로 해야만 직성이 풀리고 안심이 되었기 때문이다. 헬레나는 성품이 까다롭고 집념이 강해서 한번 몰두하면 꼭 해내고야 마는 성격을 지니고 있었다. 그녀는 물로 씻어도 지워지지 않는 화장품과 약용 페이스크림 같은 새 상품을 잇달아 개발했다. 그리고 집집마다 방문 판매하여 중산층 여성들도 헬레나 화장품을 쉽게 구할 수 있도록 하는 등 판매 대상을 획기적으로 확대했다.

미국에 진출한 지 6년 후인 1929년, 주식 시장이 대폭락하는 대공황이 시작되었다. 헬레나는 급변하는 시장 추세에 대응하는 민첩한 사업 감각을 보여주어 주위 사람들을 놀라게 했다. 그녀는 주식이 대폭락하기 직전에 자신의 회사 주식 70%를 733만 달러에 유대인 부자은행 리먼 브라더스에 매각했다. 회사 주식 70%를 넘긴 것은 회사의 경영권을 양도한 것이나 다름 없는 위험천만한 일이었다. 그야말로 특단의 조치였으며 사업기질을 유감없이 발휘한 수완이었다.

주가가 폭락하자 그녀는 여성 주주들에게 서신을 보냈다. 남성은 아름다워지고 싶어 하는 여성의 본능을 이해하지 못하기 때문에 주식을 정리해 버릴 것이니 은행에 맡겨진 주식을 되살 수 있도록 협조해 달라고 호소했다. 헬레나는 투자 은행에 압력을 행사하여 폭락한 주식 70%를 150만 달러의 헐값에 다시 매입하는 데 성공했다.

그녀는 대공황의 늪에서 단기간에 583만 달러라는 막대한 이익을 챙긴 것이다.

이로써 헬레나는 화장품으로 시작해서 1941년, 미국 굴지의 억만장자가 되었다. 그녀는 큰손답게 뉴욕의 고급 주택가 파크애비뉴에 있는 초호화 아파트를 사려고 부동산 거래소에 들렀다. 그러나 유대인이라는 이유로 구입을 거절당하자 곧바로 부동산에 손을 뻗어 아파트가 속해 있는 건물 전체를 매수해 버림으로써 여걸다운 기개를 보여줬다.

'헬레나 루빈스타인사'는 단 한 종류의 수제 크림으로 시작하여 5만 종이 넘는 화장품을 내놓는 대기업이 되었다. 그리고 신규 참여자들을 설득하여 백화점에서 잡화점까지 고수익 상품을 쉴 새 없이 공급했다. 이렇게 하여 헬레나 루빈스타인 화장품은 전 세계 일류 백화점을 안방처럼 점령했다.

그녀는 작은 몸집의 여성이었지만 전 세계의 패션과 신문 광고, 잡지, 라디오, 텔레비전 등 산업계에 큰 공헌을 했다. 그리하여 유대 여성으로서 역사에 한 획을 긋는 위대한 기업인으로 기록되었다.

미국의 유수 기업 뒤퐁사의 회장 샤피로

• • •

뒤퐁사는 1802년 뒤퐁화약사로 출발하여 명실공히 200여 년 동안 세계적인 기업으로 군림했다. 그리고 1970년 샤피로 회장이 전임자 찰스 맥코이에 이어 회장이 되기까지 뒤퐁 집안이 이 회사를 경영해 왔었다. 그런데 샤피로 회장을 영입한 것은 전례가 없는 대사건이었다. 거기에다 회장이 유대인이라니 참으로 충격적인 사건이 아닐 수 없었다.

그간 록펠러나 뒤퐁이 유대계가 경영하는 회사라는 소문이 있었지만 이 두 명문 재벌은 유대인과는 아무 상관이 없었다. 뿐만 아니라 두 회사의 오너는 자존심이 강해서 유대인과는 상종도 하지 않는다고 공언할 정도였다.

그런데 세계 최대의 화학기업 뒤퐁사가 1974년 유대인 어빙 샤피로를 회장으로 영입했다. 샤피로 회장은 자기가 유대인이라는 사실을 숨기지 않았다. 그간 공공연히 유대인이라면 상종도 않겠다고 하던 말이 깨지고, 자신이 침을 뱉고 돌아선 그 우물 물을 다시 마신 격이 되었다.

어빙 샤피로는 1916년에 세탁소를 경영하는 유대인 가정에서 태어났다. 아버지는 리투아니아 태생이었다. 집에서는 독일계 유대인이 쓰는 이디시어를 썼다고 하니 전형적인 유대인 이민 가정이었다.

어빙 샤피로는 삼형제였는데 어렸을 때는 8㎞나 떨어진 학교를 통학했다. 샤피로의 아버지는 세 아들 중에서 제일 똑똑한 큰 아들을 법률가로 만들기 위해 형편이 어려운 가운데에서도 대학에 진학시켰다.

샤피로는 1941년에 미네소타 대학 법학부를 4등으로 졸업했다. 우수한 성적으로 졸업했지만 유대인이라는 이유로 어느 법률 사무소에도 취직할 수가 없었다. 반유대 감정 때문이었다. 당시 뉴욕이나 시카고 등 일부를 제외하고는 그런 정서가 강하게 흐르고 있었다.

샤피로의 우수성을 아는 교수들이 유대인 라벨이 붙은 이름을 바꾸라고 권했지만 그는 거절했다.

"나의 부모님은 나를 대학에 보내기 위해 모진 고생을 감수했습니다. 그런데 취직을 하기 위해 조상 대대로 내려온 이름을 버리라니 전 그런 짓은 못합니다. 나 자신만을 위해 사는 것은 스스로 용서할 수 없습니다."

이 말은《탈무드》의 위대한 현자 힐렐의 말이다. 힐렐은 '자기가 하고 싶지 않은 일을 남에게 강요하지 말라.'고 했다.

인간이 자기 몸을 깨끗이 하는 것은 매우 중요한 일이다. 로마인들은 거리의 동상은 깨끗이 닦으면서도 정작 자신의 몸은 깨끗이 닦지 않았다고 전한다. 이 말도 유대인들이 로마의 핍박을 받는 동안 만들어낸 말일 것이다.

샤피로는 자기 자신에게 늘 이렇게 타이르고 되뇌었다.

"만약 내가 자신만을 위해 존재하는 것이 아니라면 나는 누구인가? 또 내가 나 자신만을 위해 존재하는 것이라면 나는 누구인가? 그럼 지금 내가 나 자신이 아니라면 나는 언제 내가 되는 것인가?"

샤피로는 이런 문제를 놓고 끊임없이 생각하고 스스로를 점검했다.

자기의 정체성을 놓고 이렇게 심각하게 고뇌해본 사람이 얼마나 있을까? 참으로 깊은 성찰을 통한 토로가 아닐 수 없다. 이런 고뇌는 유대인이라면 깊고 얕은 차이는 있을지언정 수없이 되뇌이는 사실일 것이다.

자신의 주체성과 '나'라는 괴리 속에서 겪지 않으면 안 될 통렬한 고뇌였다. 샤피로는 마침내 아무도 나를 고용해 주지 않는다면, 내 일을 하면 된다는 결론에 이르렀다. 이런 생각으로 작지만 자기 법률 사무소를 열었다.

제2차 세계대전이 발발하자 그는 워싱턴의 전시 물가통제국에 들어가 일하게 되었다. 그때 옆자리에서 같이 일한 사람이 나중에 대통령이 된 리처드 닉슨이었다.

1943년, 법무성으로 자리를 옮긴 그는 자신의 잠재력을 발휘하기 시작했다. 한마디로 그의 손을 거치면 완벽한 공소장이 되었다. 그는 눈에 띄게 실적을 쌓아 갔다. 앞뒤를 자로 잰 듯 치밀한 일처리가 그를 성공의 길로 안내했다.

그런 능력을 인정받아 1950년, 자기보다 앞서 일한 오스카 프로포스트의 권유로 뒤퐁에 입사하는 계기를 맞은 것이다.

뒤퐁사는 당시 GM 주식의 23%에 해당하는 630만 주를 가지고 있었으며 이것 때문에 반트러스트 법 위반으로 고발당한 형편이었다.

샤피로는 입사하여 6주 동안 반트러스트 법 연구에 전념했다. 법률가로 살아온 그였기에 법률의 체제나 논리에 허점은 없는지 면밀히 분석했다. 그는 법적 논쟁에서 논리적으로 대응해 입장을 반듯하게 피력하는 강점이 있었다.

입사 2개월이 지났을 때 샤피로는 반트러스트 법에 정통한 변호사가 되었다. 그러나 샤피로는 입사 초년생으로 법무실과 중역실을 오가며 변호인들의 의견을 중역들에게, 그리고 중역들의 의견을 변호인단에게 전하는 전달자에 불과했다.

그런 샤피로가 일약 미국의 뒤퐁 회사 11만 3,000명의 최고 의사 결정권을 맡아 경영자가 되었으며, 1981년 퇴직할 때까지 뒤퐁 사를 이끌었다.

이로써 미국 사회에서 유대인들이 착실하게 뿌리내리고 있는 모습을 실질적으로 보여준 셈이다. 그 외에도 미국의 국무장관, 재무장관, FBI 의장 등 중요 요직에서 수많은 유대 사람들이 활동하고 있다.

미국 사회는 평등을 내세우지만 그 내부를 들여다 보면 심한 편견이 있으며, 그리스도교인이 아니면 소수파로서 등용이 쉽지 않다. 같은 실력이라면 WASP(White Anglo-Saxon Protestant, 즉 백인으로 앵글로 색슨계의 신교도인 사람) 쪽에 비중을 두는, 평등 속의 편견이 엄연히 존재하고 있기 때문이다.

샤피로 이후 아직 제2의 샤피로의 등장은 없다. 실력 위주라고 말은 하지만, 인정받기 위해서는 다른 사람보다 두 배의 노력과 재능을 필요로 하기 때문이다.

어쨌든 미국 사회에서 불과 3~4%의 인구라는 것이 믿어지지 않게 금융정부를 이끌고, 국방 무기의 자금 파이프 라인 역할을 하는 거대 주역들이 유대인들과 연결되어 있다면 누가 믿겠는가? 유대인들 중 요직에 오른 사람들을 보면, 한결같이 다른 사람들보다 뛰어난 논리와 이론을 바탕으로 샘솟는 상상력을 갖추고 있음을 보게 된다.

샤피로 이외에도 세계적으로 많은 사람들이 보이지 않는 곳에서 세계 평화에 이바지하고 있지만, 이 몇 사람을 통해 전체를 상상해 볼 수 있으리라 믿는다.

탈무드의 지혜

제1장

탈무드의 지혜·눈

커뮤니티의 중요성

◆ ◆ ◆

JCC(유대커뮤니티센터)는 유대인의 사회에서 매우 색다른 공동체이다. 순수한 유대인 단일 인종 공동체가 아니라, 러시아계, 영국계, 프랑스계, 이스라엘계, 미국계 등 여러 계통의 유대인들이 모여 그룹을 형성하고 있다. 따라서 유대인의 계율을 엄격하게 지키는 사람과 그렇지 않은 사람, 자선에 힘쓰는 사람과 그렇지 않은 사람 등 각양각색의 유대인들이 저마다 출생국 특유의 국민성을 띠고 있어 전혀 통일성이 없는 커뮤니티이다.

그러한 혼합된 군집 사회에서는 약간의 긴장 상태가 존재하기 마련이다. 그 공동체도 마찬가지여서 서로 반목하는 나머지 두 개의 그룹으로 분열될 위기에 놓이게 되었다. 그래서 랍비는 그들에게 다음과 같은 《탈무드》의 이야기를 했다.

"하나의 갈대는 쉽게 부러지지만, 백 개의 갈대를 다발로 묶으면 부러뜨릴 수 없이 아주 강하다. 또 개의 무리는 그냥 두면 서로 싸움을 하지만, 늑대가 나타나면 싸움을 그치고 힘을 합쳐 늑대를 물리친다."

아직도 유대인들은 안전을 보장받지 못하고 있다. 아랍이나 러시아인과 반유대주의자들에게 둘러싸여 있기 때문에 유대인들끼리의 싸움은 우선 피하는 것이 좋다고 랍비는 말했다.

지금은 그와 같은 근본적인 이해로 그다지 큰 말썽이 없이 지내고 있다.

솔로몬 왕의 판결

◆ ◆ ◆

많은 사람들이 여러 가지 문젯거리를 가지고 와서 해결해 달라고 부탁한다. 그러나 그중에 같은 유형의 문제는 하나도 없다. 한 가지 공통점이 있다면, 그들 중 누가 거짓말을 하는지 가려내야 한다는 고민이 따른다는 점이다. 이는 매우 어려운 일이다.

《탈무드》에서는 그 점에 대해서 두 가지의 방법을 가르친다.

솔로몬 왕은 지혜가 뛰어나고 총명한 현인으로 알려져 있다.

어느 날 두 여자가 한 어린아이를 데리고 와 서로 자기 아들이라고 싸우면서 솔로몬 왕에게 판결을 요청했다.

솔로몬 왕은 여러 가지로 사실을 조사해 보았으나, 어린아이가 어느 쪽 여자의 아들인지 도대체 알 수가 없었다.

이런 경우 소유물을 공평하게 둘로 나누는 것이 유대인들의 일반적인 관례였다. 솔로몬 왕은 그 어린아이를 칼로 잘라 둘로 나누어 가지라고 명령했다.

그러자 한 여인이 갑자기 미친 사람처럼 울부짖으면서 애원했다.

"안 됩니다! 차라리 그 아이를 저 여자에게 주십시오!"

그 광경을 보고 솔로몬 왕은 그 여자에게 말했다.

"당신이 바로 이 아이의 진짜 어머니요."

솔로몬 왕은 어린아이를 그 여자에게 넘겨주었다.

타인의 생명

• • •

한 사람이 병이 악화되어 새로 개발된 약을 쓰지 않으면 회복될 수 없는 상황에 이르렀다. 한데 그 약은 여간해서 구하기가 힘든 것이었다.

때문에 그의 가족이 랍비를 찾아와서 부탁했다.

"당신은 저명한 교수, 훌륭한 의사와 약사를 많이 알고 있지 않습니까? 어떻게 해서든 그 약을 좀 구해 주십시오."

그래서 랍비는 잘 아는 약사에게 병든 사람의 이야기를 하고 도와 달라고 부탁했다. 그러자 약사가 말했다.

"만약 내가 가지고 있는 약을 그 사람에게 모두 준다면, 다른 사람이 그 약을 구하지 못해 죽을지도 모릅니다. 그래도 나에게 부탁하겠습니까?"

랍비는 생각할 여유를 좀 달라고 한 뒤《탈무드》를 찾아 보았다.

한 사람을 죽이게 되면 자기가 살 수 있고, 그렇지 않으면 자기가 죽게 될 경우 어떻게 할까? 결론은 자기의 목숨을 구하기 위해서 다른 사람을 죽여서는 안 된다는 것이었다. 어떻게 자기의 피가 상대방의 피보다 더 진하다고 할 수 있겠는가? 어떤 사람도 자기의 목숨이 다른 사람의 목숨보다 더 소중하다고 할 수는 없다.

랍비는《탈무드》의 내용을 읽고 나서 병든 사람의 가족들에게 어떻게 설명을 해야 할지 난처했다.

'내 관할 구역에 사는 사람의 생명이 위독해서 그 가족이 나를 찾아와 구원을 요청했는데……'

랍비는 고민 끝에《탈무드》의 지시대로 약을 구하는 일을 포기하기로 했다. 그 결과 병든 사람은 죽고 말았다.

솔로몬의 재판

• • •

안식일에 세 유대인이 예루살렘으로 갔다.

세 사람은 가지고 있는 돈을 마땅히 맡겨둘 곳이 없어 땅을 파고 함께 묻었다. 그런데 그들 중 한 사람이 몰래 그곳으로 가서 돈을 몽땅 꺼내 갔다.

다음 날 그들은 지혜가 많은 솔로몬 왕에게 찾아가서 세 사람 중 누가 그 돈을 훔쳐갔는지 판결해 달라고 요청했다.

솔로몬 왕이 그들에게 말했다.

"자네들 세 사람은 매우 현명하니, 우선 내 어려운 문제부터 해결해 주게. 그런 다음에 자네들의 문제를 해결해 주겠네."

솔로몬 왕은 세 사람을 보며 말했다.

"곱고 예쁜 아가씨가 한 청년에게 시집가기로 약속을 했네. 그런데 얼마 후 그 처녀는 다른 사나이와 사랑에 빠지게 되어 약혼자를 찾아가 헤어지자고 제의했지. 충분한 위자료도 지불하겠다고 했다네. 그러나 그 청년은 위자료 같은 것은 필요 없다고 하면서 그녀와의 약혼을 취소해 주었지.

그런 뒤 어느 날, 그녀는 돈 때문에 어느 노인에게 유괴되었다네. 그러자 그녀가 노인에게 사정하였지.

'내가 전에 약혼했던 남자에게 파혼할 것을 제안했을 때 그는 위자료도 받지 않고 나를 해방시켜 주었지요. 그러니 당신도 그와 똑같이 해주어야 합니다.'

그러자 노인도 몸값을 받지 않고 순순히 놓아 주었어.

그들 중에서 누가 더 칭찬받을 만한 사람인가?"

첫 번째 사람이 말했다.

"그녀와 약혼까지 했지만 파혼을 승낙해 주고 위자료도 받지 않은 청년이 칭찬을 받아야 합니다. 왜냐하면 그는 처녀의 의사를 존중해 주었을 뿐만 아니라 위자료도 받지 않았기 때문입니다."

두 번째 사람이 말했다.

"그렇지 않습니다. 아가씨야말로 칭찬받아 마땅합니다. 그 아가씨는 용기를 가지고 처음의 약혼자에게 파혼을 요청했고, 진정으로 사랑하는 남자와 결혼을 했습니다. 그거야말로 칭찬받을 만합니다."

마지막 세 번째 사람이 말했다.

"그 이야기는 너무 복잡해서 저는 도무지 갈피를 잡을 수가 없습니다. 우선 그녀를 유괴한 노인만 해도 그렇습니다. 노인은 돈 때문에 아가씨를 유괴했는데 돈도 받지 않고 풀어주다니 이야기의 앞뒤가 맞지 않습니다."

솔로몬 왕은 세 번째 사람에게 호통을 쳤다.

"이놈! 네가 돈을 훔친 도둑놈이다. 앞의 두 사람은 내 이야기를 듣고 애정이나 아가씨와 약혼자 사이에 가로놓인 인간관계에 관심을 보였다. 그런데 너는 돈밖에 생각하지 않았다. 네놈이 틀림없이 범인이다."

'10'이라는 숫자

◆ ◆ ◆

누구에게든 말로써 상처를 주었다면 바로 사과해야 한다.

"지난번에 본의 아니게 실례되는 말을 하여 당신의 마음을 상하게 했습니다. 대단히 미안합니다."

그런데도 상대방이 용서하지 않을 경우에는 어떻게 해야 할까?

그런 경우 유대인들은 열 사람에게 이렇게 묻는다.

"나는 지난번에 어떤 사람에게 몇 가지 실례되는 말을 하여 그를 화나게 했기 때문에 그에게 사과하러 갔지만, 그가 용서해 주지 않았습니다. 나는 지금 진심으로 내 잘못을 뉘우치고 있습니다. 여러분은 내 잘못을 용서해 주시겠습니까?"

그런 후 열 사람이 모두 용서해 주면 그 잘못을 용서받은 것으로 생각한다.

만일 모욕을 당한 상대방이 죽어 사과할 수가 없게 되면, 열 사람을 그 무덤으로 데리고 가서 그들 앞에서 무덤을 향하여 용서를 빌어야 한다. 이 경우 열 명이란 숫자가 필요한 이유는 유대교의 교회에서 기도할 때는 열 명 이상의 사람이 있지 않으면 기도로 인정해 주지 않기 때문이다. 아홉 명 이하의 수는 개인으로 보고 열 명이란 수가 되어야 비로소 집단으로 인정하는 것이다.

정치적인 결정이 아닌 종교적인 결정도 역시 열 사람이 되지 않으면 안 된다. 결혼식에 있어서도 열 사람 이상이 모이지 않으면 공식적인 결혼식으로 인정하지 않기 때문에 결혼식을 거행하지 못한다.

불행 중에도 희망은 놓지 않아야

• • •

랍비 아키바가 나귀 한 마리와 개 한 마리, 그리고 작은 등불 하나를 가지고 여행을 하고 있었다.

날이 저물자 그는 낯선 집의 헛간에 여장을 풀게 되었는데, 나귀와 개는 한쪽 구석에서 잠자게 하고 등불 밑에서 책을 읽기 시작했다. 그런데 때마침 바람이 불어와 등불을 꺼버렸으므로 할 수 없이 잠을 청해야만 했다.

그날 밤, 사건이 일어났다. 여우가 나타나서 그의 개를 죽이고, 사자가 와서 나귀까지 물고 가버렸다.

날이 밝자, 그는 등불 하나만을 지닌 채 터벅터벅 길을 떠나야 했다. 이웃 마을 어귀에 이르렀으나 사람의 그림자는커녕 개미 새끼 한 마리도 보이지 않았다. 전날 밤 도적 떼가 그 마을을 습격하여 약탈과 살인을 자행하였던 것이다. 마을은 폐허가 되었고, 사람들은 모두 죽임을 당하여 한 사람도 살아남지 못했다.

만일 전날 밤 등불이 바람에 꺼지지 않았더라면 아키바도 그 도적 떼에게 발견되어 죽음을 면치 못했을 것이다. 그리고 여우가 개를 죽이지 않았더라면, 개가 짖어대 도적 떼를 부르는 결과를 초래했을 것이다. 또한 사자가 나귀를 물고 가지 않았더라면, 나귀가 소란을 피워 역시 도적 떼가 쳐들어 왔을 것이다.

그러니까 그는 자기가 소유했던 것 전부를 잃은 덕분에 도둑들에게 들키지 않았던 것이다.

그 일로 인하여 아키바는 다음과 같은 진리를 깨달았다.

"사람은 최악의 상황에서도 희망을 가질 필요가 있다. 불행처럼 보이는 일도 행운으로 연결되는 경우가 얼마든지 있다."

보트의 구멍 수리

••••

회사에서는 종업원을 채용하기도 하지만 해고시키는 일도 종종 있다. 그런데 해고시키는 일처럼 고민스러운 일도 없다. 때로는 그것이 큰 사회적 문제로까지 확대되기도 한다.

한 유대인 회사에서 많은 유대인을 고용하고 있었다. 그런 경우 원인이 어디에 있든지 간에 그 종업원을 해고시키는 일은 매우 어렵다. 아내와 아이 등 부양 가족이 딸려 있기 때문이기도 하지만, 특히 유대인의 경우에는 한번 직장을 잃으면 여간해서 새로운 일자리를 구하기 힘들기 때문이다.

더욱이 외국에 나가 사는 경우 취업의 기회가 극히 적을 뿐만 아니라, 다른 나라로 떠나거나 이스라엘로 돌아가려 해도 돈이 필요하다. 그러므로 어떤 이유든 유대인 종업원을 해고시킨다는 것은 아주 어려운 일이 아닐 수 없다.

그런데 그 극히 드문 일이 발생했고, 고용주는 랍비를 찾아와 이렇게 말했다.

"나는 지금 종업원 한 명을 해고시켜야만 합니다. 지금은 그냥 넘어간다 해도 그는 어차피 해고당할 사람입니다. 그는 아무것도 할 수 없는 무능력자이기 때문에 다른 직장에 가더라도 마찬가지일 것입니다. 그러나 나는 그를 해고하고 싶지 않습니다. 랍비님,

그를 해고시키지 않아도 될 좋은 방법이 없을까요?"

랍비는 《탈무드》의 이야기를 인용하였다.

한 사나이가 작은 보트를 가지고 있었다. 그는 해마다 여름이면 그 보트에 가족을 태우고 호수에 나가 낚시를 하며 즐겼다.

여름이 지나 배를 보관해 두려고 뭍으로 끌어 올렸는데, 배 밑에 작은 구멍이 뚫려 있었다. 그러나 아주 작은 구멍이라 겨울 동안에는 그냥 놓아두었다가 내년 봄에 수리하면 될 것이라고 생각했다. 그는 페인트공을 시켜 페인트만 새로 칠해 두었다.

이듬해가 되자 그의 아들 형제가 보트를 타고 싶어 했다. 그는 보트에 구멍이 뚫렸다는 것을 까맣게 잊어버리고 승낙해 주었다.

그리고 두 시간이 지나서야 배 밑에 구멍이 뚫려 있다는 사실을 기억해냈다. 그의 아이들은 아직 수영을 잘하지 못했다.

당황한 그가 급히 달려나갔는데 그때 두 아들이 배를 뭍으로 끌어 올리고 있었다. 그는 두 아들이 무사함을 보고 배 밑바닥을 조사했다. 그런데 구멍이 튼튼하게 막혀져 있었다.

순간 그는 페인트공이 페인트를 칠할 때 수리해 놓은 것이라는 데 생각이 미쳤다. 그가 선물을 사들고 페인트공을 찾아가 선물을 건넸다.

"칠 대금은 이미 주셨는데, 왜 또 이런 선물을 주십니까?"

"배에 작은 구멍이 뚫려 있는 것을 당신이 그때 고쳐 주었지요? 내가 그 구멍을 수리해 달라는 부탁도 하지 않았는데 잘 막아 주었소. 덕분에 내 두 아들의 생명을 구했소. 참으로 감사하오."

아무리 작은 선행이라도 그것이 다른 사람에게 크게 도움을 줄 수 있다. 그리고 그런 생각을 한다는 것은 쉬운 일이 아니다.

랍비는 고용주에게 한 번만 그 유대인에게 기회를 주어 보라고 말했다.

원만한 협상이 최선이다
◆ ◆ ◆

한 회사원이 있었다. 그는 회사로부터 부당한 대우를 받아 더 이상 근무할 수 없다고 생각해서 사장에게 말했다.

"나는 회사를 위해서 지금까지 열심히 일해 왔소. 그런데 회사의 부당한 대우로 인하여 나의 명예가 치명적으로 훼손되었습니다. 그러니 퇴직금이나 받고 그만두겠소."

사장이 반론을 제기했다.

"그렇지 않아도 당신이 일을 너무 태만하게 했기 때문에 해고시키려고 하던 참인데 퇴직금은 무슨 퇴직금이오?"

얼마 뒤, 그 사원은 회사 금고에서 돈을 꺼내고, 회사의 기밀 서류까지 훔쳐 가지고 외국으로 자취를 감추었다.

그로부터 한 달쯤 뒤, 그가 외국의 어느 도시에서 발견되었다는 소식이 왔다. 그러자 그 회사의 사장은 랍비를 찾아와 자취를 감춘 회사원에게 갈 수 있는 비행기표를 주며 부탁했다.

"그를 찾아가서 일을 원만하게 해결할 수 있도록 말 좀 해 주시오."

랍비는 그 남자가 있다는 도시에 도착하여 이틀 만에 그를 찾아냈다. 그는 랍비를 보자 크게 당황했다. 돈뿐만 아니라 비록 결정적으로 중요한 것은 아니지만 그 회사의 기밀 서류까지 빼내 도망쳐 왔기 때문에 그럴 수밖에 없었을 것이다.

랍비는 자신이 왜 이곳까지 찾아왔는지 설명해주고 그와 사흘 동안을 이야기했다. 랍비는 사소한 것들은 무시하고 문제의 본질이 무엇인가 생각했다.

사소한 문제는 법률이 처리해 줄 수 있는 일이고, 그보다 중요한 것은 유대인끼리 서로 다투고 충돌하는 것을 막는 일이었다.

랍비는《탈무드》의 내용을 인용하여 그에게 말했다.

"유대인들은 모두가 형제이며 한 가족이 아니오? 때문에 유대인끼리의 일은 조용한 가운데 해결해야 하오."

하지만 그는 자신의 주장이 정당하며, 또 자기가 하는 일은 자기의 자유라고 말했다.

"어쩌면 당신의 행동이 정당한지도 모르오. 그러나 모든 일을 자기 멋대로 하는 일은 용납될 수 없소."

그리고《탈무드》에 나오는 이야기를 계속 들려주었다.

많은 사람들이 같이 배를 타고 항해하고 있었다. 한데 한 남자가 끌을 가지고 자신이 앉아 있는 자리에 구멍을 뚫기 시작했다. 사람들이 놀라 그 이유를 묻자, 그는 태연하게 말했다.

"여기는 내 자리이니 내가 무슨 짓을 해도 상관하지 마시오."

얼마 뒤에 배는 바닷속으로 가라앉고 말았다.

같은 예로 어느 유대인이 회사의 돈과 서류를 가지고 종적을 감추었다. 주위의 다른 사람들이 뭐라고 말하겠는가? 정말 유대인들은 위대한 민족이라고 말하겠는가? 그것은 곧 전체 유대인의 오점이 될 것이다.

그제야 그는 비로소 랍비의 말을 납득하였다.

"랍비님이 결정해 주시는 대로 따르겠습니다."

그는 자기가 훔쳐갔던 돈과 서류를 내놓았다.

랍비는 다시 돌아와서 그 회사의 사장을 만나 남은 문제를 상의했다. 물론 그 사원의 주장이 옳다고 생각되면 돈과 서류를 다시 그에게 돌려주려고 생각했다. 그러나 앞뒤의 정황을 살펴 본 결과 그 사원의 요구가 정당하지 않아 얼마간의 퇴직금을 주는 것으로 문제를 원만하게 해결지었다.

결혼과 담장

◆ ◆ ◆

유대인 사회에서는 결혼을 않고 사는 수녀원 같은 곳을 찾아볼 수 없다. 유대인들은 모두가 결혼을 하며, 인간은 자연스럽게 사는 것이 좋은 것이라고 생각한다.

《탈무드》에는 '1미터 높이의 담장이 100미터 높이의 담장보다 낫다.'고 적고 있다. 1미터 높이의 담장은 언제까지나 그대로 유지되지만, 100미터의 담장은 무너질 위험이 많기 때문이다. 인간이 평생 동안 섹스를 안 하고 살아가는 일이야말로 불가능한 일로, 이는 100미터의 담장을 쌓는 일과 마찬가지라고 생각하는 것이다.

그래서 아내가 없는 유대인은 기쁨도 없고, 하나님의 축복도 없고, 선행도 쌓을 수 없다고 말한다.《탈무드》는 '남자는 18세가 되면 결혼하는 것이 가장 합리적'이라고 적고 있다.

'7'이라는 숫자

• • •

유대인들에게 있어서 '7'이라는 숫자는 매우 중요하다.

우선 안식일을 보더라도 7일째 되는 날이며, 7년째 되는 해에는 밭을 묵혀 쉬게 한다. 또한 49(7x7)세는 대단히 경사스러운 나이로서, 그해에는 밭을 묵힐 뿐만 아니라 꾼 돈을 상환하지 않아도 채무가 소멸된다.

1년에 두 번 있는 축제 행사인 패스오버Passover, 즉 출애굽을 기념하는 유월절과 수확에 대한 감사를 드리는 스코트 행사는 각각 7일 동안 계속된다.

유대인의 달력은 세계에서 가장 정확한 달력이다. 이집트의 지배에서 노예로 있다가 탈출한 때를 첫 달로 삼아 7개월째 되는 날이 새해가 된다.

미국의 경우 새해는 1월 1일이다. 그러나 미국에서 제일 중요한 달은 독립을 선포한 7월이다. 미국의 독립기념일이 7월에 있고, 회계년도나 학교의 학기가 모두 7월에 시작된다. 마찬가지로 유대인들도 애굽을 나온 때가 최초의 첫 달이 된다. 패스오버가 첫째 달이고, 그로부터 7개월째에 신년을 맞아 스코트 축제를 갖는다.

아버지의 지혜

• • •

예루살렘으로부터 멀리 떨어진 마을에 사는 한 지혜로운 유대인이 그의 아들을 예루살렘으로 보내 공부하게 하였다. 그런데 아들이 예루살렘에 가서 공부를 하고 있는 동안 중한 병에 걸렸다. 그는 아무래도 아들을 만나지 못하고 죽을 것 같아 유서를 쓰기로 했다. 그는 모든 재산을 데리고 있는 노예에게 상속하고 아들에게는 아들이 원하는 것 단 한 가지만 준다고 썼다.

그는 결국 죽었고, 노예는 자신의 행운을 기뻐하면서 예루살렘으로 달려가 주인집 아들에게 아버지의 죽음을 알리고 유서를 내밀었다. 유서를 받아 본 아들은 큰 슬픔에 빠졌다.

아버지의 장례를 치르고 난 아들은 아버지의 유서를 어떻게 해야 좋을지 생각하다가 랍비를 찾아가 상의하기로 했다. 아들은 랍비에게 유서의 내용을 설명한 다음 불만에 가득 찬 말투로 투덜거렸다.

"이제까지 제가 아버지께 노여움을 살 만한 일을 한 번도 한 적이 없는데, 아버지께서는 무슨 이유로 제게 재산을 상속해주지 않으셨는지 모르겠습니다."

랍비가 말했다.

"천만에! 자네 아버지께서는 매우 지혜로우시며 자네를 진심으로 사랑하셨던 것이네. 이 유서가 그것을 잘 말해주고 있잖아."

아들은 그 말을 납득할 수 없었다.

랍비가 다시 설명했다.

"자네도 자네 아버지처럼 지혜로워야 하네. 자네 아버지께서 진정으로 원하신 것이 무엇이었는지 잘 생각해 보게나. 그럼 자네 아버지께서 자네에게 남기신 것이 무엇인지 곧 깨달을 수 있을 걸세. 자네 아버지께서는 아들인 자네가 집에 없을 때 자신이 죽고 나면 노예가 재산을 전부 가지고 도망치거나, 마구 탕진해 버리거나, 자기가 죽었다는 사실마저도 자네에게 알리지 않을 수가 있다고 생각하셨네. 그래서 모든 재산을 일단 노예에게 상속한다고 하신 것일세. 그리되면 노예는 기쁜 나머지 자네에게 달려가 자네 아버지의 죽음을 알릴 것이고, 재산도 그대로 간수해 둘 것이라는 것을 알고 계셨던 것이네."

"그것이 제게 무슨 소용이란 말씀이십니까?"

"자네는 아직 젊은 탓에 역시 자네 아버님의 현명함에 미치지 못하는군. 노예의 재산은 모두 주인에게 속한다는 사실을 왜 생각하지 못하는가? 아버지께서는 유서에 자네가 원하는 것 한 가지만은 가지라고 쓰시지 않았는가? 그러니까 자네는 전 재산을 가진 노예를 선택하면 되는 것이야. 자네 아버지야말로 자식을 지극히 사랑하는 지혜로운 분이시라는 점에 고개를 숙이지 않을 수 없네."

그제야 아들은 아버지의 깊은 뜻을 깨달았고, 랍비의 말대로 한 다음 노예를 해방시켜 주었다. 그 후 아들은 항상 입버릇처럼 말했다.

"나이 많은 사람들의 지혜는 따르기 어렵다."

세 가지의 슬기로운 일

♦ ♦ ♦

예루살렘에 사는 유대인이 여행 도중 병에 걸려 앓아눕게 되었다. 아무래도 살아날 가망이 없다고 생각한 그는 여관 주인에게 부탁했다.

"나는 이제 곧 죽게 될 것 같습니다. 내가 죽었다는 전갈을 받고 예루살렘에서 내 아들이 찾아오거든 내 소지품을 모두 내어 주십시오. 저의 모든 것이 그 안에 있습니다. 단, 그가 세 가지의 지혜로운 일을 하지 않으면 절대 내어 주지 마십시오. 내가 여행을 떠나올 때 이미 그에게 '내가 만약 여행 중에 죽는다면 세 가지의 지혜로운 일을 행하여야만 유산을 상속받게 될 것이다.'라고 유언을 해 두었으니까요."

그 남자가 죽자, 여관 주인은 유대 의례에 따라 매장함과 동시에 그의 아들에게 기별하였다.

아들이 아버지의 부음을 전해 듣고 찾아왔다. 그렇지만 그는 자기 아버지가 돌아가신 여관을 찾을 수가 없었다. 그것은 그의 아버지가 죽기 전에 여관 주인에게 여관 위치를 아들에게 알려주지 말라고 부탁했기 때문이었다. 아들은 자기 힘으로 그 여관을 알아내야만 했다.

아들은 때마침 땔감 장수가 장작 다발을 한 짐 지고 걸어가는 것을 보고 그 땔감 장수를 불러 장작을 산 다음, 그것을 예루살렘에서 온 유대인이 죽은 여관으로 배달해 달라고 했다. 그러고 나서 그 땔감 장수의 뒤를 따랐다.

여관에 도착하자 여관 주인은 장작을 주문한 일이 없다고 했다. 그러자 땔감 장수가 말했다.

"아니올시다. 지금 제 뒤에 따라오신 분께서 이리로 배달해 달라고 부탁하셨습니다."

이것이 아들의 첫 번째 슬기로운 일이었다.

여관 주인은 그 아들을 기꺼이 맞이하여 저녁 식사를 차려주었다. 식탁에는 다섯 마리의 비둘기와 한 마리의 닭이 요리되어 나왔다. 그리고 주인 부부를 비롯해 두 아들과 두 딸이 함께 자리하여 모두 일곱 사람이 식탁에 둘러앉았다.

여관 주인이 유대인의 아들에게 말했다.

"상에 차려져 있는 음식을 모두에게 고루 나누어주시오."

그러자 아들이 손을 내저으면서 말했다.

"아닙니다. 주인어른께서 나누어주시는 것이 옳을 것 같습니다."

여관 주인이 또다시 말했다.

"아니오. 당신이 우리 집에 온 손님이니까 당신이 좋을 대로 나누어주시오."

아들은 하는 수 없이 음식을 나누기 시작했다. 그는 우선 비둘기 한 마리를 주인의 두 아들에게 나누어준 다음, 또 한 마리를 두 딸에게 나누어주었다. 그리고 남은 세 마리 중 한 마리를 주인 부부에게 나누어준 다음, 나머지 두 마리를 자기 몫으로 몽땅 차지했다.

이것이 그가 행한 두 번째의 슬기로운 일이었다.

집주인이 공평하지 못하다고 못마땅한 눈치를 보이자 아들은 다시 닭 한 마리를 가지고 먼저 닭의 머리를 떼어 주인 부부에게 준 다음, 두 다리를 떼어 두 아들에게 주었고, 두 날개를 떼어 두 딸에게 주었다. 그러고 나서 나머지의 커다란 몸통을 자기 몫으로 차지했다.

이것이 마지막 세 번째 슬기로운 일이었다.

그 꼴을 보고 있던 주인은 더 이상 참을 수 없다는 듯 벌컥 화를 내며 소리쳤다.

"이것 보시오, 손님! 당신이 비둘기 요리를 나누어줄 때는 아무 말도 안 했지만 닭 요리까지 그런 식으로 나누다니 더 이상 참을 수 없소! 이건 아무리 봐도 공평하지 않소. 도대체 이게 무슨 경우요?"

그러자 유대인의 아들이 차분하게 설명했다.

"처음부터 저는 이 음식을 나누는 일은 맡고 싶지가 않았습니다. 그렇지만 주인장께서 그렇게 간곡하게 말씀하시는 것을 받아들이지 않는 것도 예의가 아닌 듯싶어 나름대로 최선을 다해 나누었을 따름입니다. 그럼, 이렇게 나눈 이유를 설명해 드리겠습니다.

주인어른과 부인과 비둘기 한 마리를 합하면 셋이요, 두 아드님과 비둘기 한 마리를 합하면 또 셋이요, 두 따님과 비둘기 한 마리를 합하면 역시 셋입니다. 그리고 저와 비둘기 두 마리를 합하면 그 또한 셋 아닙니까? 그러니 이보다 더 공평한 방법이 또 어디 있겠습니까?

닭 요리도 마찬가지입니다. 주인 내외분께선 이 집안의 어른이시므로 머리를 드린 것이고, 두 아드님은 이 집안의 기둥이므로 두 다리를 드렸고, 두 따님은 이제 머지않아 날개가 돋쳐 시집으로 날아갈 것이므로 날개를 드린 것입니다. 그리고 저는 이곳에 올 때 배를 타고 왔으며, 돌아갈 때도 배를 타고 돌아가야 하니까 배와 같은 모양을 한 몸통을 가졌습니다. 이제 아버님께서 맡기셨던 유산을 제게 돌려주시면 고맙겠습니다."

가정의 평화
◆ ◆ ◆

랍비 메이어는 설교를 잘하기로 널리 이름이 나 있었다. 그는 매주 금요일 밤이면 교회에서 설교를 했다. 그의 설교를 듣기 위해 많은 사람들이 교회로 몰려들었다. 그들 가운데 한 여인이 있었다.

다른 여인들은 금요일 밤이면 다음날 안식일에 먹어야 할 음식들을 준비하느라 바쁜데, 그녀는 메이어의 설교를 들으러 매사를 제쳐놓고 오는 것이었다. 그녀는 그날도 긴 시간 동안 메이어의 설교를 듣고 나서 흐뭇한 마음이 되어 집으로 돌아갔다.

그런데 문앞에서 그녀가 오기만 기다리고 있던 남편이 화를 내며 소리를 질렀다.

"내일이 안식일인데, 음식을 장만할 생각도 하지 않고 도대체 어딜 갔다 오는 거요?"

그녀가 남편의 카랑카랑한 물음에 대답했다.

"교회에서 랍비님의 설교를 듣고 왔어요."

그러자 남편은 더욱더 화가 나서 큰소리로 말했다.

"그 랍빈가 뭔가 하는 자의 얼굴에 당신이 침을 뱉고 오기 전에는 집에 발도 들여놓지 못하게 하겠소!"

남편한테 쫓겨난 그녀는 하는 수 없이 친구의 집에서 머무르고 있었다.

이 소문을 전해 들은 메이어는 자신의 설교가 너무 길었기 때문에 한 가정의 평화를 깨뜨리는 결과가 초래되었음을 알고 후회했다. 그는 그 여인에게 자신의 눈이 몹시 아픈데 침으로 씻어야 나을 수 있다고 정중히 부탁했다.

"부인의 침으로 좀 씻어 주시겠소?"

그 말을 곧이곧대로 믿은 여인은 랍비의 눈에 침을 뱉었다. 단지 여인이 침 뱉는 모습만을 본 제자들이 의아하게 생각하여 메이어에게 물었다.

"하늘같이 높은 덕망의 랍비님께서 어찌하여 저 여인으로 하여금 얼굴에 침을 뱉도록 허락하셨습니까?"

랍비가 대답했다.

"한 가정의 평화를 위해서는 그보다

더한 일이라도 감수할 수 있는 것일세."

어리석음은 치료 방법이 없다

• • •

'돈'은 인간이 사용하는 도구이다. 세상의 모든 것과 견주어 값으로 치를 수 있는 것을 찾다가 만든 것이 금본위제도gold standard system이다.

이 금본위제도는 금金에 기초를 두는 것으로, 금환본위金換本位로의 이행이다. 즉, 금의 일정량과 등과관계를 유지시켜 계산하는 방식을 다룬 것이 금본위제도이다. 금은 황색 광택이 있는 원소로 그저 금속일 따름이다. 금속은 밀도가 높기 때문에 본성이 차디차다. 그래서 냉기가 도는데 이 작은 금 덩어리를 호주머니에 넣고 다니다 보면 인간의 따뜻한 열이 전도되어 따뜻함을 느낀다.

부자는 많은 금을 다 가지고 다닐 수 없기 때문에 금고나 은행에 따로 보관한다. 그렇기 때문에 사람의 손이 닿기가 쉽지 않다. 그러다 보니 금 본래의 차가움을 그대로 간직하고 있다.

돈도 금과 마찬가지여서 가지고 있는 사람에 따라 온기가 느껴지기도 하고 냉기가 감돌기도 한다. 다만, 부자는 돈에 둘러싸여 있기 때문에 금속의 냉기가 가족이나 이웃에 옮겨지는 경우가 있다. 그러다 보니 부자에게는 아들이 없고, 다만 상속자만 있을 뿐이라는 말을 새겨들을 필요가 있다. 돈 때문에 부모를 살해하는 경우가 바로 돈의 차가운 속성 때문이다.

돈을 벌기 위해 동분서주하다 보면 돈을 위해 사는지 무엇 때문에 사는지 헷갈릴 때가 있다. 그렇게 사는 도시 사람들을 《탈무드》에서는 체룸 사람들을 들어 이야기한다.

체룸terum이라는 작은 도시는 고지대에 자리잡고 있어, 벼랑을 따라 꼬불꼬불한 길을 올라가야 하기 때문에 위험했다. 그래서 거기 사는 사람들은 자주 벼랑에서 떨어져 부상자가 속출했고, 골치 아픈 문제도 끊이지 않았다.

생선 장수가 벼랑에서 떨어져 생선을 실어오지 못하면 체룸 사람들은 생선을 먹을 수가 없었다. 우편배달부가 벼랑에서 실족하면 우편물을 잃어버려 소식이 두절되어 큰 문제가 되었다.

이런 일이 자주 일어나자 도시의 장로들이 모여 대책을 세우게 되었다. 도시의 기능을 되찾으려면 머리를 짜내 무슨 수라도 쓰지 않으면 안 되었다. 엿새 동안 머리를 맞대고 토론을 거쳐 마침내 결론에 이르렀다.

그 결론이라는 것이 벼랑에 병원을 세우자는 것이었다. 이는 엿새 동안 의논을 했는데도 대책이 나오지 않자 궁여지책으로 내놓은 방책이었다. 그러나 생선 장수와 우편배달부가 연속으로 사고가 나자 앞에 내놓은 대책은 무용지물이 되고 말았다. 아무 쓸데없는 의논으로 시간만 허비했을 뿐 적절한 대책이 아니었던 것이다.

《탈무드》는 이런 것을 경계한다.

사람은 돈으로 많은 가능성을 실현할 수 있다. 많은 사람들이 시 속에서 가난을 아름답게 노래하는 것을 자신이 사는 집안으로 끌고 들어오는 어리석음을 범하는 경우가 있다. 돈이 유용한 도구라는 것을 알고 마음속으로는 많이 갖기를 원하면서도 그 도구가 필요치 않다고 포장해서 말한다. 그러면서 돈이 없는 것을 오히려 깨끗한 것이라고 생각하는 위험을 깨닫지 못한다.

체룸 사람들이 그곳에 사는 한 계속 불편함을 느껴야 한다는 것과 돈을 벌어야 한다는 생각은 공존한다. 인간이 사는 동안 이 공존은 언제나 함께 할 것이다.

유대인 격언에 어리석은 자가 등장하는 이야기들이 있는데 이는 대체적으로 동정을 끌어내기 위한 것이다. 체룸 사람들을 내세운《탈무드》의 예화도 마찬가지다.

《탈무드》의 격언에서 현명한 자는 어리석은 자로부터 교훈을 끌어낸다. 그러나 어리석은 자는 현명한 자로부터 교훈을 끌어낼 수 없다고 지적한다.

구세주가 이 땅에 찾아왔을 때 병든 환자를 모두 고쳐 주었다. 그러나 어리석은 자를 현명한 자로 만들 수는 없었다. 어리석은 자를 가르치는 일은 구멍 뚫린 주전자에 물을 붓는 것과 다름없기 때문이다. 그러나 어리석은 자라도 침묵을 지키고 있으면 성인처럼 보인다.

유대인들의 술에 대한 생각

• • •

유대인들은 술에 대하여 긍정적인 생각을 가지고 있다.《탈무드》에 아침에 마시는 술은 '돌', 낮에 마시는 술은 '구리', 밤에 마시는 술은 '은', 사흘에 한 번 마시는 술은 '금'이라고 적고 있다.

유대인들은 술을 마시되 정신을 못 차릴 정도로 취하게 마시는 일은 거의 없다. 그래서인지 유대인들의 문학 작품에 등장하는 인물은 술과 연관되는 일이 없다.

술은 유대인들의 생활 속에서 끊으려야 끊을 수 없는 관계를 가지고 있다. 안식일의 즐거움을 위해 술을 나누어 마시는데 이때 어린아이들도 와인을 맛보고 향을 음미한다. 《성서》에서도 가나안의 혼인 잔치에서 술이 떨어지자, 예수의 어머니 마리아가 예수에게 부탁해 항아리에 술을 채우게 한다.

《탈무드》에서는, 술은 적당히 마시면 머리를 좋게 하고, 또 술이 있는 곳에는 약이 적어도 된다고 했다. 랍비 이즈마엘은 술은 마음의 문을 연다고 적고 있다. 그러나 지나치면 독이 된다는 말도 잊지 않는다.

또 《탈무드》에서 여호와 앞에 나아갈 때 즐거움을 피하는 자는 여호와가 인간에게 주신 즐거움을 무시했기 때문에 내세에서 반드시 벌을 받는다고 적고 있다. 이는 긍정적인 생각을 가지고 즐겁게 살려는 유대인들의 삶의 태도를 말해주는 것이다.

제2장

탈무드의 감성·귀

성스러운 것

• • •

유대인들은 동물에서 천사에 이르기까지 여러 계층이 있는 바
천사에 가까워질수록 성스러운 것으로 믿는다.

랍비가 학생들에게 물었다.

"신성한 사람이 되는 지름길은 무엇이냐?"

대부분의 학생들이 '하나님을 위하여 목숨을 바쳐야 한다.'고
대답했으며, 어떤 학생은 '항상 하나님께 기도하는 것'이라고 대
답했다. 그야말로 각양각색의 대답이 나왔다.

랍비가 말했다.

"그것은 어떤 것을 먹느냐와 '야다', 즉 섹스를 어떻게 하느냐에

달려 있다."

학생들이 웅성거리며 말했다.

"그렇다면 돼지고기를 먹지 않거나 섹스를 하지 않는 일을 성스러운 것이라고 말씀하시는 겁니까?"

"유대인이라면 누구나 안식일을 지키고, 하나님을 위하여 목숨을 바치며, 하나님께 기도 드린다. 그리고 돼지고기도 먹지 않고, 야다 즉 섹스도 안식일에는 절제하는 것으로 되어 있다. 그렇지만 자신의 집에서 무엇을 먹는지는 남들이 보지 않기 때문에 전혀 알 수가 없다. 아무도 보지 않기 때문에 집에서 계율에 위배되는 식사를 해도 누구도 알 수 없다. 야다 또한 남들이 보지 않는 가운데 행하므로 남들은 알지 못한다.

따라서 집에서 무엇을 먹을 때와 야다를 할 때는 오로지 그 사람의 자율에 맡겨진 상태이므로 천사처럼 행동하거나 동물처럼 행동하거나 자유다.

그런 때 인간은 동물과 천사 어느 쪽에도 해당될 수 있다. 즉, 자신의 품위를 높일 수 있는 사람이야말로 진정 누구보다 빨리 신성한 사람이 될 것이다."

감사하는 마음

◆ ◆ ◆

이 세상 최초의 인간 아담은 빵 하나를 만들어 먹기 위하여 얼마나 많은 일을 해야 했을까?

밭을 갈고, 씨앗을 뿌리고, 잡초를 뽑고, 곡식을 거둬들이고, 빻아서 가루로 만들고, 반죽을 하고, 굽는 등 열다섯 단계의 과정을 거쳐야만 했다.

그런데 지금은 돈만 있으면 빵집에 가서 만들어 놓은 빵을 얼마든지 사 올 수 있다. 옛날에는 한 사람이 해야 했던 열다섯 단계의 일을 지금은 여러 사람이 나누어 하고 있다. 따라서 빵을 먹을 때는 많은 사람들에게 감사하는 마음을 가져야 한다.

또 몸에 걸칠 옷 하나를 만들기 위해서도 얼마나 많은 노력을 기울여야 하는지 모른다. 양을 키우고, 털을 깎고, 실을 만들고, 옷감으로 짜고, 그것을 다시 옷으로 만들어 입기까지는 많은 어려움이 있다.

그러나 오늘날에는 돈만 있으면 옷 가게에서 마음에 드는 옷을 얼마든지 사 입을 수 있다. 과거에는 혼자 해야 했던 일들을 지금은 여러 사람이 나누어 하고 있다.

때문에 옷을 입을 때도 여러 사람들에게 감사하는 마음을 잊어서는 안 된다.

랍비의 답변

◆ ◆ ◆

로마의 황제가 자신과 생일이 같은 이스라엘의 한 랍비와 친분을 유지하고 있었다. 양국 관계가 좋지 않을 때에도 그들 두 사람의 친분에는 변함이 없었다.

두 사람이 그렇게 절친한 사이임에도 불구하고 두 나라의 관계 때문에 의사소통에 여러 가지 어려움이 많았다. 그래서 황제는 랍비에게 무엇을 물어 보고 싶은 것이 있을 때면 심부름꾼을 보내어 그의 의견을 듣곤 했다.

어느 날, 황제가 다음과 같은 질문을 랍비에게 전했다.

"내가 꼭 하고자 하는 바가 두 가지 있다. 첫째는 내가 죽고 난 후 내 아들로 하여금 황제의 자리를 잇게 함이요, 둘째는 이스라엘의 도시 타이베리아스를 관세가 없는 자유 도시로 만드는 것이다. 그렇지만 이 두 가지 중 한 가지밖에 성공하지 못할 것 같은 예감이 든다. 두 가지를 모두 성공할 수 있는 방법이 없겠는가?"

그 당시 로마와 이스라엘은 관계가 최악의 상태였으므로 랍비는 황제의 질문에 답을 보내 줄 수가 없었다. 만일 자신이 로마 황제에게 그런 답변을 보낸 사실을 이스라엘 사람들이 알게 되면 엄청난 사태가 벌어질지도 모를 일이었다.

심부름꾼이 돌아오자 황제가 물었다.

"수고했다. 편지를 받고 나서 그가 어떻게 하더냐?"

"네! 그는 편지를 읽고 나자 자기 아들을 어깨 위에 올려놓더니 비둘기를 그 아들에게 주어 하늘 높이 날려 보내게 했습니다. 그 뿐 아무 말도 없었습니다."

황제는 랍비의 뜻을 즉각 알아들었다. 그것은 '우선 황제의 자리를 아들에게 물려 준 후에, 그 아들로 하여금 관세를 자유화하도록 하면 된다.'는 뜻이었다.

얼마 후, 황제가 랍비에게 또 질문을 보냈다.

"내 정책에 반대하는 자들이 내 마음을 괴롭히고 있다. 어떻게 하면 좋겠는가?"

랍비는 지난번처럼 아무 말도 하지 않고 뜰에 있는 밭으로 나가, 채소 한 포기를 뽑아들고 들어왔다. 그리고 잠시 후 또 한 포기를 뽑아왔고, 그런 행동을 몇 차례 반복하였다.

이번에도 황제는 즉각 랍비의 뜻을 알아냈다.

'적을 한꺼번에 뿌리 뽑을 생각을 하지 마시오. 몇 차례에 걸쳐 채소를 뽑듯이 한 명씩 제거하도록 하시오.'라는 뜻이었다.

이렇듯 인간은 자기 생각을 말이나 글에 의지하지 않고도 충분히 무언의 대화로 나타낼 수가 있다.

진정한 비즈니스
◆ ◆ ◆

히브리어로 돈을 '키소'라고 한다. 유대인들에게 있어서 돈은 인생의 목적이 아니라 수단이다. 유대인들에게 돈의 제2의 목적은 자녀를 낳아서 교육시키고, 결혼하여 가정을 가질 때까지 돌보는 수단이며, 제3의 목적은 자선을 베풀기 위함이다.

유대인들은 수입의 10% 이상을 자선을 위해 쓰고 있다. 예부터 유대인들은 돈을 벌어도 그것은 자기 것이 아니라 신 여호와에게 속하는 것이라고 생각해 왔다. 또 사업을 해서 번 돈이라 하더라도 그것은 여호와가 나에게 준 것이라고 여기고, 받은 것의 10%를 내놓는 것이라고 생각해 왔다.

그렇지만 상술은 그 발상 자체가 남다르다. '키소'라는 것이 그냥 굴러들어 오는 것이 아니라 들어오게끔 만들어야 한다는 생각을 가지고 있다. 그들은 '내가 가지고 있는 것을 필요로 하는 사람에게 파는 것은 비즈니스가 아니다. 비즈니스란, 자신이 가지고 있지 않은 것을 그것이 필요치 않은 사람에게 파는 것'이라고 말한다.

예를 들어 엽총을 가지고 싶어 하는 에스키모에게 자기가 사서 가지고 있는 엽총을 파는 것은 비즈니스가 아니다. 그것은 너무나 쉬운 것으로 누구나 할 수 있는 일이다. 진정한 비즈니스란 필요치 않을 것이라고 생각했던 사람에게 물건을 팔아 그 사람이 만족해야 비로소 비즈니스의 목적을 달성하는 것이다.

유대인들은 비즈니스를 통해 지독하게 돈을 벌지만, 그 돈은 자기 것이 아니라 단지 맡아 가지고 있는 것이라고 생각한다. 근본적으로 돈은 자신의 것이 아니라는 냉철한 생각을 하는 유대인이기 때문에 자선에도 인색하지 않다. 유대인들은 가난하거나 부유하거나 돈이 있는 것은 좋은 일이라고 말한다. 그러나 가난이 미덕이라는 사고방식은 갖지 않는다. 한 가지 특기할 만한 것은 자신을 가난하게 만들 정도로 자선을 베푸는 것을 엄격히 금한다는 사실이다.

옛날 중국의 어느 유학자는 자신이 가진 전 재산을 바다에 버린 뒤 가족들과 행복하게 지냈다는 이야기가 있는데, 이런 이야기는 유대인늘에게는 통하지 않는다. 남도 주지 않고 귀중한 재산을 버린 사람은 바보로 취급한다. 유대인에게 있어 부란, 인간이 지배해야 하는 것이며, 세상을 위해 유용하게 사용함으로써 가치가 있는 것이다.

《탈무드》에서는 갖지 않는 것보다 갖는 것이 좋다는 재산에 대하여 '재산이 늘어나면 근심도 늘어난다.'고 말하고 있다. 큰 재산을 가져 그 때문에 근심이 늘어난다고 하여 그 재산을 버리는 것은 결코 옳은 일이 아니다.

유대인들은 돈에 대해서 분명한 견해를 가지고 있다. 돈은 저주의 대상도 아니며, 악처럼 멀리할 것도 아니다. 가지고 있으면서 잘 활용만 한다면 인간을 축복해 주는 것이라고 생각한다.

《탈무드》에서는 누구나 돈을 버는 방법을 알고 있다고 말한다. 그러나 번 돈을 어떻게 써야 하는지 그 방법을 알고 있는 사람은 몇 명이나 되겠느냐고 반문한다.

인간이 돈의 주인이 되어야 한다. 이 말은 불변이다. 그럼 돈의 가치는 얼마나 될까? 그것은 자신이 땀을 흘려서 벌어 봐야 안다.

분명 돈이 인간의 전부는 아니다. 그렇지만 돈이 없으면 움직일 수가 없다. 그래서 사람들은 매일 돈을 좇아 헤매고 있다. 그러나 인간이 추구해야 할 가치는 돈이 아니라 그것의 주인이어야 한다. 그렇지만 돈에 끌려다니는 경우가 있다. 돈이 없으면 돈의 주인이 되어야 할 사람의 가슴에 그만큼 근심이 쌓이기 때문이다.

성서에의 맹세

● ● ●

　두 남자가 헐레벌떡 달려오더니 랍비를 찾았다. 두 사람의 관계는 돈을 빌려주고 빌린 채권, 채무자의 관계라고 했다. 그런데 돈을 갚을 날짜가 되자 빌려준 사람은 5천만 원을 주었다고 하는데, 빌린 사람은 2천만 원밖에 빌리지 않았다고 주장하는 바람에 랍비를 찾아왔다고 했다.

　랍비는 어느 쪽이 거짓말을 하고 있는가를 알아내야 했다. 그래서 먼저 한 사람씩 따로 만나 이야기를 들은 다음, 두 사람을 같이 오라고 하여 셋이서 이야기를 나누었다. 그리고 이튿날 아침에 판결을 내리기로 약속했다.

　두 사람이 돌아간 후, 랍비는 서재에 있는 여러 가지 책을 들춰보며 5천만 원을 빌려주었다고 주장하는 사람과 2천만 원밖에 빌려가지 않았다고 주장하는 사람의 심리 상태가 어떤지 연구했다. 물론 증거가 있다면 분쟁이 일어났을 리도 없겠지만, 유대인 사회에서는 친구 사이에 돈을 빌려주고 빌려갈 경우에 증서를 작성하지 않는 관습이 있어 누가 거짓말을 하고 있는지 확인할 방법이 없었다.

　랍비는 2천만 원밖에 빌리지 않았다고 주장하는 남자가 어차피 거짓말을 하기로 작정했다면, 한 푼도 빌리지 않았다고 주장해도 마찬가지일 텐데, 하고 생각했다. 그와 동시에 5천만 원을 빌려주지 않고서도 빌려주었다고 주장하는 행위 역시 같은 경우가 된다고 여겨졌다.

그런데 《탈무드》에 다음과 같은 가르침이 있었다.

거짓말쟁이가 거짓말을 할 때에는 철저하게 한다. 만일 어떤 사람이 그에게 불리한 사실을 이야기한다면 그 말에는 어느 정도 정직성이 있다고 보아야 한다. 아직 그에게는 다소나마 정직함이 남아 있기 때문이다. 따라서 당사자 두 사람이 모이면 그 거짓말하는 정도는 가벼워진다.

랍비는 5천만 원을 빌려왔는데 막상 상환일까지 2천만 원밖에 준비되지 않았을 경우, 2천만 원밖에 빌려가지 않았다고 억지를 쓸 수도 있다고 생각했다. 하지만 5천만 원을 빌려주었다고 주장하는 편 역시 거짓된 주장을 하고 있을지도 모를 일이었다.

그래서 랍비는 우선 2천만 원밖에 빌려가지 않았다고 주장하는 남자를 불러 빌린 돈이 정확히 얼마냐고 물었다. 남자는 분명히 2천만 원밖에 빌리지 않았다고 대답했다.

"당신에게 5천만 원을 빌려준 친구는 상당한 부자이므로 그 돈이 꼭 필요한 것은 아니오. 이래도 당신은 2천만 원밖에 빌리지 않았다고 주장하겠소?"

다시 다그쳐 물어보아도 남자는 여전히 그렇다고 대답했다.

랍비는 마지막으로 교회에 가서 《구약성서》에 손을 얹고 2천만 원밖에 빌리지 않았음을 맹세할 수 있느냐고 물었다. 그제야 그 남자는 몹시 곤혹스러워하면서 5천만 원을 빌렸다고 고백했다.

유대인이 아닌 사람은 이 일이 상상이 안 될지 모르겠지만, 유대인 교회에서 《구약성서》에 손을 얹고 맹세한다는 건 매우 중요한 일이다.

《구약성서》에 손을 얹고 거짓 맹세를 할 수 있는 사람은 직업적인 범죄자밖에 없다. 다만《성서》는 매우 귀중한 것이므로 중요한 문제가 아니면 이 방법을 웬만해선 사용하지 않는다.

《성서》에 손을 얹을 경우 99.8%의 인간은 절대 거짓말을 하지 않는다. 그 정도로 맹세라는 것은 중요한 일이며, 또한 두려운 일로 인식하고 있다.

현재 미국이나 유럽의 법정에서 손을 들어 맹세하는 일도 여기서 유래된 것이다.

인간의 애정

◆ ◆ ◆

이 세상에는 강한 것이 열두 가지가 있다. 돌도 그중 하나이다. 그러나 돌은 쇠를 당할 수가 없다. 돌은 쇠에 깎일 수밖에 없다. 쇠는 불에 녹아 버린다. 불은 물을 당할 수가 없다. 물은 구름에 흡수된다. 구름은 바람에 의하여 날려가고 흩어진다. 바람은 결코 사람을 날려 보낼 수 없다.

그런데 사람은 불안과 공포를 두려워하여 술로 떨쳐내려 한다. 술은 잠을 자고 나면 깨버리고, 수면은 죽음만큼 강하지 못하다. 그런데 그 죽음을 이기고 일어서는 것이 있다.

곧 인간의 애정이다. 죽음도 애정은 이기지 못한다.

축복해야 할 때
• • •

항구에 화물을 가득 실은 두 척의 배가 떠 있다. 한 척은 지금 막 출항하려는 배이고, 또 한 척은 지금 막 입항하는 배다. 그런데 출항하는 배에는 많은 사람들이 나와서 전송하고 있지만, 입항하는 배는 별로 환영하는 사람이 없다.

《탈무드》에 의하면 이와 같은 행동은 매우 어리석은 관습이다. 출항하는 배의 미래는 누구도 알 수 없다. 항해 중에 풍랑을 만나 침몰할지도 모른다. 그것을 왜 성대하게 전송한단 말인가? 오랜 항해 끝에 무사히 임무를 마치고 입항하는 배야말로 성대한 환영을 받아 마땅할 것이다.

인간 만사가 이와 마찬가지다. 이제 갓 태어난 아기에게는 모두가 축복을 아끼지 않는다. 마치 출항하려는 배를 떠들썩하게 환송하는 것과 같다. 그 어린아이가 인생이라는 넓고 막막한 바다에 막 출범하는 것처럼 그의 앞길에 어떤 일이 기다리고 있는지 예측하기 어렵다. 어린아이가 병을 앓다가 죽을지도 모를 일이며, 또 흉악한 범인으로 자라날지도 알 수 없다.

하지만 인간이 죽음을 맞이하게 될 때는 살아 오는 동안 어떤 일을 했는지 누구나 알 수 있다. 그러므로 이때야말로 사람들은 죽은 자를 성대하게 축복해 주어야 한다.

유대인들의 맹세

• • •

한 아버지가 아들에게 미리 유서를 썼다.

"내 재산 전부를 아들에게 준다. 그러나 내 아들이 바보가 되기 전에는 물려줄 수 없다."

유서의 내용을 전해 듣고 랍비가 찾아와서 물었다.

"당신은 참으로 엉터리 유서를 썼군요. 당신의 아들이 바보가 되지 않는 한 재산을 물려주지 않겠다니, 대체 무슨 이유입니까?"

그러자 그 아버지는 갈대 하나를 입에 물고, 괴이한 울음소리를 내면서 마루 위를 엉금엉금 기어다녔다.

그 행동은 자기 아들에게 아이가 생기면 그때 재산을 물려주겠다는 뜻이었다.

'어린아이가 태어나면 인간은 바보가 된다.'는 속담은 여기에서 만들어졌다.

유대인에게 있어 어린아이는 매우 소중한 존재이며 아이를 위해 부모는 모든 것을 희생한다.

하나님은 유대 민족에게 십계명을 내리실 때, 그들로부터 반드시 그것을 지키겠다는 맹세를 받으려 하였다. 때문에 유대인들은 먼저 그들의 위대한 조상인 아브라함과 이삭과 야곱의 이름을 들어 반드시 십계명을 지키겠노라고 맹세했다. 하지만 하나님은 허락하지 않았다. 그러자 앞으로 모을 모든 부富를 걸어 맹세했지만 역시 허락하지 않았다. 이번에는 유대인 중 모든 철학자의 이름을 들어 맹세했지만 이때도 하나님은 허락하지 않았다.

맨 마지막으로 유대인들이 그 십계명을 그들의 자식들에게 반드시 전해 주겠다고 어린아이들을 내세워 맹세하자 하나님은 그제야 승낙하였다.

더 큰 값어치

• • •

《구약성서》에는 하나님께서 아담의 갈비뼈를 뽑아 인류 최초의 여성 이브를 만들었다고 기록되어 있다.

어느 날, 로마 황제가 한 랍비의 집을 방문하여 물었다.

"하나님은 도둑이나 다름없다. 남자가 잠자고 있을 때 그의 갈비뼈를 몰래 훔쳐가지 않았는가?"

그러자 옆에서 듣고 있던 랍비의 딸이 답변을 하고 나섰다.

"황제 폐하, 폐하의 부하 한 사람만 제게 보내 주십시오. 좀 곤란한 문제가 생겼는데 그것을 알아보고자 하옵니다."

"그야 어렵지 않지. 그런데 네가 말하는 난처한 문제가 무엇이냐?"

"실은 어젯밤 저희 집에 도둑이 들었는데 금고를 훔쳐갔습니다. 그런데 그 도둑이 금고를 가져간 대신 황금 항아리를 놓고 갔습니다. 이것이 난처한 일이 아니고 무엇이겠습니까? 그래서 그 까닭을 알아 보고자 합니다."

"흠, 거 참 부러운 일이로다. 그런 일이라면 군이 조사할 필요가 있겠느냐? 그런 도둑이라면 나도 맞아봤으면 좋겠다."

황제의 말이 끝나자 랍비의 딸이 결론을 내렸다.

"그것은 하나님께서 갈비뼈 한 개를 가져가신 대신 그 이상의 값어치가 있는 보물, 즉 여자를 세상에 남기신 것과 같습니다."

황제는 아무 말도 하지 못했다.

개의 매장

• • •

어떤 집에서 개를 기르고 있었다.

그 집의 가족들은 개를 아주 귀여워했다. 그중에서도 어린아이들이 유난히 더 개를 귀여워해서 잘 때도 자신들의 침대 밑에 재우며 함께 생활했다.

그러던 어느 날, 개가 죽고 말았다. 아버지는 언젠가 개는 죽게 마련이니까 어쩔 수 없는 노릇이라고 말했다. 아이들은 형제처럼 소중히 여기던 개였으므로 뒤뜰에다 묻어 주었으면 좋겠다고 했다.

그러나 그 의견에 아버지가 반대하여 가족들 사이에 큰 논쟁이 벌어졌다. 원만하게 합의가 이루어지지 않자 아버지는 랍비에게 상담을 청했다. 그는 먼저 유대의 전통에 개를 매장하는 의식이 있느냐고 물었다.

랍비는 그 물음을 받고 매우 당황했다. 지금까지 많은 상담을 받아왔지만 개에 관한 상담은 처음이었기 때문이다. 랍비의 머릿속에 맨 먼저 떠오른 것은 슬퍼하고 있을 아이들의 모습이었다.

랍비는 그 집을 방문하기로 했다. 랍비는 그런 이야기를 전화로 하지 않는다. 상대방을 직접 만나 이야기하는 것이 관례로 되어 있기 때문이다.

그 집을 방문하기 전에 랍비는《탈무드》를 꺼내어 개의 매장에 관한 전례가 있는지 찾아보았다. 마침 좋은 이야기가 있었다.

어느 집 부엌에 우유가 놓여 있었는데 뱀 한 마리가 그 속으로 들어갔다. 옛날 이스라엘의 농촌에는 뱀이 많았다. 그런데 그 뱀이 독사였기 때문에 뱀의 독이 우유 속에 녹아들기 시작했다. 개만이 그 사실을 알고 있었다.

가족이 그 우유를 잔에 따르려 하자 개가 무섭게 짖어댔다. 그러나 가족들은 개가 왜 그렇게 심하게 짖어대는지 몰랐다. 마침내 한 사람이 그 우유를 마시려 하자, 개가 갑자기 덤벼들어 우유를 엎지르더니 그 우유를 핥아먹고는 그 자리에서 죽어버렸다. 그제야 가족들은 우유 속에 독이 들어있었다는 것을 알았다. 그 개는 죽었지만 주인과 사람들에게 많은 칭찬을 받았다.

랍비는 그 집에 가서《탈무드》에서 읽은 개 이야기를 가족들에게 들려주었다. 그러자 아버지의 반대는 조금 누그러졌고, 마침내 아이들의 뜻에 따라 뒤뜰에 묻히는 것을 허락해 주었다.

지도자의 자질

◆ ◆ ◆

항상 머리에 의해 끌려다니기만 하던 뱀의 꼬리가 머리에게 불평을 늘어놓았다.

"왜 나는 항상 너의 뒤에 붙어 끌려다녀야만 하지? 어째서 너는 내 의견을 묻지도 않고 네 마음대로 방향을 결정하는 거냐? 이건 공평하지 않아. 나도 뱀의 일부분인데 노예처럼 끌려다니기만 하는 것은 불공평하잖아!"

뱀의 머리가 말하였다.

"아니, 그걸 말이라고 하는 거냐? 너한테는 앞을 볼 수 있는 눈도 없고, 위험한 소리를 들을 수 있는 귀도 없고, 행동을 결정할 수 있는 생각도 없잖아? 나는 내 자신을 위해서 너를 끌고 다니는 게 아니라 너도 나의 일부이기 때문에 끌고 다니는 거야."

꼬리가 비웃으며 말했다.

"그따위 말은 지금까지 귀가 아프도록 들었다. 독재자나 폭군들은 모두가 자신을 따르게 하려고 그럴듯한 구실을 핑계 삼아 권력을 멋대로 휘두르며 폭력까지 행사한단 말이야."

그러자 뱀의 머리가 제안했다.

"그럼 꼬리야, 내가 하는 일들을 네가 맡아서 해 보렴."

꼬리는 몹시 기뻐했다. 그래서 당장 앞으로 나아가 움직이기 시작했다. 그런데 얼마 가지 못해 개울로 굴러 떨어지고 말았다.

꼬리가 빠져나오려고 애를 쓰면 쓸수록 더 깊은 곳으로 빠져들어 나중에는 아무런 대책을 세울 수 없었다. 하는 수 없이 머리가 나서서 이리저리 생각하고 고생한 덕분에 간신히 다시 기어나왔다.

뱀의 꼬리는 다시 몸을 끌고 움직이기 시작했다. 그러나 얼마 가지 못하고 이번에는 가시덤불 속으로 들어가 버렸다.

빠져나오려고 버둥거리면 버둥거릴수록 가시덤불에 더 깊이 박혀 마침내는 움직일 수조차 없게 되었다.

이번에도 머리가 애를 써서 다시 빠져나왔지만 온 몸이 상처투성이였다.

다시 꼬리가 앞장서서 기어가기 시작했다. 그런데 이번에는 산불이 나서 활활 타오르고 있는 곳으로 기어들어 가고 말았다. 온 몸이 뜨거워지기 시작했고, 다급해진 머리가 최선을 다해 달아나고자 노력했지만 때는 이미 늦었다. 결국 몸은 불에 탔고 머리도 함께 죽어버렸다. 무모한 꼬리 때문에 머리까지 파멸하고 만 것이다.

사람도 지도자를 잘 선택해야지 뱀의 꼬리처럼 우둔한 자를 택하면 모두 죽고 만다.

인간의 삶

◆ ◆ ◆

매우 마음씨 좋은 부자가 있었다. 그는 배를 타고 자신에게서 떠나는 노예에게 많은 물건을 주면서 말했다.

"이제부터 너는 자유의 몸이다. 네가 가고 싶은 곳으로 가서 그곳에서 이 물건들을 팔아 행복하게 살아라."

배는 넓은 바다로 나갔으나 그만 폭풍을 만나 침몰되고 말았다. 배에 실었던 물건들은 모두 물에 빠졌고, 노예는 겨우 목숨만 건져 가까운 섬으로 헤엄쳐 갔다. 그는 모든 것을 잃었기 때문에 고독과 슬픔에 잠겨 있었다.

그는 옷도 걸치지 못한 채 벌거벗은 몸으로 섬 안의 마을로 들어갔다. 그런데 마을 사람들이 모두 달려나와 '우리의 왕!'이라고 외치며 그를 기쁘게 맞아 주었다. 그리고 궁전으로 안내하여 진짜 왕으로 받들었다.

그는 화려한 궁전에서 살게 되니 마치 꿈을 꾸고 있는 듯했다. 그런 현실이 믿어지지 않아 사람들에게 물었다.

"아무리 생각해봐도 알 수 없는 노릇이야. 내가 이곳에 벌거숭이로 들어왔는데 사람들이 나를 왕으로 받들어 주다니. 도대체 그 이유가 무얼까?"

그러자 한 사람이 말했다.

"우리들은 살아 있는 인간이 아니라 영혼들입니다. 그래서 매년 한 번씩 살아 있는 한 사람이 이곳으로 와서 우리의 왕 노릇을 해주기를 고대하고 있지요. 그렇지만 이 점만은 염두에 두셔야 할 겁니다. 왕께서는 만 1년이 지나면 이곳으로부터 추방되어 생명체도 없고 먹을 것도 하나 없는 황무지로 혼자 보내지게 된다는 것을……."

왕이 된 노예는 그 사람에게 감사했다.

"그게 사실이라면 지금부터 1년 후를 대비하여 여러 가지 준비를 하지 않으면 안 되겠군."

그리하여 그는 사막과도 같이 황량한 땅을 일구고 꽃과 과수를 심음으로써 1년 후에 있을 추방에 대비하기 시작했다.

마침내 1년이 되자 그는 예정대로 추방되었다. 그는 그곳에 도착할 때와 다름없이 벌거벗은 몸으로 황무지를 향해 떠나야 했다.

그가 황무지에 도착해 보니 들에는 채소가 자라고, 아름다운 꽃들도 피어 있었다. 나무에는 과일들도 주렁주렁 매달려 있었다. 그곳은 이미 황량한 곳이 아니었다. 또 그보다 먼저 추방되었던 사람들이 그를 따뜻하게 맞아 주었다. 그는 그곳에서 또다시 행복한 나날을 보낼 수 있었다.

이 이야기에는 여러 가지 의미가 있다. 처음의 부자는 자애로운 하나님의 상징이며, 노예는 인간의 영혼을 상징한 것이다. 그리고 노예가 처음 도착해서 왕이 된 섬은 이 세상을 상징한 것이고, 그 섬의 사람들이 만 1년 후에 추방되어 간 곳은 '사후 세계'의 상징이다. 그곳 섬에 피어난 아름다운 꽃들과 주렁주렁 달린 과일들은 그가 미리 베푼 '선행'의 결과였다.

삶의 이치

◆ ◆ ◆

여우 한 마리가 포도밭 주변을 왔다갔다하면서 어떻게든 포도밭으로 들어가려고 애쓰고 있었다. 하지만 도무지 울타리를 뚫고 들어갈 방법이 없었다. 궁리에 궁리를 거듭하는 중에 아무것도 먹

지 못한 여우는 살이 홀쭉하게 빠져 울타리 틈새를 뚫고 들어가는
데 성공했다.

포도밭에 들어간 여우는 맛있는 포도를 실컷 따 먹었다. 하지
만 막상 포도밭에서 나오려 하자 배가 불러 도저히 빠져나올 수가
없었다. 여우는 또다시 사흘 동안을 굶어 몸을 홀쭉하게 만들어서
간신히 빠져나왔다. 그리고 투덜거렸다.

"결국 배고프기는 들어갈 때나 나올 때나 마찬가지군."

인간도 이와 마찬가지로 누구나 빈손으로 왔다가 빈손으로 가
게 마련이다.

사람이 죽으면 가족과 재산과 선행 등 세 가지를 세상에 남기게
된다. 이 세 가지 중 가장 중요한 것은 선행이다.

복수와 증오

•••

어떤 사람이 이웃에게 가서 낫을 빌려달라고 했으나 이웃 사람
은 싫다고 거절했다.

얼마 후 그 이웃 사람이 찾아와 말을 좀 빌려달라고 했다. 그러
자 지난 일을 핑계로 거절했다.

"당신은 낫을 빌려주지 않았는데 내가 말을 빌려줄 것 같소?"

이것은 복수다.

어떤 사람이 이웃에게 낫을 빌려달라고 하자, 그 이웃 사람은
안 된다고 거절했다.

얼마 후 반대로 그 이웃 사람이 그에게 찾아와 말을 빌려 달라고 했다. 그러자 그는 이렇게 말하면서 빌려 주었다.

"자네는 내게 낫을 빌려주지 않았지만 나는 말을 빌려주겠네."

이것은 증오다.

부부 화해법

◆ ◆ ◆

외국에 주둔하고 있는 미군 부대에는 많은 수의 랍비가 군목軍牧으로 있다.

그들은 대부분 신학교를 갓 졸업한 젊은이들이다. 때문에 그들은 어떤 문제가 생기면, 장로와 같은 위치에 있는 나이 든 랍비에게 찾아가 의견을 묻거나 전화를 한다.

어느 날 젊은 랍비가 부부싸움을 한 뒤 나이 든 랍비를 찾아왔다. 나이 든 랍비는 그 부부에게 다른 랍비와 함께 이야기를 들어도 괜찮겠냐고 물어 승낙을 얻었다.

부부간의 문제를 들을 때는 남편과 아내가 맞닥뜨리면 싸움만 하게 되므로, 두 사람을 따로 떼어놓고 들어야 한다.

한 사람씩 따로 만나 이야기를 들어보면, 서로 배우자를 소중히 생각하고 있다는 사실을 알 수 있다. 그래서 인내심을 가지고 대하면 대개의 경우 해결점을 찾게 된다.

나이 지긋한 랍비는 한 젊은 랍비와 함께 남편의 이야기를 다 듣고 그의 주장을 모두 인정했다. 다음은 아내의 이야기를 다 들고 그녀의 말이 모두 옳다고 찬성했다.

그들 부부가 돌아간 뒤 나이 든 랍비는 동석했던 랍비에게 물었다.

"자네라면 어떻게 판결하겠는가?"

"저는 전혀 이해가 가지 않습니다. 선생님은 남편의 말을 들었을 때도 그의 말이 전부 옳다고 인정하시더니, 아내의 말을 들었을 때에도 역시 전부 옳다고 인정하셨습니다. 두 사람이 전혀 다른 주장을 내세우고 있는데 어째서 두 사람의 주장이 다 옳다고 할 수 있습니까?"

나이 든 랍비는 젊은 랍비의 지금 이야기가 가장 옳다고 말했다.

그렇다면 나이 많은 랍비를 줏대 없는 사람이라고 생각할 것인가?

여러 사람들이 어떠한 문제를 가지고 찾아 왔을 때, "당신은 옳고 저 사람은 틀렸다." 하는 식으로 잘라서 판결해서는 안 된다. 그러면 그들의 마찰을 더욱 크게 만들지도 모른다. 이럴 경우에는 먼저 쌍방의 흥분 상태를 안정시켜야 한다. 그러니까 쌍방의 주장을 모두 수긍해 줌으로써 서로가 냉정을 되찾아 평정된 상태라야 화해할 수 있는 것이다.

따라서 이러한 문제가 발생했을 때는 상대방의 이야기를 잘 들어 주는 것이 해결의 단서가 되는 것이다.

축복의 말

...

랍비와 의사 그리고 환자, 세 사람이 함께 병실에 있었다. 환자는 중상을 입고 심한 내출혈로 고통스러워하다가 마침내 의식불명 상태에 빠져 버렸다. 주위는 역한 냄새로 가득 차 있는 가운데 의사는 환자의 생명을 구하기 위해 애를 쓰고 있었다.

환자는 수혈을 멈추면 생명이 끊어져 버릴 상태였기 때문에 의사는 거의 체념한 얼굴로 랍비에게 물었다.

"랍비님은 지금 무슨 생각을 하고 계십니까?"

"예, 나는 지금 환자의 출혈이 너무 심해서 생명이 위독하다고 생각하고 있습니다."

잠시 후 수혈을 멈추자 마침내 환자는 죽었다. 의사는 허탈감에 빠져 랍비에게 도움을 청했다.

랍비는 《탈무드》에 나오는 이야기를 해주었다.

"유대인은 왕을 만날 때나, 식사를 할 때나, 떠오르는 해를 볼 때나 모든 경우에 축복의 말을 합니다. 심지어 화장실에 갈 때도요."

의사가 다시 물었다.

"그럼 화장실에 갈 때면 어떤 축복의 말을 하십니까?"

"사람의 몸은 뼈와 살과 그 밖의 여러 기관으로 이루어져 있습니다. 한데 몸 안에서 닫혀야 할 것은 닫혀야 하고, 열려야 할 것은 열려야 합니다. 만약 그것이 반대로 되면 안 되기 때문에 나는 언제나, '열려야 할 것은 열어 주시고, 닫혀야 할 것은 닫아 주옵소서.'라고 빌고 있습니다."

그러자 의사가 말했다.

"그 기도문은 인체 해부학에 정통한 사람의 말과 똑같군요."

우는 이유

• • •

외국의 한 도시에 예의 바르고 평판이 좋은 유대인이 살고 있었다. 그는 자선을 많이 베풀어 칭찬이 자자했으나 유대인 공동체엔 소극적이었다. 랍비가 식당에서 그와 같이 식사를 하게 되었다.

유대인들은 신분이나 직업에 따라 인사하는 스타일이 각기 다르다. 장사를 하는 사람을 만나면 "요즈음 사업이 잘 됩니까?" 하는 질문을 하고, 랍비를 만나면 "요즘 재미있는 책을 읽으셨습니까?" 또는 "요즈음 재미있는 생각을 많이 하셨습니까?" 하는 식으로 묻는다. 공부하는 것을 직업으로 삼고 있는 랍비는 누구를 만나든 항상 유익한 이야기를 할 수 있도록 늘 머릿속에 여러 가지 이야기를 가득 담고 다닌다.

아니나 다를까, 그는 랍비를 만나자 요사이 재미있는 책을 많이 읽었느냐고 물었다.

"네, 《탈무드》에서 아주 재미있는 이야기를 읽었습니다. 당신도 그 부분을 꼭 읽어 보십시오."

그러고는 다음과 같은 이야기를 들려주었다.

한 훌륭한 랍비가 있었다. 그는 언행이 고결하고 친절하고 자애로워 사람들부터 존경을 받았다. 주의력 또한 세심하였고, 하나님을 공경하는 마음도 깊었다. 길을 걸을 때에는 한 마리의 개미도 밟지 않도록 조심해서 걸었고, 하나님께서 창조하신 작품을 조금이라도 깨뜨리지 않기 위해서 늘 신중하게 생활했다. 물론 그의 제자들도 그를 대단히 존경하고 있었다.

80세가 넘은 그는 몸이 쇠약해져 죽음이 가까이 오고 있음을 느꼈다. 제자들이 찾아와 안타까워하자 그는 갑자기 눈물을 흘렸다.

제자들이 놀라 물었다.

"선생님, 왜 우십니까? 선생님께서는 공부하지 않은 날이 단 하루도 없었고, 저희들을 열심히 가르치지 않은 날 또한 단 하루도 없었습니다. 또 자비를 베푸시지 않은 날이 단 하루라도 있었던가요? 때문에 선생님께서는 이 나라에서 가장 존경받으시는 훌륭한 분입니다. 더구나 정치와 같은 더러운 세계에는 단 한 번도 발을 들여놓으신 적이 없습니다. 그런 선생님께서 눈물을 흘리시다니 무슨 까닭입니까?"

랍비가 말했다.

"바로 그렇기 때문에 울고 있는 것이다. 마지막 순간에 '너는 공부를 했느냐?', '하나님께 기도를 했느냐?', '너는 자선을 베풀었느냐?', '너는 행실을 바르게 했느냐?'라고 묻는다면 나는 모두 '네.' 하고 대답할 수 있다. 그러나 '너는 평범한 인간 생활에 어울려 본 적이 있느냐?'고 묻는다면 '아니오.'라고 할 수밖에 없다. 그래서 울고 있는 것이다."

랍비는 자신만의 사업에는 성공했지만, 유대인 사회에는 얼굴조차 내놓으려고 하지 않는 예의바른 그 유대인에게 《탈무드》의 이야기를 해주었다. 그리고 당신도 지금부터는 유대인 사회에 참여하는 것이 어떻겠냐고 권유했다.

제3장

탈무드의 이성·머리

생명의 바다

• • •

유대인들은 세계의 많은 민족들 중에서 자선을 가장 중요시한다. 그러나 오늘날에는 많은 유대인들이 누가 권하지 않으면 베풀지 않는 것을 볼 수 있다. 그때마다 랍비는 다음과 같은 이야기를 한다.

이스라엘 요단강 근처에 두 개의 큰 호수가 있다. 하나는 '사해死海'요, 다른 하나는 히브리어로 '살아 있는 바다生海'라는 뜻을 가진 호수다. 죽음의 바다 '사해'에는 밖에서 물이 들어오지만 다른 데로 나가지는 않는다. 한데 '살아 있는 바다'는 한쪽에서 물이 들어오면 다른 한쪽으로는 흘러 나간다.

자선을 베풀지 않는 사람은 사해와 같다. 돈이 들어오기만 하고 나가지 않는다. 하지만 자선을 베푸는 사람은 '살아 있는 바다'와 같다. 즉 돈이 들어오고, 또 나가기도 한다. 사람은 누구나 '살아 있는 바다'가 되지 않으면 안 된다.

황새와 사자 이야기

◆ ◆ ◆

언젠가 A나라에서 B나라로 온 유대인과 랍비가 이야기를 나누었다. 이주해 온 유대인들 가운데는 A나라 편이 되어 B나라를 싫어하거나, 또는 그 반대 현상을 보이거나, 두 나라를 다 싫어하거나, 혹은 두 나라를 다 좋아하는 등 갖가지 타입의 사람이 있게 마련이다.

예의 유대인은 전시에 B나라가 A나라를 점령했을 때 유대인을 학대했다고 해서 B나라에 대해 좋지 않은 감정을 가지고 있었다. 그 당시 유대인들은 특별 거주 지역이 지정되어 집단으로 갇혀 있어야 했고, B나라 경비병에게 감시까지 당했다. 유대인들은 자주 구타당하고, 전염병으로 많은 친지들이 죽기도 했고, 식량 사정이 나빴기 때문에 괴로운 추억을 갖고 있는 사람들이 많았다.

"유럽에서는 6백만 명 가량의 유대인이 학살되었습니다. 전시의 유럽에 있었던 유대인만큼 비참한 사람들도 없었지요. 현재 당신이 B나라에 와 나에게 전쟁 중에 괴로웠던 이야기를 하고 있는데, 이것은 당신이 살아 있다는 증거가 아니겠습니까?《탈무드》에는 이런 이야기가 있습니다."

랍비는 목에 뼈가 걸린 사자 이야기를 했다.

사자는 목에 뼈가 걸리자 누구든 자기 목에
서 뼈를 꺼내 주는 자에게 큰 상을 주겠다
고 말했다. 그러자 황새가 날아와서
제 머리를 사자의 입속에 들이밀고 긴
부리를 이용하여 뼈를 꺼내 주고 나서 물
었다.

"사자님, 제게 어떤 상을 내리시겠습니까?"

그러자 사자는 황새를 노려보며 말했다.

"내 입속에 머리를 넣고도 살아나온 그것이 바로 상이다. 그렇
게 위험한 지경에서도 살아서 돌아간다는 건 큰 자랑이 될 것이니
그보다 더 큰 상이 어디 있겠느냐?"

불공정 거래

* * *

한 상인이 랍비를 찾아와 다른 상점에서 물건을 부당하게 싸게
팔아 자기네 손님을 빼앗아 가고 있다고 호소했다.

《탈무드》에는 부당 경쟁에 대한 이야기가 꽤 많이 적혀 있다. 하
지만 랍비는 그때까지 《탈무드》 안에 그런 기록이 있다는 사실을
전혀 모르고 있었다. 그래서 일주일 동안 《탈무드》를 연구한 다음

판결을 내려주기로 했다. 《탈무드》에는 다음과 같은 기록이 있다.

어떤 상품을 취급하고 있는 상점의 이웃에 똑같은 상품을 파는 가게를 차려서는 안 된다. 그러나 기왕 두 가게가 있는데 한 가게에서 튀긴 옥수수, 즉 팝콘 같은 것을 끼워 경품으로 준다면 어떻게 될까? 비록 하잘것없는 경품이지만 아이들이 이것을 좋아하여 그 가게로만 몰린다면 그에 대한 여러 가지 논의가 있을 수 있다.

어떤 랍비는 값을 내려서 경쟁하는 것은 물건을 사는 고객에게 이익이 되므로 좋지 않느냐고 한다. 또 다른 랍비는 손님을 끌기 위하여 값을 내려 팔거나 경품을 붙여 팔거나 하는 것은 정당치 못한 행위라고 말한다.

대다수 랍비들은 값을 내려 싸게 파는 것은 불공정한 거래가 될 수 없다는 데에 의견이 일치했다. 물건을 사는 고객에게 이익이 된다면 그것은 좋지 않느냐는 결론을 내린 것이다.

일주일 후, 다시 찾아온 상인에게 랍비는 납득이 가도록 설명해 주었다.

"물건을 훔치는 행위는 분명히 금지되어 있지만, 물건의 값은 얼마를 싸게 팔든 정당한 행위입니다."

소비자가 이득 본다면 바람직한 일인 것이다.

형제애

◆ ◆ ◆

어떤 형제가 어머니의 유언을 놓고 재산 싸움을 하고 있었다.

그들이 주장하는 유언 해석에는 각기 일리가 있었다.

　형제는 어렸을 때부터 전쟁을 피해 독일, 러시아, 만주 등지로 피신해 다니며 자랐기 때문에 우애가 두터웠다. 그런데 어머니의 유언을 둘러싸고 서로 헐뜯고 반목하여 형제의 정을 저버릴 지경에 이르고 말았다. 그들 형제는 서로 말도 않고, 같이 앉아 있으려고도 하지 않았다.

　그러던 어느 날, 그들은 따로 랍비에게 와서 형은 동생을 잃었다고 한탄하고, 동생은 형을 잃었다고 탄식했다. 그들은 서로 싸울 생각은 조금도 없다고 말했다.

　그로부터 얼마 후, 미국의 한 클럽에서 회합이 있었는데 형제를 만난 랍비가 회합의 강연을 맡게 되었다. 그래서 랍비는 주최자에게 두 형제가 서로 모르게 각각 초대해 달라고 부탁했다.

　평소 같았으면 두 사람은 얼굴을 마주치자마자 등을 돌리고 돌아섰겠지만, 그때만은 초대자의 체면 때문에 자리에 함께 앉아 있었다.

　랍비는 인사를 끝내고 다음과 같은 《탈무드》의 이야기를 시작했다.

　이스라엘에 두 형제가 살고 있었다. 형은 결혼하여 아이까지 낳았고, 동생은 아직 미혼이었다. 두 사람 다 부지런한 농부였다. 아버지가 돌아가시자 그 재산을 둘이 나누었다.

　형제는 사과와 옥수수를 수확하자 그것을 공평하게 반으로 나누어 각자 자기의 창고에 넣었다. 그런데 동생에게 이런 생각이 들었다.

'형에게는 형수와 조카가 있어서 생활이 어려울 거야. 내 몫을 좀 갖다 드리는 게 좋겠어.'

동생은 남들의 눈에 띄지 않게 밤에 자기의 옥수수 중에서 상당한 양을 형의 창고에 갖다 놓았다.

또 한편, 형도 이런 생각을 했다.

'나는 아내와 아이가 있으니까 걱정 없지만 동생은 독신이니까 노후를 위하여 비축을 해 두어야 할 거야.'

그래서 형도 자기 창고의 곡물을 동생의 창고에 옮겨다 놓았다.

아침이 되어 형과 동생은 각각 자신의 창고에 가 보았다. 그런데 수확물이 어제와 똑같이 조금도 줄지 않고 그대로 있었다.

그다음 날, 형과 동생은 또다시 곡물을 상대방의 창고로 나르다가 도중에 마주치고 말았다. 두 형제는 서로 얼마나 깊이 염려하고 소중히 생각하는지 알게 되었다. 형제는 서로 부둥켜안고 감격의 눈물을 흘렸다.

그 장소는 지금도 예루살렘에서 가장 고귀한 곳이라고 전해지고 있다.

랍비는 강연에서 형제의 사랑이 얼마나 소중한 것인가를 강조했다. 그 결과 두 형제의 오랜 동안의 불화는 서로 화해함으로써 풀렸다.

증오

• • •

유대인들은 오랜 세월에 걸쳐서 박해와 죽임을 당해온 민족이지만 그들의 책에는 어디에도 증오를 말한 흔적이 없다. 이것은 유대인들이 과격한 증오를 품지 못하는 뿌리를 가지고 있다는 증거라 하겠다.

나치 독일에 의하여 6백만 명이라는 엄청난 숫자의 유대인이 학살된 바 있으나 독일인을 저주하는 책은 단 한 권도 없다. 또한 아랍인들과 전쟁하고 있으나 그들을 미워하지도 않는다. 그리고 기독교도로부터의 박해도 적지 않았지만 그들을 미워하지 않는다.

따라서 셰익스피어의 《베니스의 상인》에서 증오심에 가득 찬 유대인 샤일록이 '만일 돈을 갚지 않는다면 당신으로부터 1파운드의 살을 떼어 내겠다.'고 말하는 장면은 셰익스피어에 의하여 가공된 것이며, 실제의 유대인에게는 있을 수 없는 이야기다.

베드로가 바울에 대해서 한 이야기는 바울이 어떤 인물인가를 보여주는 것이 아니라, 베드로 자신이 어떤 인물인가를 말한 것이다. 마찬가지로 《베니스의 상인》은 기독교 신자인 셰익스피어의 기독교적 사고방식이 소설에 그대로 투영된 것에 불과하다.

만일 유대 민족이 실제로 교활하고 잔인하며, 욕심 많고 정직하지 않으며, 증오심에 가득 차 있는 사람들이라면 왜 가톨릭협회에서 자금난이 생겼을 때 기독교도들을 제쳐두고 유대인들에게 협조를 구하였겠는가? 그것은 곧 유대인들이 가장 동정심이 많고 정직하며, 가장 믿을 수 있는 사람들이기 때문인 것이다.

유대인들은 따뜻한 마음을 소유한 사람들이다. 누구든 유대인을 찾아가 딱한 사정을 이야기하면 결코 그냥 거절하지 않을 것이다.

유대인들은 자신의 돈을 떼어먹는 사람이 있더라도 결코 그를 벌하는 것을 원치 않는다. 다만 돈을 돌려받는 데만 관심을 가질 뿐이다. 그러므로 그들은 돈 대신 시계나 자동차 따위를 담보 잡는 일은 있으나, 인간의 목숨을 위태롭게 하는 일은 요구하지 않는다.

《탈무드》에서 인간은 누구나 한 가족, 하나의 인체에 비교하기 때문에 '오른손이 무엇을 하다가 실수로 왼손을 다치게 하는 일이 있을지라도 왼손이 오른손에 그 앙갚음을 하여서는 안 된다.'고 쓰여 있는 것만 보아도 알 수 있는 일이다.

또한 《탈무드》에는 '담보를 잡고 돈을 꾸어 주었는데, 그 사람에게 그 담보물이 단 하나밖에 없는 유일한 물건이라면 돈을 꾸어 준 사람은 절대로 그 물건을 자기 것으로 만들면 안 된다.'고 쓰여 있다.

예를 들면, 집을 담보로 맡겼다 해도 그 돈을 꾼 사람이 길거리에 나앉게 될 사정이라면 절대로 강제 집행은 안 된다는 것이다. 또 상대방이 생계 유지를 위해 당나귀를 소유하고 있다면, 그 당나귀를 빚 대신 받을 수 없지만 사용하지 않는 밤에는 가져다가 부릴 수가 있다. 옷을 담보로 했을 경우 이스라엘의 밤은 추우므로 밤이 되면 그 옷을 되돌려 주어야 한다. 그러나 채무자가 한번 준 옷을 찾으러 가면 안 되고, 반드시 채권자가 되돌려 주기 위해 가야 한다. 자존심을 상하게 하지 않기 위해서다. 하지만 단 하나뿐인 물건이라 할지라도 사치성 물품에 한해서는 예외가 인정된다.

맹세의 편지

• • •

건강한 젊은이와 아름다운 아가씨가 살고 있었다. 두 사람은 사랑하게 되었고, 남자는 일생 동안 여자에게 성실할 것을 편지로 맹세했다. 두 사람은 행복한 나날을 보냈다.

그러던 어느 날, 남자는 여자를 남겨둔 채 여행을 떠나게 되었다. 여자는 이튿날부터 그가 돌아오기를 손꼽아 기다렸으나 웬일인지 오랫동안 기다려도 돌아오지 않았다.

그녀의 가까운 친구들은 그녀를 불쌍히 여겼고, 그녀를 시기하는 사람들은 남자가 영원히 돌아오지 않을 것이라며 비웃었다.

그녀는 남자가 일생 동안 자기에게 성실할 것을 맹세한 편지를 꺼내 읽으며 울었다. 그 편지는 실의에 빠진 그녀를 위로해 주었고, 힘이 되어 주었다.

그러던 어느 날, 그토록 그리던 남자가 돌아왔다. 여자는 자신이 겪었던 그동안의 슬픔을 이야기했다.

이야기를 다 들은 남자가 물었다.

"어떻게 그 세월을 나만을 기다리고 있었단 말이오?"

그녀는 웃으면서 대답했다.

"저는 이스라엘과 같기 때문이에요."

이스라엘 민족이 나라를 빼앗기고 떠돌던 시절 다른 나라 사람들은 유대인들을 비웃었다. 이스라엘이 독립할 날을 기다린다는 말을 듣자 사람들은 그들을 바보 취급하며 아무도 믿지 않았다. 그러나 이스라엘 민족은 교회나 학교에서 쉬임 없이 그들의 전통을 지켜 갔다. 하나님께서 그들에게 주신 거룩한 약속을 굳게 믿고 살았다. 그 결과 하나님께서는 약속을 지키셨다.

이 이야기 속의 아가씨도 남들이 비웃든 말든 남자가 편지로 맹세한 것을 굳게 믿으며 기다린 결과 그가 돌아왔으므로 '이스라엘과 같다.'는 말을 한 것이다.

버릇 고치기
• • •

아름다운 세 딸을 둔 아버지가 있었다. 그런데 그 딸들에게는 한 가지씩 결점이 있었다. 큰딸은 게으름뱅이였고, 둘째 딸은 물건을 훔치는 도벽이 있었으며, 막내딸은 남의 험담을 함부로 했다.

어느 날, 세 아들을 둔 사람이 그를 찾아와 세 딸을 자기의 며느리로 줄 수 없겠느냐고 했다. 세 딸의 아버지가 딸들에게 이런저런 결점이 있노라고 고백하자, 그 사람은 그런 정도의 흠은 자기가 책임을 지고 고칠 수 있으니 염려 말라고 했다.

그리하여 세 자매는 세 아들에게 각각 시집을 갔다.

세 며느리를 맞이한 시아버지는 먼저 게으름뱅이 며느리에게 많은 몸종을 딸려 주었다. 그리고 도벽이 있는 며느리에게는 창고의 열쇠를 내주면서 '가지고 싶은 것이 있으면 무엇이든지 마음대로 가져도 좋다.'고 했다. 또 남의 험담하기를 좋아하는 셋째 며느리에게는 매일 아침마다 일찍 일어나게 한 다음 '오늘은 누구를 헐뜯고자 하느냐?'고 물었다.

얼마 후 친정아버지가 시집간 딸들이 궁금하여 사돈네 집을 찾아왔다. 큰딸은 마음대로 게으름을 피울 수가 있어 행복하다고 했다. 둘째 딸은 갖고 싶은 것은 언제라도 마음껏 가질 수 있으므로 행복하다고 했다.

그러나 막내딸은 시아버지가 자신에게 매사를 꼬치꼬치 따지곤 하는 일이 괴롭다고 했다. 친정아버지는 두 딸의 말은 사실로 여겼으나 막내딸의 말만은 곧이듣지 않았다.

왜냐하면 막내딸은 자기 시아버지도 헐뜯고 있었기 때문이다.

말의 상처
• • •

세상의 모든 동물이 모여 뱀에게 물었다.

"사자는 사냥감을 쓰러뜨린 다음에 먹고, 늑대는 사냥감을 찢어서 나누어 먹는다. 그런데 뱀, 너는 사냥감을 통째로 꿀꺽 삼키니 이게 도대체 무슨 경우냐?"

그러자 뱀이 대답했다.

"나는 그것이 남을 헐뜯는 인간보다는 낫다고 생각해. 적어도 말로 남의 마음에 상처를 입히는 일은 하지 않으니까."

소유권

• • •

가축은 낙인을 찍어서, 시계 따위는 이름을 새겨넣어 소유권을 표시할 수 있다. 양복에는 수를 놓아 표시할 수 있고, 자동차나 집처럼 커다란 물건은 관청에 등기를 해두면 된다.

그렇지만 물건에 따라서는 소유권을 표시하는 방법도 애매하고, 그것을 증명하기도 어려운 경우가 있다. 그럴 경우《탈무드》에서는 어떻게 소유권을 판단할까?

두 사람이 극장에 갔는데 각각 다른 문으로 들어갔다. 그런데 가운데쯤에 빈자리가 하나 있어서 두 사람은 동시에 그곳으로 가 앉으려 하니 거기에 주인을 알 수 없는 지폐가 한 장 떨어져 있었다. 동시에 지폐를 본 그들은 서로 그 돈을 자기가 가져야 한다고 주장했다.

이 경우 어떻게 할 것인가?

이 문제에 대해《탈무드》는 똑같이 반씩 나누어 가져야 한다고 말하고 있지만, 그렇게 되면 그 자리는 누구도 사용할 수가 없게 된다.

그렇다고 재판을 하여 나누게 된다면 뒤에 혹은 옆에 앉아 있던 사람들도 끼어들 수 있다. 실제는 그 돈을 보지 못했던 사람들도 보았노라고 우기면 권리가 생기게 되므로 곤란하게 된다.

또 주운 물건이 돈이 아니고 가축일 경우에는 어떻게 나누어 가질 것인가? 살아 있는 동물을 반으로 나눌 수가 없으므로 둘이서 함께 그 동물을 팔러 가거나, 그렇지 않으면 한쪽이 다른 쪽에게 그 값의 절반을 지불하고 가져가면 된다. 단, 이와 같이 습득한 물건이 가축인 경우에는 진짜 주인이 나타날 수 있으므로 일정한 기간 동안 기다렸다가 그렇게 해야 한다.

돈을 길거리에서 잃어버린 뒤 누군가가 이미 주운 다음에 찾아가서 '내가 방금 전에 돈을 잃어버려 찾으러 왔다.'고 말해봤자 그 사람이 진짜 돈을 잃어버렸는지 아닌지 증명할 수가 없다. 자기를 거쳐 가는 돈마다 표시를 해 놓을 수도 없는 일이다. 하지만 특별한 편지처럼 그 돈이 자기 것임을 증명할 수 있다면 사정은 달라진다.

앞의 극장 일에 대한 결론은 예의 물건을 먼저 주운 사람이 소유할 수 있다. 물건을 먼저 봤다는 사실은 누구도 증명할 수 없지만 먼저 주웠다는 것은 증명하기 쉽기 때문에 그것을 판단의 기준으로 삼는 것이다.

평등

♦ ♦ ♦

《탈무드》에서는 하인이나 노예라 할지라도 주인과 똑같은 음식을 먹도록 해야 한다고 가르치고 있다. 만일 주인이 방석에 앉고자 한다면 하인들이나 노예들에게도 똑같은 방석을 내주어야 한다. 높은 사람이라 해서 혼자만 좋은 자리에 앉으면 안 된다.

언젠가 한 랍비가 이스라엘의 전선에 가서 군대 부대장의 초청으로 함께 식사를 하였다. 그때 당번인 병사가 맥주를 가지고 들어오자 그 부대장이 물었다.

"병사들도 지금 맥주를 마시고 있는가?"

병사는 맥주의 수량이 적어서 그날은 지급되지 않았다고 대답했다.

그러자 부대장은 맥주를 돌려 보내면서 말했다.

"병사들이 맥주를 마시지 못한다면 나도 맥주를 마시지 않겠다."

이것이 바로 유대인들의 전통적 사고방식이다.

아버지와 스승

• • •

유대인의 가정에서는 누구나 어렸을 때 아버지로부터 《탈무드》를 배운다. 그렇지만 아버지가 너무 성격이 급하거나 엄격한 사람일 경우에는 아이들이 아버지를 두려워하여 《탈무드》를 배울 마음의 여유를 갖지 못하는 경우도 있었다.

히브리어의 '아버지'라는 단어에는 '스승'이라는 뜻이 포함되어 있다. 천주교의 신부가 영어로는 '파더father'인 것도 히브리어적인 개념 때문이다.

유대인들은 자신의 아버지보다 교사를 더 소중하게 생각한다. 그래서 자신의 아버지와 스승이 함께 감옥에 갇혀 있을 경우, 단 한 명만 구출해야 한다면 말할 것도 없이 스승을 구출할 것이다.

유대인들은 스승을 그만큼 소중한 존재로 인식하기 때문이다.

책임의 한계

♦ ♦ ♦

　고용주와 종업원이 있었다. 종업원은 일을 해준 대가를 일주일마다 주급으로 받기로 했다. 단, 주급은 현금이 아니라 종업원이 가까운 상점에서 필요한 물건을 사가면 고용주가 그 값을 대신 지불해 주기로 했다.

　일주일이 지났다.

　종업원은 매우 불만스러운 표정으로 고용주에게 말했다.

　"상점에서 물건을 주지 않습니다. 현금을 가져오라는 거예요. 그러니 제 주급을 현금으로 주셔야 하겠습니다."

　그런데 얼마 후 상점 주인이 찾아와 청구서를 내밀었다.

　"댁의 종업원이 지난 일주일 동안 이만큼 물건을 가져갔습니다. 약속대로 대금을 지불해 주십시오."

　이런 경우 과연 고용주는 어떻게 해야 할까?

　우선 누구의 말이 사실인지 알아봐야 한다. 그렇지만 아무리 알아보아도 증거가 없을 때가 문제다.

　이런 경우 《탈무드》는 종업원과 상점 주인이 모두 끝까지 자기주장을 굽히지 않는다면 양쪽 다 지불해주어야 한다고 말한다. 왜냐하면 종업원과 상점 주인은 돈의 거래에 관한 한 직접적인 관계에 있지 않기 때문이다. 그렇지만 고용주는 양쪽 모두와 직접적인 관계를 맺고 있다. 말하자면 고용주는 양쪽 모두에게 채무자인 셈이다.

이 이야기는 어떤 의미에서 약간 납득되지 않는 측면도 있지만, 《탈무드》에서는 이러한 항목에 대해 오랫동안 논의를 거듭해 왔다. 결론은 고용주는 양쪽과 다 약정을 했기 때문에 책임을 지지 않으면 안 되는 것이다.

그래서《탈무드》는 함부로 관여하지 말라고 당부하였다.

탈무드의 상도덕
◆ ◆ ◆

랍비 두 명이 같은 땅을 서로 사려고 했다. 처음의 랍비가 먼저 그 땅의 값을 흥정했는데 다른 랍비가 와서 그 땅을 사버렸다.

옆에서 그를 지켜본 사람이 두 번째 랍비에게 물었다.

"어느 사람이 과자를 사려고 제과점에 갔더니 이미 다른 사람이 먼저 와서 과자의 품질을 알아보고 있었습니다. 그런데 뒤에 온 사람이 그 과자를 사버렸다면 그 사람에 대하여 어떻게 생각하십니까?"

두 번째 랍비는 주저없이 대답했다.

"나중 사람이 잘못한 거지요."

그 사람이 다시 말했다.

"이번에 산 땅에 대해서는 당신이 두 번째 사람에 해당되오. 다른 사람이 이미 그 땅의 값을 흥정하고 있는데 그것을 당신이 산 거요. 이는 방금 이야기했던 나중에 와서 과자를 사버린 두 번째 남자와 똑같은 것입니다. 그래도 괜찮은가요?"

그래서 그 땅을 어떻게 하는 것이 좋으냐 하는 문제가 대두되었고, 그 해결 방법으로 두 번째 랍비가 첫 번째 랍비에게 그 땅을 다시 팔게 하자는 의견이 나왔다.

그러나 두 번째 랍비는 땅을 사자마자 바로 판다는 것은 상식적으로 이해가 되지 않기 때문에 팔 수 없다고 말했다.

두 번째 해결 방법은 그 땅을 첫 번째 랍비에게 선물로 주자는 것이었다. 그러자 첫 번째 랍비가 땅값을 지불하지 않고 그냥 공짜로 받는 건 싫다고 말했다.

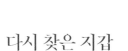

문제가 계속 해결되지 않자 두 번째 랍비는 그 땅을 학교에 기부하고 말았다.

다시 찾은 지갑

◆ ◆ ◆

한 장사꾼이 필요한 물건이 있었으나 며칠 뒤 할인 판매를 할 것이라는 말을 듣고 기다렸다가 그때 사기로 했다.

그런데 많은 돈을 그때까지 몸에 지니고 있는 것이 염려스러웠다. 그래서 아무도 없는 곳으로 가서 가진 돈을 모두 땅속에 묻어 두었다.

다음 날 그곳에 가보니 돈이 없어졌다. 자기가 돈을 묻는 것을

본 사람은 아무도 없었으므로 어떻게
해서 없어졌는지 알 수가 없었다.

두리번거리던 그는 거기서 얼마 멀
지 않은 곳에 집 하나가 있고, 그 집
의 벽에 구멍이 뚫려 있는 것을 발견
했다. 그는 그 집에 살고 있는 사람이
자기가 돈을 묻는 것을 그 구멍으로 보고 훔쳐
간 것이라고 단정했다. 그래서 그 집주인을 찾아가 말했다.

"노인께서는 도시에 살고 계시니까 머리가 영리하시겠습니다.
그러니 저에게 지혜를 좀 빌려주십시오. 사실은 제가 이 도시에서
물건을 사려고 지갑 두 개를 가지고 왔습니다. 하나는 은화 5백 개
가 들어 있고 또 하나는 은화 8백 개가 들어 있습니다. 한데 작은
지갑을 아무도 몰래 어느 곳에 묻어 두었습니다. 나머지 큰 지갑
도 함께 묻어 두는 것이 좋을까요, 아니면 믿을 만한 사람에게 맡
겨 두는 것이 좋을까요?"

노인이 대답했다.

"만일 내가 당신이라면 다른 사람은 아무도 믿지 않겠소. 전에
작은 지갑을 묻어 둔 곳에 함께 묻어 두면 좋을 거라고 생각하오."

노인은 상인이 돌아간 뒤 더 많은 돈이 들어 있는 지갑을 얻기
위하여 자기가 파 간 지갑을 그곳에 도로 갖다가 묻어 놓았다. 지
켜보고 있던 장사꾼은 자기의 지갑을 무사히 되찾았다.

유대인들과 살 때 지켜야 할 계명

• • •

탈무드 시대의 유대인들은 다른 민족들과 함께 일하기도 하고 생활 속에서도 잘 어울렸다.

유대인들에게는 613가지 계율이 있다. 하지만 유대교에서는 애써 다른 민족들을 유대화하려고 하지 않았기 때문에 선교사를 보내거나 특별한 노력을 기울이지 않았다. 그렇지만 상호 간의 평화적인 유대 관계를 지속하기 위하여 반드시 지켜야 할 일곱 가지 계율을 부탁하고 있다.

첫째, 동물을 죽여 그 날고기를 먹지 말라.

둘째, 남을 험담하거나 욕하지 말라.

셋째, 도둑질을 하지 말라.

넷째, 법을 어기지 말라.

다섯째, 살인하지 말라.

여섯째, 근친상간을 말라.

일곱째, 불륜 관계를 맺지 말라.

인생의 세 친구

• • •

왕으로부터 소환장을 받은 사람이 소집에 응하기 전에 세 명의 친구를 만나기로 했다.

첫 번째 친구는 마음속 깊이 사귀는 사이였으며, 세상에 둘도 없는 특별한 친구로 소중하게 생각하고 있었다.

두 번째 친구는 그가 마음속으로는 사랑하고 있었으나 첫 번째 친구만큼 소중하게 여기지는 않았다.

세 번째 친구는 친구로는 생각하고 있었으나 별로 관심을 가지고 있지는 않았다.

왕의 소환장을 받은 그는 자기가 나쁜 짓을 저질러 벌을 받게 되는 것이 아닐까 두려웠다. 그래서 혼자 갈 용기가 나지 않자 세 친구에게 함께 가자고 차례로 부탁을 했다.

그가 늘 소중하게 생각하는 첫 번째 친구에게 부탁하자, 그는 아무 이유도 말하지 않은 채 그냥 거절했다.

두 번째로 귀중하게 여기는 친구는 애매하게 거절했다.

"대궐 문앞까지는 함께 가줄 수가 있다. 그렇지만 그 이상은 곤란하다."

실망한 그는 다시 세 번째 친구에게 함께 가달라고 부탁했더니 그 친구는 흔쾌히 응해 주었다.

"물론 함께 가주고말고. 너는 내가 알기에 아무런 나쁜 짓도 저지르지 않았으니 전혀 무서워할 필요가 없어. 내가 왕에게 가서 그런 사실을 잘 말씀드릴게."

이렇게 격려까지 해 주었다. 세 친구는 각각 어떤 친구이며, 왜 그렇게 대답을 했을까?

첫 번째 친구는 재산을 상징한다. 제아무리 재산을 소중히 여기고 사랑한다 할지라도 죽을 때는 고스란히 남겨 둔 채 혼자 떠나지 않으면 안 된다. 두 번째 친구는 혈육·친척의 상징이다. 화장터나 무덤까지는 함께 따라가 주지만 그를 무덤 속에 남겨 둔 채 그냥 돌아가 버리는 것이다. 세 번째 친구는 선행을 상징한다.

선행이란 평소에는 별로 남의 눈길을 끌지 못하지만, 죽은 뒤에도 영원히 함께 있는 것이다.

노력의 척도
◆ ◆ ◆

왕의 포도밭에서 많은 일꾼이 일을 하고 있었다. 그중에 탁월한 능력을 가진 사람이 있었는데, 왕이 그 뛰어난 일꾼과 함께 포도밭을 산책하였다.

유대인의 전통은 일한 품삯을 그날그날 받게 되어 있었다.

하루의 일과가 끝나자 일꾼들은 줄을 서서 그날의 품삯을 받았다. 그 뛰어난 일꾼도 똑같이 품삯을 받자 다른 일꾼들이 화가 나서 항의하였다.

"저 친구는 왕과 함께 산책을 하느라 두 시간밖에 일하지 않았습니다. 그럼에도 불구하고 우리와 똑같은 품삯을 받는 것은 공평치 못한 처사입니다."

듣고 있던 왕이 말하였다.

"이 사람은 오늘 너희가 하루 종일 한 일보다 더 많은 양의 일을 단 두 시간 동안에 해치웠다."

오늘 죽은 젊은 랍비가 있다고 하자. 요절했다 하더라도 다른 사람이 100년 동안 한 것보다 더 많은 일을 해 놓았다면 그가 더 훌륭한 사람이다. 얼마나 훌륭한가의 문제는 몇 년 살았느냐가 아니라 얼마나 큰 업적을 남겼느냐가 척도가 되는 것이다.

제4장

탈무드의 오감·손

물건을 사고파는 상업 행위

• • •

성서 시대의 유대인 사회는 농업을 주로 했다. 따라서 교역은
그다지 성행하지 않았다.

상인商人이라는 말은 중국 주周시대에 상商나라 사람들이 나라
가 망하자 사방으로 흩어져 장사를 하며 살았던 바, 그 사람들을
일컫는 말에서 유래했다. 그런데 이 말은 유대 지역에서는 비유대
인이라는 뜻으로 사용되었다. 유대인들은 물건을 팔고 사는 매매
행위를 하지 않았던 것이다. 그래서 유대인들에게는 '상업에 종사
할 때는 계량을 정확하게 하고, 물건을 속이지 말라.'는 정도의 상
도덕이 요구되었을 뿐이었다.

그런데 탈무드 시대로 접어들면서 교역이나 상업이 발달하게 되어 상업에 대하여 깊은 관심을 기울이게 되었다.

《탈무드》를 쓴 사람들은 세상이 점점 발달해 나간다는 인식을 갖게 되어 상업 또한 발달한 세계로 그리고 있다. 그래서 상업에 서는 어떤 도덕을 지켜야 하는가에 대한 이야기가 많은 분량을 차지하게 되었다.

또 앞으로 다가올 세계에서는 상업이 중요한 역할을 하게 될 것이라는 선견지명이 있어 천년 후의 세계에 대비해서 미리 준비 작업을 서둘렀다.

그래서《탈무드》에 교역을 할 때 지켜야 할 도덕에 대해서 많은 지면을 할애했다. 상업이라는 생각 자체가 원칙이 되었고, 그 규칙은 일반 생활의 테두리 밖에 있는 어떤 특별한 규칙이어야 한다고 생각했던 것이다. 때문에 상업적인 세계는 결코 탈무드적인 세계가 아니다. 아무리 경건한 사람이라도 상업은 역시 상업이기 때문이다.

《탈무드》는 어떻게 하면 유능한 사업가가 될 수 있는가보다는 어떻게 하면 도덕적인 사업가가 될 수 있을까에 중점을 두었다. 그것은《탈무드》가 자유방임주의적인 상업에 반대하고 있다는 사실만 보더라도 충분히 알 수 있다.

한 예를 든다면, 구매자는 별도의 규정이 없어도 구매한 물건의 품질 보장을 요구할 권리가 있다. 물건을 산다는 것은 곧 결함이 없는 물건을 산다는 것을 전제로 한다. 그러므로 파는 사람이 그 물건에 결함이 있어도 무를 수 없다는 조건을 붙여 팔았더라도 그 물건에 결함이 있으면 구매자는 그 물건을 되물릴 권리가 있다.

예외가 있다면, 구매자가 그 물건에 결함이 있다는 사실을 인정하고 샀을 경우다. 예를 들면 자동차를 팔 때, 그 자동차에는 엔진이 없으니 그리 알라고 일러주고서 팔았으면, 구입한 사람은 그 자동차를 되물리지 못한다.

《탈무드》에는 결함이 있는 물건을 팔 때는 반드시 사는 사람에게 그 물건의 결함을 구체적으로 설명해 주어야 한다고 적혀 있다. 따라서 물건을 사는 사람은 물건의 결함이나 사기성, 그리고 파는 사람이 미처 깨닫지 못한 과오에 대해서 보호를 받는 것이다.

물건을 사고파는 것은 두 가지 요소에 의해 성립된다. 즉, 그 물건 값의 지불과 물건의 양도이다. 물건을 판 사람은 그 물건을 산 사람에게 이상 없이 인계해야 할 의무가 있다는 말이다.

《탈무드》에서는 물건을 판 사람보다 산 사람의 권리를 더 중요하게 보호한다. 또 물건을 파는 사람은 그 물건에 대하여 정확히 알고 있지 않으면 안 된다. 남의 물건을 허위로 팔거나 있지도 않은 물건을 팔아서는 안 된다는 말이다.

돈의 효용 가치

◆ ◆ ◆

사람들은 자기가 숭배하는 것에 되도록 가까이 가려 하고, 동시에 너무나 빠르게 동화되어 버린다. 돈을 숭배하는 자가 어리석어 보이는 것은 바로 그 때문이다.

똑똑한 체하지만 천하에 둘도 없는 어리석은 모제스가 안식일이 다가오는데도 빵과 물고기와 닭을 살 돈이 없어 의기소침해졌다. 그는 한참 동안 생각에 잠겨 있다가 유대인들의 공동 재정 담당관에게 가서 큰소리로 말했다.

"저에게 끔찍한 불행이 닥쳤습니다. 제 아내가 방금 죽었는데, 그녀를 위해 수의와 관을 살 돈이 없습니다."

딱한 사정을 들은 원로들은 그를 가엾게 여겨 10루블(화폐 단위)을 내주었다.

이튿날, 여인의 명복을 빌어 주기 위해 재정 담당관과 원로들이 모제스의 집을 찾아왔는데 이게 웬일인가? 죽었다던 그의 아내가 멀쩡하게 살아서 닭고기 요리를 맛있게 먹고 있는 것이 아닌가? 놀란 원로들이 소리쳤다.

"이 거짓말쟁이! 형편없는 사기꾼! 그렇게 할 일이 없어 10루블을 사기 쳐? 그게 할 일인가?"

모제스는 원로들을 진정시키며 말했다.

"원로원들, 제가 잘못했습니다. 흥분을 가라앉히시고 제 말씀을 들어주세요. 이다음에 제 아내가 죽거든 그때는 위로금을 내지 않아도 됩니다. 돈을 이렇게 쓰게 되어서 죄송합니다."

원로들은 모제스의 말에 할 말을 잃고 말았다.

물질을 숭배하는 자는 그 자신도 물질이 되고 만다는 말이 있다. 또한《탈무드》에는 '빚을 얻어 쓰는 것은 가려운 데를 긁는 것과 같다.'고 적고 있다.

피부병에 걸리거나 종기가 나면 몸이 가렵다. 가렵다고 긁어대면 오히려 질환을 더 악화시킨다. 긁는 당시에는 쾌감을 느끼지만 손을 떼자마자 후끈후끈 달아오른다.

빚도 얻어 쓸 때는 달콤하기까지 하지만 돌아서면 갚을 생각에 오금이 저려 온다. '가난한 사람에게 돈을 빌리는 것은 못생긴 여인에게 키스하는 것과 같다.'는 《탈무드》의 말처럼 게토 지역에서 오불조불 살다 보니 돈을 서로 융통해 썼다. 위의 이야기는 바로 그런 데서 파생된 것이다.

유대인들은 돈을 꿔 주고 이자를 받는 것을 부끄럽게 생각지 않는다. 인간 생활에 절대 필요한 것이 화장실이듯 돈도 마찬가지다. 더럽다고 생각하면서도 수시로 드나들면서 쏟아내 버리지 않으면 건강을 유지할 수 없듯이, 돈도 소용대로 쓰지 않으면 살아갈 수 없다. 유대인들은 돈이 인간에게 소용되는 것이라면 나쁜 것일 까닭이 없다는 생각을 가지고 있다.

돈을 꿔 주고 이자를 받는 일이 서로 주고받는 일인 만큼 도덕적으로 위배되지는 않는다. 그러나 그런 행위가 몸에 배면 돈이 도구가 아니라, 돈을 숭배하는 무지렁이가 될 수 있다. 사람 위에 사람 없다는 말처럼 돈 아래 사람이 있을 수 없다. 돈으로 사람을 부릴 수는 있지만 돈만으로 사람을 부리지 말라는 말이다.

'친구를 적으로 돌리는 가장 좋은 방법은 돈을 꿔 주는 일이다.'라는 유대인의 격언을 명심할 필요가 있다.

하나님까지 세 명의 경영자

• • •

동업자 두 사람이 있었다. 그들은 모두 사업에 경험은 없었으나 성실하고 부지런했기 때문에 맨손으로 시작하여 작은 빌딩을 소유할 만큼 성공했다.

그들은 자기들이 굉장히 성공했다는 사실을 뒤늦게야 깨달았다. 그런데 두 사람 사이에는 동업을 하는 것에 대한 아무런 증서도 없었다. 때문에 그들의 관계가 원만할 때는 탈이 없겠지만, 자식들 대에 가서 문제가 생길 것을 염려하여 계약서를 작성해 놓기로 했다.

그런데 그들이 계약서를 작성한 후부터는 이상하게도 두 사람 사이에 사사건건 충돌이 일어났다. 사실은 계약서를 작성할 때부터 의견이 맞지 않아 충돌했던 것이다. 즉, '너는 공장의 책임자이고, 나는 본사의 책임자이다.'와 같이 업무의 한계를 규정하는 과정에서 서로 유리한 조건을 차지하려고 보이지 않는 줄다리기를 했던 것이다.

그동안 사업이 성공하기까지 두 사람 사이에는 전혀 아무런 의견 충돌이 없다가 이런 일이 발생하자 랍비를 찾아가 상의했다.

이와 같은 경우 어느 쪽이 옳고 어느 쪽이 그르다고 판정할 성질의 문제가 아니었기 때문에 랍비는 쉽게 결론을 내릴 수가 없었다. 한 사람은 생산을 맡고, 또 한 사람은 영업을 맡고 있었기 때문에 그들은, "내가 상품을 잘 만들어 냈기 때문에 회사가 발전했다." "아니다. 내가 잘 팔았기 때문에 사업이 성공했다." 하고 각자 자기의 공을 내세우며 다투었다.

그들의 이야기를 다 듣고 나서 랍비는 다음과 같이 말했다.

"당신들이 싸움을 시작하기 전까지 사업은 아주 잘 되어 갔소. 그런데 이제 두 사람의 의견 충돌이 잦으니 회사가 망할지도 모릅니다. 이것은 정말 어리석은 짓입니다. 그 상태로는 아무래도 사업이 원만하게 운영되지 못할 것 같으니 어떤 해결책을 강구해야만 할 것입니다."

랍비는《탈무드》에서 적절한 예를 찾아내었다.

어린아이가 태어나는 것은 아버지와 어머니, 그리고 하나님으로부터 생명을 받은 것이다. 그런데 성장해 가는 동안 그에게 바르게 살도록 이끌어 주는 사람이 하나 더 늘어난다. 바로 그를 가르치는 선생이다.

랍비는 두 동업자에게 물었다.

"당신네 회사의 경영자는 누구입니까?"

그들은 이구동성으로 자기들 두 사람이라고 대답했다. 랍비는 다음과 같이 제안했다.

"그렇다면 하나님도 그 회사의 경영진에 참여시키면 어떻겠소? 하나님은 전 우주의 모든 일에 참여하고 계십니다. 서로 자기 주장만 내세우지 말고 우주의 모든 일을 주관하시는 하나님께 맡겨도 무방하지 않겠소?"

그 회사는 그때까지 두 사람이 공동 대표자여서 사장이 없었다.

그래서 사실은 서로 사장이 되려고 줄다리기를 하고 있었던 것이다. 랍비는 다음과 같이 충고해 주었다.

"이 회사가 당신네들의 회사인 것만은 틀림없지만 또한 하나님의 회사이기도 하오. 그리고 당신들은 유대인과 유대인의 나라를 위해서 일하고 있는 것이기도 하오. 회사가 당신네 둘만의 것이라는 이기적인 생각에 매달리지 말고 하나의 큰 의무를 수행하고 있다고 생각하시오. 그럼 두 사람 중 누가 사장을 맡느냐 하는 따위는 사소한 문제란 것을 깨닫게 될 것이오. 그렇게 되면 예전처럼 생산을 담당하는 사람은 열심히 공장을 관리하고, 영업을 담당한 사람은 상품을 파는 데 열중하게 될 것이오."

랍비의 이야기를 듣고 그들은 그제야 수긍했다.

그 뒤 두 사람 사이가 좋아진 것은 물론 회사도 아주 원만하게 잘 운영되었다.

벌금의 규칙

◆ ◆ ◆

유대인 회사에서 유대인을 사원으로 고용하고 있었다. 한데 그 사원이 회사의 돈을 착복하고 종적을 감춰버렸다. 유대인 사장은 화가 나서 경찰에 신고하려 했다. 그러자 그 회사의 간부가 랍비를 찾아와 이 일을 어떻게 했으면 좋겠느냐고 물었다.

랍비는 그에게 말했다.

"먼저 그 사원이 정말 돈을 가지고 도망친 것인지 확인해야 할 것이오. 그가 진짜로 돈을 가지고 도망쳤다면 그는 틀림없이 감옥살이를 하게 될 것이오. 그러나 그것은 유대인의 해결 방법이 아니오. 왜냐하면 그 사원이 감옥에 들어간다면 회사는 잃어버린 돈을 되찾을 길이 없어지기 때문이오. 유대의 법률에서는 어느 사람이 돈을 훔쳤을 때에는 그 사람이 벌을 받는 대신 그 돈을 꼭 갚도록 되어 있소."

랍비는 회사의 사장에게 도망친 사원을 찾아내어 감옥으로 보내지 말고, 우선 그 돈을 찾고 난 후 벌금을 물려야 한다고 말했다.

돈을 가지고 도망친 사원을 찾아내 그런 이야기를 했더니 현재 자기에게는 돈이 하나도 없기는 하지만, 감옥에 가기보다는 열심히 일하여 조금씩 갚아나가게 해달라고 했다. 그래서 그는 경찰에 끌려가지 않고 랍비의 방에서 판결을 받았다. 랍비가 재판장이 되었다. 돈을 가지고 간 사원은 가져간 돈을 일해서 갚는 동시에 벌금도 랍비한테 내기로 했고, 그 벌금은 자선기금으로 쓰기로 했다.

유대인 사회에서 백만 원을 훔친 죄로 랍비의 재판에 회부되어 벌금을 가산해서 백십만 원을 갚으라는 판결을 받았을지라도, 돈을 다 갚은 뒤에는 그는 전과가 전혀 없는 결백한 사람과 같아진다. 만약 그런 뒤에 도난을 당했던 사람이, "저자는 돈을 훔쳤던 도둑놈이다."라고 비난한다면, 비난한 쪽이 나쁜 사람이 된다.

그런 경우 벌금은 20% 이상이지만, 거기에는 엄격한 규칙이 있다. 먼저 어떤 물건을 훔쳤느냐에 따라 그 비율이 다르고, 그 물건을 이용해서 돈벌이를 했느냐, 또 훔친 때가 밤이냐 낮이냐 아침이냐 등 여러 조건에 따라 비율이 달라진다.

《탈무드》에서는 말을 훔쳤을 때의 벌금 비율이 매우 높다. 말을 훔친 사람은 그 말을 이용하여 돈벌이를 할 수 있다. 반대로 도둑 맞은 사람은 그로 인하여 많은 손해를 보기 때문이다.

말은 오늘날의 화물 자동차에 해당된다 할 수 있지만, 이 경우에는 네 배 정도의 벌금을 물린다. 당나귀의 경우는 말보다 벌금이 조금 적다. 그것은 말이 더 온순하여 훔치기가 용이하기 때문이다. 하지만 도둑질한 사람의 입장도 많이 참작된다. 훔친 사람이 굶주릴 정도로 생활고에 허덕이는 경우라면 벌금은 20% 정도로 정해진다.

옛날 이스라엘에서는 훔친 돈이나 벌금을 갚지 못하거나 이자를 물지 못한 경우 돈 대신 노동으로 갚게 했다. 그래도 갚지 못하는 경우에는 감옥에 잡아넣지만, 범인을 감옥에 구금하는 것으로 근본적인 문제가 해결되지 않는다는 것이 유대인의 사고방식이다.

유대인들의 안식일

◆ ◆ ◆

유대인들은 안식일에 일하는 것을 금하고 있다. 매주 금요일 일몰시부터 토요일 일몰 전까지 계속되는 안식일의 계율을 지키지 않는 유대인은 곁눈질로 처다보는 일이 있다. 아무튼 금요일 일몰 전에 모든 것을 마련해야 하며 데워 먹는 음식도 일몰 전에 켜놓은 불에 데워야 한다. 가스레인지에 불을 점화하는 것도 금지되어 있기 때문이다. 심지어 라이터에 불을 켜는 것도, 담배를 피우는 것도 안 된다.

유대인들은 안식일에는 가족과 함께 지내며 여호와를 공경하고 아이들의 공부를 도와준다. 하지만 손으로 글씨 쓰는 일은 안 된다. 안식일에는 자동차를 타서도 안 된다.

앞에서 다룬 바와 같이 음식도 새우나 낙지, 문어, 오징어 등을 금지한다. 돼지고기도 금지되어 있다. 뱀처럼 땅을 기어 다니는 동물도 먹으면 안 된다. 새 종류도 까마귀, 솔개, 매, 타조, 갈매기, 올빼미, 황새, 해오라기 등은 먹어서는 안 된다.

육류와 유제품을 용기에 담지 않는다. 소, 양, 닭고기도 금지되어 있다. 그리고 음식이 닿은 접시에 다른 음식을 담아 먹는 것도 허용하지 않는다. 이는 위생상으로도 좋은 일이지만, 음식 맛이 섞이지 않게 하기 위함이다. 이러한 생활문화 때문에 유대인은 유대인 집 외의 곳에서 식사를 할 수가 없는 것이다.

또 계율을 따라 도살할 때 피를 뽑아내지 않은 고기는 먹지 않는다. 사용하는 접시도 랍비가 호수나 시냇가에서 물에 담가 닦은 것만 사용한다. 이런 계율을 지키다 보니 이교도가 경영하는 레스토랑에서는 식사를 할 수가 없는 것이다.

이처럼 까다로운 식사 계율은 뜨거운 사막 지역에서 식중독을 방지하기 위해 나온 지혜로 생활 속에 자리 잡고 있다.

그런가 하면 얼굴에 상처를 내면 안 된다는 가르침도 있는데, 이는 아프리카인들의 신체 변용에 대한 풍습을 보면서 내놓은 경고라고 할 수 있다.

이런 엄격한 계율은 세계에 흩어져 살았던 디아스포라 시대를 지나면서도 유대인들이 정체성을 잃지 않는 데 기여한 것이 사실이다. 한편으로는 이런 계율이 오히려 유대인으로 남아 있도록 지켜주었다고 말할 수 있다.

유대인들이 아수르Assur와 바빌론Babylon에 의해서 포로 생활을 하게 되었을 때 디아스포라를 맞게 되었다. 유대인들은 하늘나라를 고향으로 삼고 땅 위에 흩어져 있는 시나고그, 즉 뜻을 함께 하여 모이는 회당을 중심으로 유대 사회의 구심체를 유지하고 있었던 것이다.

그러다 보니 유대인들은 다른 집단과 다르다는 것을 느끼게 되고, 그래서 설령 유대인의 계율을 버리고 살더라도 오랜 세월의 습성이 지워지지 않아 금방 눈에 띄는 것이다.

안식일이라는 향료

◆ ◆ ◆

안식일(토요일) 오후에 로마의 황제가 평소 알고 지내던 랍비의 집을 방문했다.

갑자기 찾아가긴 했지만 황제는 아주 즐거운 시간을 보냈다. 음식은 모두 맛이 있었고, 식탁에 둘러앉은 사람들은 노래를 부르면서《탈무드》에 나오는 이야기를 했다.

황제는 매우 기뻐하며 다음 수요일에 또 오겠다고 말했다.

수요일이 되어 사람들은 미리 황제를 맞을 준비를 했다.

그 집에서 가장 좋은 그릇을 꺼내 놓고, 안식일엔 쉬던 하인들까지 나와 음식을 날랐다. 요리사가 없어 식은 음식을 내놓았던 지난번의 토요일과는 달리 제대로 된 따뜻한 음식이 나왔다.

요리를 먹다 말고 황제가 물었다.

"지난 안식일의 요리가 맛있던데 그때는 무슨 향료를 넣었소?"

랍비가 대답했다.

"황제께서는 그 향료를 구하지 못하실 것입니다."

황제가 자신있게 말했다.

"천만에! 나는 어떤 향료라도 구할 수가 있소."

랍비가 조용히 말했다.

"폐하, 폐하께서는 아무리 로마의 황제이시지만 어떤 노력으로도 그것만은 구하지 못하십니다. 왜냐하면 그것은 유대인의 안식일이라는 향료이니까요."

유대인들의 섭생

• • •

유대인들은 고기를 먹을 때 피는 전부 제거한 다음에 먹는다. 피는 곧 생명이다. 물고기나 짐승의 피를 완전히 제거한 후에 먹으므로, 그들이 먹는 고기는 매우 건조된 상태일 수밖에 없다.

동물을 잡을 때도 때려잡거나 전기를 이용하여 죽이면 피가 그대로 굳어 버리므로 결코 그런 방법을 쓰지 않는다. 유대인들은 옛날부터 고통을 주지 않고 죽이고, 또 피를 남김 없이 제거하는 방법을 연구해 왔다.

그들은 동물의 피가 굳지 않게 하면서 피를 제거하는 방법을 잘 안다. 짐승을 잡으면 30분 정도 물에 담가 두고 소금을 뿌려서 피를 빼낸다. 소금을 뿌려 놓으면 소금기가 피를 흡수해 버린다. 그렇게 한 다음 물에 깨끗이 씻는다. 특히 간장이나 심장 같은 부위는 피가 많은 곳이므로 그곳에 남아 있는 피를 증발시키기 위해서 불에 그슬린다. 유대인들이 고기의 피를 제거하는 행위는 결코 피를 더러운 것으로 생각하기 때문은 아니다.

닭이나 소 따위의 가축을 도살하는 사람들은 뛰어난 전문가로서 랍비와 마찬가지로 특별한 훈련을 받은 해부학의 권위자들이며, 신앙심도 대단히 깊어 다른 사람들로부터 존경을 받는다.

유대인들은 4천 년 전부터 이미 해부학에 조예가 깊었다. 그 증거로서 《탈무드》에도 랍비가 인체를 해부하는 장면이 나올 정도다.

그런 지식을 바탕으로 짐승을 도살할 때는 언제나 예리한 칼이 사용되며, 사용할 때마다 숫돌에 갈아 쓴다. 짐승을 도살할 때도 거꾸로 매달아 놓은 다음 목을 찌르면 피가 쏟아져 나온다. 그런 다음 세계에서 유례를 찾아 볼 수 없을 정두로 엄격한 검사를 거쳐 식품으로 인정한다.

유대인들은 피를 기피하지 않는다. 제단에 양을 바칠 때에도 피를 부정한 것으로 취급하지 않는다.

또한 유대인들은 새우를 먹지 않는데, 그렇다고 새우를 안 먹는 사람이 먹는 사람보다 건장하다고 말하면 안 된다고 가르치고 있다. 네 발 달린 동물 중에서도 위가 두 개 이상이 아니거나 발굽이 둘로 갈라진 것이 아니면 먹지 않는다.

예를 들면, 쇠고기는 먹지만 말고기는 먹지 않는다. 또한 물고기 중 지느러미와 비늘이 없는 것은 먹지 않으며, 독수리나 매처럼 날고기를 사냥해 먹는 짐승도 먹지 않는다. 돼지는 위가 하나밖에 없기 때문에, 말은 발굽이 하나로 붙어 있기 때문에 먹지 않는다. 생선도 비늘이 없는 장어는 먹지 않는다.

섹스에 대하여

* * *

· 성관계는 올바르고 깨끗하게 행하면 기쁨이다. 결코 부끄럽거나 추하거나 혐오스러운 것이 아니다.

· 《탈무드》는 '교사와 랍비는 반드시 결혼을 해서 아내가 있어야 한다.'고 말하고 있다. '아내가 없는 자는 온전한 인간이 아니다.'라는 전통적인 생각 때문이다.

· 《탈무드》는 섹스를 가리켜 '생명의 강'이라고 말한다. 강은 때에 따라 엄청난 풍랑을 일으킴으로써 주변을 파괴하기도 하지만, 평소에는 맑고 평온하게 흐름으로써 온갖 식물들을 열매 맺게 하고 세상을 풍요롭게 해준다.

· 남자의 성적 충동은 시각을 통하여 일어나고, 여자의 성적 충동은 피부 감각에 의하여 느끼게 된다. 그래서 《탈무드》는 남자들에게 '여자의 살결이 스칠 때 조심하라.'고 경고하고 있으며, 여

자들에게는 '옷매무새에 신경쓰라.'고 가르친다. 계율이 엄한 유대 사회에서는 상점에서 거스름돈을 줄 때도 여자 손님에게는 절대로 직접 주지 않고 일정한 곳에 놓은 다음 집어 가게 만든다. 또 미니스커트를 입는 일이 없으며, 언제나 긴 소매에 긴 스커트를 입고 다닌다.

· 랍비는 '야다'를 할 때에 남성의 절정과 여성의 절정 사이에 시간적 차이가 있음을 알고 있었다. 그래서 여성이 채 흥분하기도 전에 끝나지 않도록 조정을 했다. 아내의 동의 없이 아내를 품에 안는 것은 강간과도 같은 것이므로, 남편은 아내와 성관계를 가질 때마다 아내의 동의를 얻어야 한다. 또 다정하게 이야기를 나누고 부드럽게 애무해 주는 시간을 충분히 가져야 한다. 아내가 생리 중일 때에는 야다를 할 수 없고, 생리가 끝난 뒤에도 7일 동안은 금하고 있다. 때문에 부부라고 해도 십이삼 일 동안은 절대 손을 대서는 안 된다. 그동안 남편과 아내는 서로를 향한 그리움이 깊어져 그 기간이 끝났을 때에는 항상 신혼 때와 같은 관계를 유지시킬 수 있다.

· 결혼한 여자는 절대 다른 남자와 동침해서는 안 된다. 하지만 남편이 다른 여자와 동침하는 것은 허용된다. 또 탈무드 시대에는 두 사람 이상의 아내를 거느릴 수 있었지만, 일부일처제가 정착되면서부터는 여러 명의 아내를 갖지 않게 되었다. 아내 이외의 다른 여자와 동침하는 것은 불성실한 남편이라는 통념

이 생겨났다. 하지만 《탈무드》에는 매춘부를 사는 이야기가 몇 군데 나온다. 자위행위를 하기보다는 매춘부에게 가는 것이 나으므로, 아내가 관계를 계속 거절할 때에는 그것이 용납되었다. 유대 사회는 학문을 중하게 여기고 계율과 종교를 존중했기 때문에 매춘부가 번성하지는 못했다.

· 탈무드 시대 때부터 랍비는 피임법에 정통해 있었다. 그래서 누군가는 어떤 피임법을 쓰는 게 좋겠다는 것까지 지도했다. 피임은 여자만이 했는데, 임신한 여자나 유아를 기르고 있는 여자, 소녀, 이렇게 세 경우에 해당되면 피임을 해도 좋다고 되어 있다. 당시 랍비의 지식으로는 임신 중인 여자가 또 임신할 수도 있지 않을까 생각되었으므로 피임이 허락되었다. 어린아이를 기르고 있는 어머니는 아이가 최소한 네 살이 될 때까지는 당연히 그 아이를 보살펴 주어야 한다고 생각했다. 또 여자는 나이가 어려서 결혼을 하면 몸에 해롭다고 생각했다. 한편, 기근이 들었을 때나 민족적인 위기를 맞았을 때, 또는 전염병이 창궐할 때에도 마찬가지로 피임이 권장되었다.

제일 중요한 것

◆ ◆ ◆

단 하나뿐인 공주가 중병을 얻어 죽음을 눈앞에 두고 있었다. 의사는 영약을 먹이지 않으면 소생할 가능성이 없다고 말했다. 그러자 왕은 공주의 병을 낫게 해준다면 그를 사위로 맞아들이고,

자기 뒤를 이어 왕위에 오를 수 있게 해주겠다고 포고문을 써 붙이도록 했다.

한편, 궁궐에서 멀리 떨어진 곳에 삼형제가 살고 있었다. 첫째는 마법의 망원경을 가졌고, 둘째는 하늘을 나는 양탄자를 가졌으며, 셋째는 먹기만 하면 어떤 병이든 낫게 하는 마법의 사과를 갖고 있었다.

첫째가 마법의 망원경으로 그 포고문을 보았다. 공주를 가엾게 여긴 그들은 셋이 힘을 합쳐 공주의 병을 낫게 해주자고 의논했다.

삼형제는 우선 어떤 곳이든지 순식간에 날아갈 수 있는 양탄자를 타고 궁전으로 갔다.

궁전에 도착하자 서둘러 마법의 사과를 공주에게 주었다. 그 사과를 먹은 공주는 곧 완쾌되었다. 사람들은 뛸 듯이 기뻐했고, 큰 잔치를 베푼 왕은 이제 사위를 맞아들여야겠다고 생각했다. 그런데 일이 참으로 난처했다.

삼형제 가운데 첫째가 "제가 망원경으로 포고문을 보았기 때문에 저희들이 이곳에 올 수 있었습니다. 만약 포고문을 보지 못했다면 여기에 올 수 없었을 것입니다." 하고 주장했다. 둘째는 "저의 마법 양탄자가 아니었다면 이곳까지 빨리 올 수 없었을 것입니다. 저희가 이토록 먼 곳까지 올 수 있었던 것은 저의 양탄자가 있었기 때문입니다."라고 주장했다. 셋째는 "물론 그 말도 맞습니다. 그러나 결정적으로 마법의 사과가 아니었다면 공주님의 병을 고칠 수 없었을 것입니다."라며 제각기 자기의 공로가 크다는 주장을 내세웠다. 만약 당신이 왕이라면 삼형제 중 누구를 사위로 삼겠는가?

그 답은 사과를 가지고 있는 셋째다. 왜냐하면 하늘을 나는 양탄자를 가지고 있는 둘째는 지금도 그것을 갖고 있고, 마법의 망원경을 가진 첫째 또한 망원경을 그대로 지니고 있다. 그러나 마법의 사과를 가지고 있던 셋째는 공주에게 마법의 사과를 먹였으므로 아무것도 가지고 있지 않기 때문이다. 셋째는 자기가 가진 귀중한 것 전부를 준 것이다.

《탈무드》는 무엇인가 남에게 베풀 때는 모든 것을 주는 것이 중요하다고 가르친다.

재판관과 암시장

◆ ◆ ◆

아주 현명한 재판관이 어느 날 시장을 지나가다가 도둑질한 물건들이 그곳에서 매매되고 있다는 사실을 알았다. 그래서 장물인 줄 알면서도 사고팔면 안 된다는 것을 일깨워 주기 위하여 무엇인가 보여 주어야겠다고 생각했다.

그는 여러 사람이 보는 앞에서 족제비 한 마리를 내놓고 작은 고기조각 하나를 주었다. 족제비는 그것을 자기의 작은 구멍에다 감춰 두고 나왔다. 사람들은 당연히 족제비가 그 고기를 숨긴 곳을 알고 있었다.

재판관은 그 구멍을 막은 다음 이번에는 좀 더 큰 고깃덩이를 족제비에게 주었다. 족제비는 또 자기의 굴로 가지고 갔다. 그러나 굴이 막혀 있자 그대로 고깃덩이를 물고 재판관 앞으로 되돌아왔다. 자기가 가지고 있는 고깃덩이가 주체스러워 고기를 준 사람에게 다시 가지고 돌아온 것이다.

그 광경을 지켜본 사람들은 자기가 도둑맞은 물건들이 여기서 거래되고 있음을 알고 도로 찾아갔다.

시집가는 딸에게

* * *

사랑하는 내 딸아! 만일 네가 남편을 왕처럼 섬긴다면 남편도 너를 여왕처럼 대접할 것이다. 그러나 네가 남편을 하인처럼 대접한다면 그도 역시 너를 하녀처럼 취급할 것이다. 또 네가 자존심을 내세워 그에게 봉사하는 마음을 갖지 않는다면, 그는 힘을 앞세워 너를 정복하고 하녀로 삼아버릴 것이다.

또 너의 남편이 친구의 집을 방문할 때면, 네 남편으로 하여금 목욕하게 하고 옷자림을 단정히 해서 나가게 해라. 그리고 남편의 친구가 집에 찾아왔을 때는 성의를 다해 극진히 대접해라. 그러면 남편은 너를 소중하게 여길 것이다.

마지막으로 언제나 가정에 마음을 쓰고, 남편의 물건을 소중히 다루어라. 그렇게 하면 남편은 네 머리 위에 왕관을 올려놓을 것이다.

협력의 힘

◆ ◆ ◆

왕에게 '오차'라는 맛있는 과일이 열리는 나무가 있었다.

왕은 그 과일을 지키기 위하여 두 사람의 경비원을 고용하였다. 그런데 한 사람은 소경이었고, 한 사람은 절름발이였다.

그 두 사람이 음흉스럽게도 함께 '오차'를 따먹자고 모의한 후, 소경이 절름발이를 무등 태우고 과일을 따게 하여 나누어 먹었다.

나중에 과일이 없어진 것을 안 왕이 몹시 화가 나서 두 사람을 대질심문하였다. 그러자 소경은 앞을 볼 수가 없으므로 따 먹을 수 없었다고 하고, 절름발이는 자기는 다리가 불편하여 높은 곳의 과일은 따낼 재간이 없었노라고 발뺌을 했다.

왕은 일리가 있는 말이라고 생각했으나 전적으로 믿지는 않았다.

어떤 경우를 막론하고 두 사람의 힘은 한 사람의 힘보다 훨씬 강하다.

랍비의 신앙심

◆ ◆ ◆

한 랍비가 로마에 도착했을 때, 거리에 포고문이 붙어 있었다.

"왕비께서 엄청나게 값비싼 장신구를 잃어버렸다. 30일 내에 그것을 가져오는 사람에게는 큰 상을 내리겠다. 그러나 30일 이후에 그것을 가지고 있는 자가 발견되면 사형에 처하겠다."

우연히 그 장신구를 습득하게 된 랍비는 31일째 되는 날 그것을 왕궁으로 가지고 가서 왕비 앞에 내놓았다. 그러자 왕비가 물었다.

"나는 30일 전에 포고문을 거리에 붙이게 했는데, 당신은 그것을 못 보았소?"

랍비는 보았다고 대답했다.

왕비가 또 물었다.

"30일이 지난 다음에 이것을 가지고 오면 어떤 벌을 받게 되는 지도 알고 있소?"

랍비는 알고 있다고 대답했다.

"그렇다면 왜 30일이 지나도록 이것을 가지고 있었소? 당신이 이것을 하루만 일찍 가져왔더라면 큰 상을 받을 수 있었을 거요. 그런데 하루 늦게 가져 왔으니 상금은 고사하고 목숨이 위태롭게 됐소. 당신은 목숨이 아깝지 않소?"

랍비가 대답했다.

"만약에 제가 30일 이내에 이것을 돌려 드렸더라면 사람들은 제가 왕비님을 두려워하기 때문이라고 생각했을 것입니다. 그러나 제가 오늘까지 기다렸다가 가져온 것은, 제가 두려워하는 분은 왕비님이 아니라 오직 하나님뿐이라는 사실을 다른 사람들에게 알려 주고 싶었기 때문입니다."

말을 들은 왕비는 자세를 경건하게 바꾸며 말했다.

"그처럼 훌륭한 하나님을 섬기는 당신에 대하여 깊은 경의를 표합니다."

가장 안전한 재산

• • •

이 일은 어느 배 안에서 일어났던 이야기이다.

배에 탄 승객들은 한결같이 큰 부자들이었고, 그 속에 랍비도 끼어 있었다. 그들은 서로 자신이 소유하고 있는 재산을 자랑했다.

그 광경을 지켜보던 랍비가 말했다.

"나는 나 자신이 누구 못지않은 큰 부자라고 생각하고 있소. 하지만 내 재산을 당신들에게 보여드릴 수가 없는 것이 유감이오."

얼마 후, 해적들이 나타나 그 배를 습격했다. 부자임을 자랑하던 그들은 금은보화를 비롯해 가지고 있던 재산을 해적들에게 약탈당했다. 해적들은 물러갔고, 배는 가까스로 항구에 닿았다.

육지에 도착한 랍비는 곧 그곳 항구의 사람들로부터 높은 지식과 교양을 인정받게 되었고, 학생들을 모아 가르치게 되었다. 그렇지만 랍비와 함께 배를 타고 왔던 그 부자들은 해적들에게 재산을 빼앗겨 모두가 비참한 생활을 감수해야만 했다.

얼마의 시간이 지난 뒤, 랍비는 과거에 같은 배를 탔던 부자들을 만나게 되었다. 그러자 그들이 랍비에게 말했다.

"랍비님의 말씀이 옳았습니다. 지식을 소유한 사람은 재물보다 더 귀한 것을 소유한 것이나 다름없습니다."

지식이란 남에게 빼앗길 일이 없으므로 가장 안전한 재산이며, 따라서 가장 중요한 것은 '교육'임을 강조한 이야기이다.

광고

* * *

오늘날, 광고는 매우 중요한 위치를 차지하고 있다. 그래서 허위 광고나 과대 선전은 엄격히 규제한다. 그럼에도 불구하고 자동차나 맥주, 담배 등 많은 광고들이 올바른 정보만을 제공하고 있다고 보기는 어렵다.

예를 들면, 어떤 회사의 제품이 다른 회사의 제품보다 우수하다고 선전하지만, 그 상대편 회사의 광고 역시 똑같은 주장을 하고 있다. 그리고 제품과 아무 관련도 없는 포장과 도안이 제품에 상당한 영향을 주는 경우도 적지 않다.

담배 광고의 경우 아름다운 미녀가 자동차 안에서 멋진 포즈로 담배를 피우는 장면이 나온다. 그러나 실제로 그 여자가 담배를 즐기는 사람이라고 보기는 어렵다.

때문에 《탈무드》는 이런 광고에 반대한다. 그것은 소비자를 속이는 행위라고 보는 것이다.

《탈무드》에서는 소를 팔 때 다른 색깔을 칠하는 것을 금하고 있다. 물품에 색깔을 칠하는 것은 남을 속이기 위한 행위라고 보기 때문이다. 또 신선한 과일을 오래된 과일 위에 올려 놓고 팔아서도 안 된다고 적고 있다.

물건의 안전 규정에 대해서도 상세히 지적한다. 노동 시간에 대해서도 그 지방의 평균적인 노동 시간을 초과하여 일을 시켜서는 안 된다고 되어 있다. 또 상품에 걸맞지 않은 수식어를 붙이지 말라고 한다.

오늘날 광고에서 '킹 사이즈' 혹은 '풀 야드'라는 말은 과장된 표현이다. '풀 야드'는 결국 1야드인데 듣기에 따라 묘한 뉘앙스를 준다. 유대 사회에서 그러한 말은 일찍부터 금지되어 있었다.

제5장

탈무드의 전통·발

유대인의 생활

◆ ◆ ◆

유대인들은 해가 뜨는 것과 동시에 일어나 손을 씻고, 식사를 하기 전 30분 동안 기도를 드리게 되어 있다. 기도를 드릴 때에는 팔과 머리에 거룩한 상자를 붙들어 맨 후, 목걸이를 몸에 두른다.

기도는 집에서 드려도 되지만 대개는 가까운 회당에 가서 기도를 드린다. 어디에서 기도를 드리든 기도의 말은 똑같다. 회당에 가서 기도를 드리면 다른 사람들과 함께 기도 드릴 수 있다는 이점이 있다. 기도란 혼자서 드리면 이기적으로 되기 쉽고, 여럿이 드리면 집단의식이 강해진다.

기도를 마치면 아침밥을 먹게 된다. 한 번 더 손을 씻고, 식사 전기도는 짧게 드리고 밥을 먹는다. 만일 친구와 식구들이 함께 식사를 하면 화제는 반드시 《탈무드》에서 선택한다.

식사 후에는 다시 기도를 드린다. 이때 친구나 다른 사람이 있으면 소리를 합하여 함께 드린다. 그리고 일터로 나간다. 오후에는 정오에서 해질 때까지의 사이에 5분쯤 기도 드린다.

밤에는 가까운 아카데미에 가서 공부한다. 유대인들의 생활에서는 하루에 수시로 시간을 쪼개어 공부하게 되어 있기 때문이다.

삶의 목적

• • •

한 척의 배가 항해를 하던 중 갑자기 폭풍우를 만나 항로를 잃고 말았다.

다음 날 아침이 되자 바다는 다시 조용해졌다. 그리고 저 멀리 아름다운 포구가 있는 섬이 보였다. 배는 그 섬으로 다가가 닻을 내리고 잠시 머무르게 되었다.

섬에는 아름다운 꽃들이 만발해 있었고, 먹음직스런 과일들이 주렁주렁 달린 나무들과 온갖 새들의 아름다운 울음소리가 승객들을 맞이했다.

승객들은 자연스럽게 다섯 부류로 나뉘었다.

첫 번째 부류의 사람들은 목적지에 빨리 도착해야 한다며 떠날 것을 독촉했다. 그래서 아예 섬을 구경할 생각조차 않고 배에 그대로 남아 있었다.

두 번째 부류의 사람들은 섬으로 내려가 감미로운 꽃향기도 맡고, 시원한 나무 그늘 아래 앉아 맛있는 과일도 따먹으면서 기운을 되찾은 다음 곧장 배로 돌아왔다.

세 번째 부류의 사람들은 섬에 내려가 아주 오랫동안 즐겼으나 순풍이 불어오자 배가 떠날 것을 염려하여 허겁지겁 달려왔다.

네 번째 부류의 사람들은 순풍이 불어와 선원들이 닻을 걷어 올리는 것을 바라보면서도 돛을 달려면 꽤 시간이 걸릴 것이며, 선장이 설마 자기네를 놔두고 그냥 떠나겠느냐 생각해서 그대로 즐기고 있었다. 그러나 막상 배가 포구로부터 미끄러져 나가기 시작하자 허겁지겁 물에 뛰어들어 헤엄을 쳐서 올라탔다. 그 바람에 물을 먹거나 뱃전에 부딪쳐 부상을 당하기도 했다.

다섯 번째 부류의 사람들은 섬에 내려가 그 경치에 도취되어 먹고 마시고 떠들며 즐겼다. 때문에 배가 출항하는 것조차 모르고 있었다. 그래서 그들 중 일부는 숲속 맹수에게 잡아먹히거나 독성이 있는 나무 열매를 따 먹어 결국은 모두 죽고 말았다.

당신이 그 배의 승객이었다면 어떤 부류에 속했을 것이라고 생각하는가?

이 이야기에서 배는 '선행'을, 섬은 '쾌락'을 상징한다.

첫 번째 부류의 승객들은 인생의 쾌락을 전혀 무시한 사람들이었다.

두 번째 부류의 승객들은 알맞게 쾌락을 즐기면서도 목적지에 가야 한다는 생각을 저버리지 않았다. 가장 지혜로운 사람들이라 할 수 있을 것이다.

세 번째 부류의 승객들은 지나치게 쾌락에 빠지지 않고 안전하게 배로 돌아오기는 했으나 역시 고생을 감수해야만 했다.

네 번째 부류의 승객들은 결국 선행으로 돌아오기는 했으나 너무 늦어 고생이 많았고, 목적지에 도착할 때까지 그 아픔을 참아야만 했다.

가장 경계해야 할 것은 다섯 번째 부류의 승객과 같은 경우이다. 사람이 일생을 향락과 허영에 빠져 삶의 목적을 망각한 채 눈앞의 달콤함에 현혹되어 맹수의 습격을 받고, 열매에 독이 든 것도 모르고 먹어서 죽는다면 그보다 더 불행한 일이 또 어디에 있겠는가?

유대인을 미워한 황제

• • •

로마 황제 중에서 유대인을 유난히 미워한 황제가 있었다.

어느 날, 지나가던 유대인이 그 황제를 보고 인사를 했다.

"황제 폐하, 안녕히 주무셨습니까?"

인사를 받은 황제가 물었다.

"너는 도대체 누구인고?"

"네! 저는 유대인이옵니다."

그러자 황제는 자기 부하에게 명령하였다.

"건방진 녀석이로다. 감히 대로마제국의 황제인 내게 인사를 하다니, 당장 저놈의 목을 잘라 버려라!"

그다음 날, 또 유대인 한 사람이 황제의 앞을 지나게 되었다. 그런데 그 유대인은 황제에게 어떤 경의도 표하지 않았다. 그러자 이번에도 황제는 명령했다.

"감히 대로마제국의 황제인 나에게 인사를 하지 않다니 괘씸한 놈이로다. 당장 저놈의 목을 쳐라!"

그러자 다른 대신들이 의아한 얼굴로 물었다.

"황제 폐하, 어제는 인사를 했다고 처형하고, 오늘은 인사를 안 했다고 처형하라 하십니다. 어느 쪽이 옳은 처사입니까?"

황제가 대답했다.

"양쪽 다 옳은 처사로다. 그대들은 잘 모르지만 나는 유대인을 다루는 방법을 잘 알고 있느니라."

그는 유대인을 미워했기 때문에 그들의 행동에 관계 없이 단지 유대인이라는 사실만으로 죽였던 것이다.

가장 좋은 작별 인사

◆◆◆

오랜 여행으로 피로와 굶주림에 지친 사람이 있었다. 사막의 햇볕은 모든 것을 타들어가게 하였고, 그 사람도 배가 고프고 목이 말라 고통이 심했다.

그러던 차에 나무가 우거진 곳에 이르렀다.

그는 지친 몸을 나무 그늘에서 쉬면서 과일로 주린 배를 채우고, 시원한 물로 타는 목을 축인 다음, 비로소 안도의 한숨을 길게 내쉬었다. 그러나 다시 길을 떠나야 했다.

그는 그늘을 드리워준 나무에게 작별 인사를 했다.

"정말 고맙다, 나무야. 고마움에 어떻게 인사를 해야 할지 모르겠구나. 너의 열매가 달게 해달라고 기도하려 해도 네 열매는 벌써 충분히 맛이 들었고, 시원한 나무그늘을 갖게 해 달라고 기도하려 해도 너는 이미 시원한 그늘을 가졌고, 네가 무럭무럭 자라도록 충분한 물이 있기를 빌어주려 해도 너에게는 이미 충분한 물이 있구나. 그러니 내가 너를 위하여 기도할 수 있는 것은 네가 더욱 풍성하게 열매를 맺고, 그 열매의 씨앗이 많은 나무들이 되어 너와 똑같이 아름답고 훌륭한 나무로 자라라는 것밖에 없다."

당신도 누구와 작별할 때 기도해 주고 싶을 때가 있을 것이다. 그래서 그 사람이 더 현명해지기를 기도해 주려 해도 이미 누구보다 현명하고, 부자가 되라고 기도해 주려 해도 그는 이미 충분히 부유하고, 사람들에게 환영받을 선량한 사람이 되기를 빌어주고 싶어도 이미 누구보다 선량한 사람일 때, 당신은 무어라고 작별 인사를 하겠는가?

"당신의 아이들도 부디 당신과 같이 훌륭한 사람이 되기를 진심으로 빕니다."

이것이 가장 좋은 작별 인사이다.

상거래의 윤리

•••

유대인들에게는 탈무드 시대부터 계량을 감독하는 관리가 있었다. 계절에 따라 토지의 넓이를 재는 줄자도 각기 다른 것을 사용했다. 왜냐하면 기온에 따라 줄에 신축성이 있기 때문이다. 또 액체를 사고 팔 경우 그릇에 먼젓번의 찌꺼기가 남아 있어서는 안되기 때문에 그릇 속을 항상 깨끗이 하도록 엄격하게 감독하였다.

물건을 샀을 경우, 구매자는 그 물건의 성질에 따라 하루에서 일주일 사이 그 물건을 다른 사람들에게 보여주고 의견을 들을 수 있는 권리가 있다. 그것은 물건을 산 사람이 그 물건에 대하여 잘 모를 수 있기 때문에 그 물건을 올바로 판단하기 위한 것이다.

탈무드 시대에는 상품의 가격이 매겨져 있지 않았다. 오늘날에는 물건의 가격이 정해져 있지만 옛날에는 파는 사람이 마음대로 가격을 정했다. 그래서 만일 상식적인 가격보다 6분의 1 이상 비싼 값으로 매매되었을 때, 예를 들어 평소에 6백 원으로 파는 상품을 8백 원으로 팔았다면 그 상행위는 무효라고 《탈무드》에 쓰여 있다.

또한 파는 사람이 물건의 계량을 속였을 경우, 산 사람은 다시 물릴 권리가 있다.

파는 사람을 보호하기 위한 것으로는, 물건을 살 의사가 없으면서 흥정을 해서는 안 된다는 규정도 있다. 또 다른 사람이 먼저 살 의사를 밝힌 물건을 가로채어 사서도 안 된다고 규정해 놓고 있다.

유대인의 장례

* * *

유대 사회에서는 죽은 이에게 반드시 경의를 표하여야 한다. 죽은 이는 항상 수호받아야 한다고 생각하는 것이다.

장례식은 먼저 그 지역 사회에서 가장 교육 수준이 높고 존경받는 사람이 죽은 이의 몸을 깨끗이 씻어준다. 유대인 사회에서 이일은 대단한 명예로 여겨지고 있다.

매장은 될 수 있는 대로 빨리 하도록 되어 있기 때문에 원칙적으로 죽은 다음 날에 한다.

고인을 조금이라도 알고 있는 사람은 반드시 장례식에 참석해야 한다. 랍비는 조사를 읽고, 상주는 기도문을 읽는다. 그리고 상주는 같은 예배당에 가서 1년간 매일 고인을 위해 정성껏 기도문을 외운다.

매장이 끝나면 가족은 집으로 돌아와 1주일간 집에서 기도문을 되풀이하여 외운다. 마루 가운데에 촛불을 켜놓고 거울은 모두 덮개로 덮은 뒤, 열 명의 친구가 모여서 기도문을 외운다.

상주는 1주일간 집밖으로 나가지 않는다. 예배당에도 1주일이 지나야 간다. 그 기간 동안에 그 가족을 알고 있는 사람은 조문을 한다. 그 기간이 끝나면 가족은 집밖에 나가서 집 둘레를 한 바퀴 돈다.

상주는 1개월 동안 얼굴을 씻어서는 안 되고, 1년간은 화려한 유흥 장소에 가도 안 된다. 또 해마다 기일이 돌아오면 상복을 입는다.

장례식에서 돌아온 식구들은 달걀을 먹는다. 유대인들은 죽은 이에 대한 슬픔이 너무 깊어도 좋지 않다는 생각을 가지고 있다. 가족이 죽었으니 슬퍼하는 것은 당연하지만 슬픔에 너무 얽매이면 건강에 좋지 않다고 생각한다. 그래서 1주일 후 집 둘레를 한 바퀴 돈다.

집 둘레를 도는 근거는 '원은 시작도 끝도 없으므로 생명도 원과 같이 끝이 있어서는 안 되고 항상 돌고 있어야 한다.'는 뜻이다.

가장 깊은 슬픔에 잠기는 것은 1주일간이다. 그다음 1개월간의 상 기간이 있지만 이 기간은 앞의 1주일만큼 슬픔이 깊지 않다. 다음의 1년간도 슬픔은 덜해진다.

1년 후에는 기일을 제외하곤 상복을 입지 않는다. 이 1년간 상복을 입는 것은 부친이나 모친의 장례 때뿐이고, 다른 사람의 경우는 1주일 보태기 1개월로 모든 상이 끝난다.

가족이나 사랑하는 사람의 죽음으로 매우 슬퍼 식사를 할 수 없을지라도 건강 유지를 위해 달걀을 먹지 않으면 안 된다. 식사는 의무적이기 때문에 꼭 먹어야 한다.

죽은 이가 살아 있는 인간을 지배하면 안 된다는 원칙으로, 앞으로도 계속 살아가야 할 중요성을 기르친다. 또한 자살은 큰 죄로 인식한다.

유대인들의 장례는 부자나 가난한 사람이나, 학자나 배움이 없는 자나 전부 똑같은 관과 똑같은 수의로 치른다. 그 사람의 지위나 재산에 의해서 장례 의식이 변하지 않는다. 인간의 평등을 존중하기 때문이다.

예배당에서 같은 모습을 하고, 같은 모자를 쓰고 기도하는 것도 그 때문이다.

위기를 극복한 부부

••••

결혼한 지 십 년이 지난 부부가 있었다. 그들은 겉으로 보기에는 금슬이 좋고 행복해 보였다.

그런데 어느 날 갑자기 남편이 랍비를 찾아가 이혼을 허가해 달라고 말했다. 오래전부터 그들 부부를 잘 알고 있었던 랍비는 그들의 결혼 생활에 문제가 있으리라고는 생각하지 못했다.

남편은 그들 사이에 아이가 없기 때문에 친척과 가족들로부터 헤어지라는 권고를 강력히 받고 있다고 말했다. 유대의 전통에 의하면 결혼하고 십 년이 넘도록 아내가 아이를 낳지 못하면 남편은 이혼을 요구할 권리가 있다.

남편과 아내는 서로 이혼을 원하지 않았지만 가족과 친척들의 강한 압력 때문에 괴로워했다.

얼마 있다가 부부가 함께 랍비를 찾아왔는데, 랍비는 한눈에 그들 부부가 여전히 사랑하고 있다는 사실을 알아차렸다.

일반적으로 랍비는 이혼에 대해서는 반대하는 편에서 조언한다. 이유는 이혼을 하고 난 뒤에 다시 재혼을 한다고 해도 또 그런 사람을 만나기 십상이기 때문이다.

그 남편은 아내와 이혼하더라도 사랑하는 아내가 굴욕감을 느끼지 않게 가능한 조용히 헤어지기를 바란다고 했다. 랍비는《탈무드》의 가르침을 활용하기로 했다.

그는 헤어질 아내에게 선물로 오래도록 소중하게 간직할 수 있는 무언가를 주고 싶다고 했다. 그래서 랍비는 파티가 끝나거든 아내에게 다음과 같이 말하도록 권했다.

"내가 가지고 있는 것 중에서 당신이 가장 가지고 싶은 것을 하나만 말하시오. 그것이 무엇이든 선물로 주겠소."

그리고 그의 아내에게도 귀띔을 해주었다.

"남편이 선물을 준다고 하거든 남편을 갖고 싶다고 대답하시오."

다음 날 파티가 끝나고 남편은 전날 랍비와 약속한 대로 헤어져야 하는 아내에게 갖고 싶은 것을 말하라고 했다.

아내는 '가장 갖고 싶은 것은 남편'이라고 했다. 그리하여 그들은 이혼을 취소하게 되었고 보다 더 행복하게 살았다. 훗날 그들에게서는 아기가 둘이나 태어났다.

'죄'에 관한 개념

* * *

인간이라면 누구든 죄를 짓는다. 그런 이유 때문인지 유대의 가르침에는 동양의 도덕률과 같은 엄격하고 긴장된 분위기가 없다.

유대인들의 죄에 관한 개념은, 활을 쏘아 과녁을 명중시킬 수 있는 사람이 명중시키지 못할 때가 있는 것처럼, 죄를 범할 까닭이 없는 사람도 우연히 죄를 범할 수 있다는 것이다.

유대인들은 자기 죄에 대해 용서를 빌 경우 '나'라는 말을 결코 사용하지 않는다. 반드시 '우리'라는 말을 사용한다.

유대인들은 누구나 한 집안의 가족으로 생각하므로 비록 개인이 단독으로 저지른 죄라 할지라도 여럿이 함께 죄를 저지른 것처럼 생각한다. '유대인 모두는 커다란 하나의 가족에 속한다.'는 생각이 그들의 의식 세계를 지배하고 있기 때문이다. 그래서 비록 자기 자신이 물건을 훔치지 않았더라도 남들에 의하여 저질러졌다는 사실에 대하여 하나님께 빌어야만 한다. 자신이 행한 자선이 모자라기 때문에 그들이 훔치는 행위를 했다고 생각하는 것이다.

선과 악

• • •

노아의 홍수 때 온갖 것들이 살아남기 위하여 노아의 방주로 몰려들었다. 그중에 '선善'도 황급히 뛰어 왔지만 노아는 그를 태우지 않았다.

"나는 짝이 없는 것은 태우지 않는다."

그래서 '선'은 황급히 숲속으로 들어가 자기의 짝이 될 만한 상대를 찾아 헤맸다. 얼마 후 '선'은 '악惡'을 찾아내 함께 방주로 돌아왔고, 노아는 그들을 방주에 태워 주었다.

그 후부터 '선'이 있는 곳에는 언제나 '악'이 함께 있게 되었다.

미래를 위한 투자
◆ ◆ ◆

한 노인이 정원에 묘목을 심고 있었다. 그곳을 지나가던 나그네가 물었다.

"대체 영감님께서는 이 나무에서 언제쯤 열매를 딸 수 있을 것으로 생각하십니까?"

노인이 대답했다.

"한 10년쯤 지나면 열리지 않겠소?"

나그네가 다시 물었다.

"그럼 영감님께서는 그때까지 사실 수 있으리라고 생각하십니까?"

노인이 대답했다.

"아니오, 그렇게 오래 살진 못하겠지요. 그러나 내가 어렸을 때 우리 과수원에 과일이 많이 달려 있었소. 그것은 내가 태어나기 훨씬 전에 내 아버지께서 나를 위해 나무들을 심어 주셨기 때문이었소. 나도 지금 아버지와 똑같은 일을 하는 중이오."

혀의 좋은 때와 나쁜 때

◆◆◆

한 랍비가 하인에게 비싸더라도 맛있는 것을 사 오라고 했다. 하인은 혀를 사 가지고 왔다.

이틀 뒤, 랍비는 다시 오늘은 맛이 없더라도 값싼 것을 사 오라고 일렀다. 하인은 이번에도 혀를 사 가지고 왔다.

랍비가 물었다.

"내가 비싸더라도 맛있는 음식을 사 오라고 했을 때에도 혀를 사 왔고, 맛은 상관없으니 값싼 음식을 사 오라고 이른 오늘도 혀를 사 가지고 왔으니 대체 어찌된 일이냐?"

하인이 대답했다.

"혀가 좋을 때는 그것보다 더 좋은 것이 없지만, 반대로 나쁠 때는 그보다 더 이상 나쁜 것이 없기 때문입니다."

탈무드 유머

제1장

돈은 지혜로운 사람을 부른다

유대인들의 유머

• • •

유대인은 몇 명만 모여도 유머가 오간다. 그들에게 있어 유머란 지혜의 산물이며 생활의 일부분이다.

히브리어로 '호프마'란 단어는 '유머'와 '영특한 지혜'를 동시에 의미한다. 유머를 적절히 구사할 줄 알고, 또 이해하는 사람은 지적 두뇌가 뛰어나게 발달한 사람이다. 사실 유머만큼 폭넓은 창조력과 번뜩이는 기지가 요구되는 것도 드물다.

유머는 매우 교육적이기도 하다. 무슨 사물이든 한편에서만 바라보는 것이 아니라 잽싸게 그 둘레를 빙그르 돌아 다각도로 바라보고, 그 내용을 꿰뚫어 보는 능력을 필요로 하기 때문이다.

위대한 학자인 아인슈타인과 프로이트도 유머 감각이 뛰어난 인물이었다. 그들은 사람들을 웃음의 정원으로 이끌어 늘 즐겁게 했다. 유대인들에겐 세계적으로 저명한 물리학자나 심리학자가 마치 코미디언처럼 사람들을 웃기는 게 너무도 자연스런 일로 받아들여진다. 다시 말해 그만큼 유머가 몸에 배어 있고, 대우를 받고 있다는 얘기다.

유대인들은 해학을 고상한 것으로 받아들이기에 주저하지 않는다. 만물의 영장이라 일컬어지는 인간이 동물과 다른 점 중 하나가 웃을 줄 안다는 것이며, 인간의 교양의 척도를 적나라하게 드러내는 것이 바로 웃음이고 유머이다.

랍비의 거스름돈

• • •

젊어서 재산을 많이 모아 놓은 백발 유대인이 죽음을 맞게 되었다. 임종이 임박하자 그는 괴로운 표정으로 아들에게 말했다.

"랍비를 불러다오, 어서 랍비를!"

아들이 급히 사람을 랍비에게 보냈다. 랍비가 곧 당도할 것이라는 말을 듣고 노인이 아들에게 물었다.

"랍비에게 기도를 부탁하면 틀림없이 천국에 갈 수 있는 거냐?"

"물론이죠. 아버지를 위하여 랍비가 기도를 하기만 하면 틀림없이 천국에 가실 수 있을 겁니다."

노인은 더욱 괴로운 표정을 지으며 말했다.

"음…… 그렇지만 거액의 헌금을 요구하겠지?"

"아무래도 1만 달러는 주셔야 할 겁니다."

"그러면 정말 천국에 갈 수 있을까?"

노인은 괴로운 숨을 내쉬며 다시 물었다.

"네! 물론 갈 수 있을 겁니다."

그러나 노인은 못 미더운 듯 말했다.

"얘야, 가톨릭 신부도 불러라. 가톨릭 신부에게도 똑같이 기도를 부탁하면, 만약 유대교의 천국이 없을 경우 가톨릭교의 천국에라도 갈 수 있을 것 아니냐?"

아들은 사랑하는 아버지의 임종을 앞두고 그 뜻을 받아 가톨릭 신부에게도 기도를 해달라고 기별을 하였다.

"아버지, 가톨릭 신부도 오십니다."

"그래? 그런데 두 곳 모두 기도의 효험이 없으면 어쩌지?"

"1만 달러씩 주면 두 사람 합해서 2만 달러군요. 그렇다면 개신교의 목사도 부르는 게 어떨까요?"

"그래 그래, 그러려무나. 그쪽에도 1만 달러를 헌금해야겠지. 내가 천국에 갈 수 있도록 세 사람에게 기도를 부탁하는 거야."

이윽고 유대교의 랍비와 가톨릭의 신부와 개신교의 목사가 병실에 들어와 오랫동안 기도를 올렸다.

노인은 평화로운 미소를 지으며 세 군데의 천국 가운데 어느 곳인가에 오르려 기다리고 있었다. 그러나 그는 마지막 순간에 눈을 떴다. 아들에게 모든 재산을 물려주었다는 사실이 생각났기 때문이었다. 노인은 마지막 힘을 모아 말했다.

"랍비님, 신부님, 목사님! 나는 세 분에게 드릴 3만 달러만을 제외하고는 아들에게 재산을 죄다 물려주었습니다. 그런데 가만히 생각해 보니 천국에 가서도 돈이 필요할지 모른다는 생각이 듭니다. 그러니 세 분, 각자에게 드리는 1만 달러 가운데서 2천 달러씩만 깎아 도로 내 관 속에 넣어 주십시오."

물론 랍비도 신부도 목사도 1만 달러씩이나 받았으므로 그 가운데서 2천 달러를 노인의 관에 넣어 주는 데 아무런 이의가 없었다. 노인은 세 분의 기도와 축복 가운데 숨을 거두었다.

장례식 날이 되었다. 우선 가톨릭 신부가 2천 달러를 관 속에 넣었다. 다음에는 개신교의 목사가 역시 2천 달러를 넣었다. 그다음엔 랍비 차례였다.

랍비는 엄숙한 태도로 자기 주머니 속에서 당좌수표를 꺼내어 6천 달러를 기입하더니 그것을 관 속에 넣고 4천 달러의 거스름돈을 집어들었다.

소는 날개가 없고, 새는 날개가 있는 이유

• • •

두 사람이 걸어가면서 이야기를 나누고 있었다. 날씨는 화창했고 봄을 맞아 온 산천엔 아름다운 꽃들이 가득 피어 있다. 새들은 즐겁게 지저귀고 목장에서는 소와 양 떼들이 한가로이 풀을 뜯고 있었다.

한 사나이가 입을 열었다.

"아, 아름답구나! 우리의 창조주 하나님은 참으로 위대하지. 하찮은 벌레 한 마리에서도 그 위대함을 깨달을 수 있으니 말이야. 한번 생각해 보자구. 저기 보이는 저 커다란 소가 처음에는 작은 송아지였지. 하늘을 나는 저 새는 둥지 안에선 알이었고……."

그러자 옆에서 같이 걷던 사나이가 말했다.

"나도 하나님은 위대하시다고 생각하네. 그런데 한 가지 모를 일이 있단 말이야. 우선 새들은 몸집이 작으니까 조금밖에 먹지 않지. 그런데 소는 몸집이 크니까 많이 먹지. 그러니까 새와 소의 몸집을 비교해 보면 어째서 소는 많이 먹고 새는 조금밖에 먹지 않는지 누구나 알 수 있지. 그런데 많이 먹어야 하는 소는 먹을 것을 찾아다녀야 하니까 날개가 필요할 텐데 날개가 없고, 얼마 먹지 않아도 되는 새는 주위에 떨어져 있는 것만 먹어도 될 텐데 날개가 있으니 정말 이상한 노릇 아닌가? 하나님의 뜻을 도통 모르겠단 말일세."

그가 그렇게 말을 끝낸 순간 새 한 마리가 두 사람의 머리 위를 날아가면서 그렇게 말한 사나이의 이마 위에 똥을 떨어뜨렸다. 그러자 그가 탄성을 올렸다.

"아하! 이제 그 이유를 알겠군. 역시 하나님은 위대하시다니까!"

죄 중의 죄

♦ ♦ ♦

한 사나이가 랍비를 찾아와서 자기의 죄를 고백하겠노라고 했다. 허락을 받은 사나이의 고백은 오랫동안 계속되었다. 그는《성서》에 하지 말라고 기록된 모든 죄를 범했던 것이다. 도둑질, 강간, 간통, 동성애, 살인, 강도, 사기 등등.

"저는 많은 죄를 범했습니다. 아마 저처럼《성서》에 기록된 모든 죄를 범한 자는 그리 흔치 않을 것입니다."

한참 만에 고백을 마친 사나이는 많은 죄를 지은 것에 대해서 후회하고 있는 듯한 표정을 짓고 있었다. 하지만 한편으로 은근히 자랑하는 듯한 기색도 엿보였다. 랍비가 그에게 말했다.

"아니오, 아직 한 가지가 모자라는 것 같소."

사나이는 의외라는 듯 불만스러운 투로 물었다.

"모자란다고요? 무어가……?"

그러자 랍비가 대답했다.

"당신은 아직 자살을 안 했잖소? 죄 중에 제일 큰 죄가 자살인데, 그대는 아직 살아 있잖소."

친절한 배려

❖❖❖

레이먼이 단골 상점에 들어가 물건 하나를 놓고 흥정을 했다. 그가 계속 물건 값을 깎는 통에 15달러가 10달러가 되었다가 9달러 90센트, 마지막에는 9달러 87센트까지 내려갔다. 그런데 레이먼은 9달러 86센트로 깎아달라며 끈질기게 물고 늘어졌다. 그러나 점원은 이제 더 이상은 안 된다고 딱 잘라 말했다. 그래도 레이먼은 집요하게 물러서지 않았다.

"9달러 86센트! 이 가격에 주지 않으면 나도 물러서지 않겠소이다."

"내참! 겨우 1센트를 가지고 이렇게 승강이를 하다니…… 하여튼 87센트 이하로는 안 됩니다. 더구나 손님은 이 물건을 외상으로 가져가시는 것 아닙니까? 그러니 1센트 정도 더 내셔야지요."

레이먼이 진지하게 대답했다.

"여보시오, 나는 이 상점을 매우 좋아하고 있소. 그러므로 만일 내가 외상값을 갚지 못할 경우까지도 생각 안 할 수 없단 말이오. 그래서 단 1센트라도 더 깎아 이 상점의 손해를 최대한으로 덜어주려고 이처럼 애쓰는 것이라 말이오."

지참금 1만 달러에 사진까지?

❖❖❖

한 중매쟁이가 총각에게 말했다.

"내가 중매쟁이 노릇을 그렇게 오래했지만 지참금을 1만 달러나 가진 아가씨는 없었소이다. 게다가 이 아가씨는 대단히……."

듣고 있던 청년이 눈빛을 반짝이며 말했다.

"예? 1만 달러라고요? 그거 괜찮은데요. 그럼 사진을 보여 주시겠습니까?"

그러자 중매쟁이가 어이없다는 듯 말했다.

"사진이라고? 아니, 지참금이 1만 달러나 되는데 거기에 사진까지 보여 줄 것 같소?"

자린고비의 푸념

◆ ◆ ◆

뉴욕에서 제법 알려진 양복점을 경영하고 있는 토빈은 부자이면서도 인색한 사람으로 소문이 나 있었다.

그가 양복점 문을 닫은 후 가까운 호텔에서 위스키를 한 잔 주문해 홀짝거리고 있었다.

그때 친구 솔로몬이 다가오자 잘 만났다는 듯이 말했다.

"하여튼 우리 마누라는 골치라네. 그저 돈만 긁어내려고 한다니까. 그저께는 150달러를 달라고 하더니 어제 아침엔 80달러를 또 달라고 하지 뭔가? 그러더니 오늘 아침엔 또 100달러를 내놓으라며 손을 벌리잖아."

솔로몬은 토빈이 돈 쓰는 데는 짠 사람이라는 것을 알고 있었으므로 깜짝 놀라서 물었다.

"아니, 도대체 자네 부인은 어디에 그 돈을 다 쓰는 거야?"

"글쎄, 나도 그 사람이 어디다 돈을 쓰는지는 알 수 없어. 지금까지 한 푼도 줘 본 적이 없으니까."

선한 사람과 악한 사람의 차이

• • •

랍비가 설교하고 있었다.

"이 세상에 태어나 죄를 범하지 않는 인간이라곤 아무도 없습니다. 그렇지만 선량한 사람과 악한 사람 사이엔 큰 차이가 있습니다. 선량한 사람은 자신이 살아 있는 한 죄를 범한다는 사실을 압니다. 하지만 악한 사람은 자기가 죄를 범하고 있는 동안만 살아 있다는 것을 압니다."

개종시키려다 보험만 든 신부

• • •

생명보험 회사의 사원인 모세는 성실 근면한 데다 매우 유능했으므로 회사의 경영자들이 중역으로 발탁하기로 했다. 그런데 한 가지 문제가 있었다. 이 회사의 중역들은 모두 가톨릭 교인인데 모세는 유대교인이었던 것이다.

사장이 입을 열었다.

"에…… 모세가 우리 회사의 중역이 될 자질을 충분히 갖추고 있다는 것은 인정하는 바입니다. 그러나 모세는 유대교인이 아닙니까? 가톨릭교의 오랜 전통 속에서 성장했고, 그것을 자랑스럽게 생각하는 우리 중역진에 유대교인을 끌어들인다는 것은 문제가 있다고 생각합니다. 거기에 따른 대책이 있다면 또 모를까……. 그렇지 않다면 좋지 않다고 생각합니다."

그러자 역시 가톨릭 교인인 상무가 일어나서 말했다.

"네, 저는 아주 훌륭하고 현명한 신부님을 한 분 알고 있습니다. 이웃 시에 살고 계시는 맥카란 신부님이신데, 그분이라면 모세를 가톨릭 교인으로 개종시키실 수 있을 것입니다. 그렇게 한번 시도해 보는 게 어떻습니까?"

중역 모두가 고개를 끄덕였다.

그리하여 회사에서 맥카란 신부님을 모셔왔다. 신부는 무려 세 시간 동안이나 모세와 단 둘이 응접실에서 이야기를 나눈 후 돌아왔다. 중역들은 모두 일어서서 '고맙습니다.'하고 감사를 표했다. 그러자 맥카란 신부는 당황스러운 표정을 지었다. 사장이 걱정되어 물었다.

"신부님, 물론 성공하셨겠지요?"

"아, 아니오. 시간이 더 필요합니다. 오히려 내가 그에게 설득되어 10만 달러짜리 보험 계약만 하고 말았지 뭡니까."

돈은 지혜로운 사람을 부린다

◆ ◆ ◆

두 랍비가 이야기를 나누고 있었다.

"지혜와 돈, 그 둘 중 어느 것이 더 중요합니까?"

듣고 있던 랍비가 대답했다.

"물론 지혜가 더 중요하겠죠."

"하지만 정말 지혜가 더 소중하다면, 어째서 지혜로운 사람이
돈 많은 사람에게 부림을 당하지요? 반대
로 돈 많은 사람은 지혜로운 사람에게 부
림을 당하지 않잖아요."

"그야 아주 간단하죠. 지혜로운 사람들
은 돈의 소중함을 알지만 부자들은 지혜
의 소중함을 모르기 때문이지요."

싸게 산 말

◆ ◆ ◆

테일러가 새로 산 말을 끌고 집으로 와서 아내 미리엄에게 말
했다.

"여보, 시장에서 제일 교활하기로 소문난 집시한테서 이 말을
샀소. 좋은 말이면 50달러는 줘야 되는데 난 20달러에 샀지."

"어머, 20달러에 이렇게 좋은 말을! 정말 잘했어요."

"아냐, 그런데 그게 잘못 됐어. 끌고 오면서 보니까 말이 너무

작더란 말이오."

"그래요? 그럼 잘못했네요."

"아냐, 그래도 괜찮아. 작긴 해도 매우 튼튼하거든."

"그래요? 작아도 튼튼하다니 다행이군요. 50달러만큼의 일만 한다면 크든 작든 무슨 상관이겠어요."

"아냐, 그런데 잘못 됐어. 말이 절름발이야."

"저런! 그건 좋지 않군요. 절름발이 말이라면 무거운 걸 끌지 못할 것 아니에요?"

"그런데 그게 아냐. 내가 말 뒷발굽 속에 작은 못이 박힌 걸 발견하고 뽑아냈거든. 그러고 나니 말이 잘 걷더라구."

"그렇게 좋은 말을 겨우 20달러에 샀다니, 정말 운이 좋았어요!"

"아냐, 그게 좋지 않았어. 내가 실수해서 50달러를 줬지 뭐야."

"어머나! 그럼 20달러짜리 말을 산 게 아니잖아요?"

"아냐, 내가 집시한테 준 50달러짜리는 가짜였거든."

마차를 끌고 온 이유

◆ ◆ ◆

마음이 좋은 랍비가 어느 날 이웃 마을에 볼 일이 있어서 마차를 불렀더니 마부가 말했다.

"랍비님! 부탁 드릴 말씀이 있습니다. 산에 오르게 될 때는 마차에서 내려 주십시오. 그렇지 않으면 말이 너무 힘들어 지치게 됩니다. 그리고 산을 내려갈 때도 내려 주십시오. 내리막길은 위험하거든요. 또 평탄한 길에서는 걸어가시는 게 건강에 좋으실 겁니다."

마부가 말한 대로 하여 목적지에 도착한 랍비가 말했다.

"나는 볼 일이 있어서 이곳에 왔소. 그것은 당연한 일이지요. 당신은 돈을 벌기 위해서 이곳에 왔는데, 그 또한 당연한 일이오. 그런데 왜 우리가 말까지 끌고 왔지요? 그 점이 도무지 풀리지 않는 수수께끼라오."

랍비의 거짓말

◆ ◆ ◆

어느 마을에 큰 부자가 있었다. 그가 너무나 심심해서 거리를 어슬렁거리다가 현자로 유명한 랍비를 만났다.

"랍비님, 랍비님이 내게 그럴듯한 거짓말을 하시면 내가 교회에 1달러를 기부하지요."

"아니 100달러나요?"

고티에의 잔꾀

◆ ◆ ◆

고티에는 마을에서 제일 큰 부자이면서도 가장 인색한 구두쇠였다. 그런 그가 감기로 고열에 시달리다 못해 병원에 입원하러 갔다.

현관에서 초진료가 10달러이며 그다음부터의 진찰비는 5달러라고 쓰여 있는 것을 본 고티에는 의사를 만나자 말했다.

"그간 안녕하셨습니까? 또 찾아 뵙게 되었습니다."

마치 초진이 아닌 것처럼 능청을 떤 것이다. 의사는 청진기를 꺼내들고 신중하게 고티에를 진찰했다. 목, 눈, 귀 등등을 들여다 보며 필요 이상의 많은 질문을 해가면서 진찰을 끝내고 말했다.

"지난번에 해드린 처방과 똑같이 하십시오."

아버지를 모르는 데이비드 선생

◆ ◆ ◆

초등학교 교사인 데이비드가 산수를 가르치던 중 테일러를 지명하여 문제를 냈다.

"테일러야, 내가 만약 네 아버지한테 100달러를 빌렸는데, 그중 50달러를 갚았다면 현재 내가 지고 있는 빚은 얼마지?"

테일러는 믿지 못하겠다는 듯이 되물었다.

"선생님이 우리 아버지한테 100달러를 빌리셨다고요?"

"아니, 이건 문제니까 그저 빌렸다 치는 거야. 100달러 빌려서 50달러를 갚았다면 나머지는 얼마냐구?"

테일러는 가슴을 쭉 펴고 대답했다.

"100달러입니다."

"100달러 빌린 데서 50달러를 갚았다 니까. 잘 생각해 봐. 얼마가 남았지?"

데이비드는 짜증스런 목소리로 다시

물었다.

테일러도 큰소리로 짜증스럽게 대답했다.

"100달러 남았다니까요!"

데이비드는 마침내 화가 나서 소리를 질렀다.

"너는 뺄셈도 못 하니? 그만큼 배우고도 그것 하나 못해?"

"아뇨, 저는 산수를 잘하는데요. 문제는 선생님께서 우리 아버지를 잘 모르고 계신단 거예요!"

알아들을 수 없는 랍비의 설교
◆ ◆ ◆

서로 다른 곳에 사는 사람 둘이 이야기를 나누고 있었다.

"우리 마을 랍비는 독일에서 공부를 하고 왔다더군. 아주 박식한 분이야. 어제 처음으로 설교를 했는데 참으로 훌륭했지."

"뭐라고 했는데?"

"그거야 알 수 있나? 아마 그분이 하는 말을 알아들은 놈은 우리 마을에 아무도 없을 거야."

식초 조림 청어를 먹어야 머리가 좋아
◆ ◆ ◆

유대식 요리만 전문으로 하는 곳을 코샤 레스토랑이라 한다.

어느 날, 뉴욕의 코샤 레스토랑에 거구의 아일랜드인 경관이 들어와 주인인 시몬에게 물었다.

"도대체 유대인은 어째서 머리가 좋은 거요? 아무래도 무슨 비밀이 있는 게 틀림없어요. 그 비밀을 내게 좀 가르쳐 주시오."

시몬은 유대인의 비밀을 가르쳐 줄 필요가 없다고 생각했다. 게다가 경관의 태도는 거만하기 짝이 없었다. 그래서 시몬은 이렇게 대답했다.

"우리 유대인들의 머리가 좋은 것은 매일 저녁 식초에 조린 청어를 먹기 때문이라오."

그때부터 아일랜드인 경관은 매일 저녁 6시면 어김없이 나타나 식초에 조린 청어를 사 먹었다.

그로부터 6개월이 지난 어느 날, 경관이 분노를 참느라 입술을 지그시 물고 코샤 레스토랑에 들어왔다. 경관은 곧장 시몬에게로 다가오더니 떨리는 목소리로 따져 물었다.

"당신은 이제까지 나한테 식초 조림 청어 1인분에 40센트씩 받아왔지? 그런데 밖에 씌어 있는 메뉴를 보니 1인분에 25센트잖아! 여지껏 나를 속여온 거지?"

시몬은 조금도 당황하지 않고 대답했다.

"거 보시오, 내가 뭐랍디까? 당신이 그 사실을 알게 된 것이 바로 식초에 조린 청어의 효험이 나타난 증거라고요."

숨은 뜻

◆ ◆ ◆

야고보는 임종이 다가왔음을 느끼자 친구에게 유언을 했다.

"내가 죽으면 전 재산을 내 아내 에스더에게 상속하되, 단 그녀가 재혼한다는 조건을 붙여야 하네."

친구는 어리둥절해서 물었다.

"그게 무슨 뜻인가?"

"적어도 한 사람쯤은 나의 죽음을 진심으로 이해하고 애도해 줄 것을 바라기 때문이지."

그래도 운이 좋은 손님

◆ ◆ ◆

담배 가게를 하고 있는 로버트슨에게 한 손님이 찾아와서 말했다.

"제일 질이 좋은 시가로 하나만 주시오."

로버트슨은 그에게 시가 하나를 골라서 건네주고 50센트짜리 은화를 받았다.

손님은 성냥을 그어 그 시가에 불을 붙이고는 한 모금 깊숙이 빨아들였다. 그러더니 이내 기침을 해대기 시작하며 로버트슨에게 소리쳤다.

"이보시오! 이런 형편없는 시가가 어디 있소? 이제까지 이렇게 질 나쁜 시가를 피워 보기는 처음이오. 이런 걸 팔아먹다니!"

로버트슨이 정색을 하고 말했다.

"그래도 손님은 운이 매우 좋은 편입니다."

"뭐라고?"

"손님은 그걸 하나밖에 안 가지고 있지만, 난 불행하게도 스무 다스나 가지고 있단 말이오."

어떤 논리

◆ ◆ ◆

보르케나우가 수표를 현금으로 바꾸기 위해 차를 불러 타고 은행에 갔다. 용무를 끝내고 다시 차를 타고 돌아온 그는 자신의 오버코트가 없어진 것을 알았다.

여러 사람이 그를 에워싸고 있는데, 그중의 한 남자가 말했다.

"당신 잘못이야. 코트를 눈에 띄지 않게 잘 간수해 두었어야지."

그러자 다른 사람이 나섰다.

"운전기사가 나빠. 그가 주의를 주지 않았기 때문이야."

또 다른 남자가 참견했다.

"아니야! 은행 수위가 부주의했어. 도둑이 코트를 훔쳐가지 못하도록 지켰어야지."

그러자 약속이나 한 듯이 여럿이 이구동성으로 말했다.

"맞았어, 그들 세 사람이 모두 나빴어. 나쁘지 않은 사람은 도둑뿐이야. 그만은 자기 일에 충실했거든."

황금이 모자라서

＊＊＊

저명한 작가 데이크에게 한 남자가 물었다.

"유대인들은 왜 사막에서 황금송아지를 만들었나요?"

"그야 황소를 만들기엔 금이 모자랐던 거지요."

이들의 장례식

＊＊＊

양복점을 경영하는 야곱이 옷감을 사들이기 위해 여행길에 나섰다가 며칠 만에 어느 유대인 마을의 자그마한 여관에 묵게 되었다.

아침이 되자 야곱은 수면 부족으로 몹시 피곤한 얼굴로 내려와 볼멘소리로 주인에게 말했다.

"여긴 정말 형편없는 여관이오!"

여관 주인도 야곱만큼 불쾌한 얼굴로 대꾸했다.

"도대체 왜 그러시오? 뭐가 어쨌다는 거요?"

"어젯밤 침대에 죽은 이 한 마리가 있었단 말이오."

주인은 더욱 거친 목소리로 대꾸했다.

"아니, 손님! 침대에 죽은 이가 한 마리 있었다고요? 그래, 그 죽은 이 한 마리가 손님을 물거나 간질이기라도 했단 말입니까? 그따위 일로 지금 내게 시비를 거는 거요?"

주인이 도로 안으로 들어가려고 몸을 돌리자 야곱이 벼락같이 소리쳤다.

"이것 보시오, 끝까지 들어 봐요. 물론 죽은 이가 날 물거나 기어다니진 않았소. 하지만 그게 굉장히 유명한 놈이었던지 친척 친구들이 다 모여들어 밤새도록 아주 성대한 장례식을 올리더란 말이오!"

냄새의 근원지
♦ ♦ ♦

아랍인이 파리 시내 한복판에 카펫을 펼쳐 놓고 팔고 있었다.

"무슈, 이 근사한 카펫을 사십시오. 제가 손수 짠 겁니다."

한 프랑스인이 발을 멈추고 카펫을 살펴보았다. 확실히 여느 카펫보다 아름답고 질이 좋아 값을 물으니 아랍인이 대답했다.

"이것은 여기 있는 것들 중에서도 최상급이기 때문에 5백 프랑은 받아야 합니다. 이걸 짜는 데 꼬박 3개월이 걸렸거든요. 게다가 이건……."

그때 프랑스인의 얼굴이 찌푸려지며 말했다.

"아니, 그만두겠소. 이렇게 지독한 냄새가 나서야 원……."

아랍인은 물러서지 않고 필사적으로 말했다.

"아닙니다, 이 카펫에선 아무런 냄새도 나지 않습니다. 냄새는 저한테서 나는 거라고요."

유대인의 심리 전술

• • •

유대인 갈렙은 미국의 한 골목에서 모자점을 경영하고 있었다. 그런데 그 점포 앞에 근처 꼬마들이 매일 몰려와서 '유대놈! 유대놈!' 하며 외쳐대곤 했다.

어느 날 저녁, 갈렙은 그 아이들에게 똑같이 25센트씩을 나누어주며 "고맙다, 얘들아." 하고 말했다.

다음 날도 아이들이 모여서 '유대놈! 유대놈!' 하고 떠들었다. 저녁 때가 되자 갈렙은 또다시 아이들에게 15센트씩 나누어주며 고맙다고 말했다. 그다음 날에는 10센트씩을 나누어주었다.

그리고 다음 날에도 역시 아이들이 몰려와서 여느 때처럼 '유대놈! 유대놈!' 하고 외쳐댔다. 저녁 때가 되자 아이들은 갈렙이 나타나기를 기다렸다.

잠시 후 그가 나오더니 양손을 벌려 보이며 아무것도 없다는 시늉을 하자 아이들이 이상하다는 듯이 물었다.

"아저씨, 오늘은 왜 돈을 안 주는 거예요?"

그러자 갈렙이 말했다.

"얘들아, 그동안 열심히 선전을 해 줘서 고마웠다. 하지만 이젠 돈이 다 떨어졌단다."

그다음 날부터 아이들은 모습을 나타내지 않았다.

알아낼 수 없는 마술

••••

마술사인 아이작은 아주 영리한 앵무새 풍피의 주인이었다. 풍피를 데리고 하는 흥행은 언제나 대성공이었다. 아이작은 천재적인 재능을 가진 마술사이기도 하지만 사실 풍피의 도움이 컸다.

해가 갈수록 풍피는 더욱더 총명해졌다. 최근 들어서는 똑같은 마술을 서너 번만 되풀이하면 풍피가 그 술수를 죄다 알아차려서 마술이 채 끝나기도 전에 관람석을 향해 그 속임수를 폭로해 버리는 것이었다. 이렇게 풍피가 비밀을 폭로할 때마다 아이작은 다시 머리를 싸매야 했다. 아이작이 그러지 말라고 타이르면 풍피는 날카로운 목소리로 '알았어, 알았다니까.' 하고 대답했다. 하지만 새로운 쇼가 시작된 지 사나흘 후면 영락없이 아이작이 고심하여 만들어낸 새로운 마술의 속임수를 간파하고 말해 버리는 것이었다.

절망에 빠진 아이작이 걱정하고 있을 때 그의 친구 야곱이 이스라엘에 한번 가 보라고 권했다.

"예루살렘의 한 마을에 아주 현명한 랍비님이 계시다는 얘기를 들었네. 그분과 의논하면 아마 좋은 방법을 가르쳐 주실 걸세."

다음 날 아이작은 예루살렘의 랍비에게 편지를 썼다. 이러저러한 사정 얘기를 늘어놓고는 그곳으로 갈 테니 꼭 자신을 만나 달라고 부탁했다.

2주일 후, 랍비로부터 찾아오라는 답장이 오자 아이작은 풍피를 데리고 이스라엘로 향하는 여객선에 올랐다. 그런데 항해 중 태풍을 만났다. 가냘픈 나뭇잎처럼 흔들리던 여객선은 엄청난 파도가 연달아 내려치자 마침내 뒤집혀 서서히 침몰하기 시작하였다. 밑에서부터 우지직! 하는 소리와 함께 한순간에 배가 두 동강이 나자 선원이고 승객이고 할 것 없이 비명을 지르며 무엇이든 잡을 만한 것을 찾아 갑판 위를 뛰어다녔다. 물론 아이작도 이들과 함께 악을 써대며 난리를 쳤으나 풍피만은 냉정했다. 이윽고 배는 완전히 가라앉아 버렸다.

태풍이 지나가자 바다는 마치 아무 일도 없었던 듯 고요하고 평화로웠다. 다행히도 아이작은 풍피를 데리고 구명보트를 탈 수 있었다. 그러나 보트 위에는 그들 둘뿐, 아무리 주위를 둘러보아도 침몰한 배에 탔던 사람이나 섬 그림자 하나 보이지 않았다.

아이작은 풍피를 보고 말했다.

"풍피, 우린 이렇게 살아남았으니 다행이다."

그러나 풍피는 폭풍이 일고 나서부터 지금까지 입을 굳게 다물고 있었다.

시간이 지나 해가 뉘엿뉘엿 지기 시작했다. 아이작은 공포감에 견딜 수 없어 소리쳤다.

"풍피야, 무슨 말이든 한마디만이라도 해 봐! 이 넓은 바다에 우리 둘밖에 없잖아! 태풍에 놀라서 말이 안 나오는 거야? 제발 무슨 말이든 해보라니까!"

그래도 풍피는 아무 말도 않고 크고 동그란 눈을 들어 아이작을 빤히 바라보고만 있었다.

밤이 되어 온 하늘에 별들이 빛나고 둥근 달이 보이자 아이작이 다시 말했다.

"풍피야, 제발 한마디만 해 봐! 너 정말 머리가 어떻게 됐니?"

그러자 풍피가 가까스로 입을 열었다.

"네가 배를 어디에다 감췄는지, 아무리 생각해도 알아낼 수 없단 말이야."

탐정 시몬

• • •

얼간이 사립 탐정 시몬은 근무 시간에 늘 졸기만 했다. 그러니 무슨 일이든 제대로 될 리 만무했다.

이웃 마을에 사는 그의 친구 아브라함이 보석상을 경영하여 큰 성공을 거두자, 시몬이 사는 마을에 지점을 내고 그곳의 경비를 시몬에게 맡겼다. 아브라함은 시몬의 좋지 않은 평판을 모르고 있었기 때문에 선뜻 일을 맡겼던 것이다.

시몬으로서는 오랜만에 얻은 일자리이고 하루에 30달러씩이나 받기로 했으므로 아예 상점에서 먹고 자면서 일을 보기로 작정했다. 처음 1주일은 평화롭게 지나갔다. 시몬은 되도록이면 낮에 자고 밤엔 깨어 있으려고 노력했지만 평소의 버릇이 나타나 밤에도 꾸벅꾸벅 졸기 일쑤였다. 그렇게 해서 대충 1주일을 넘기고 여드레째 되는 날 밤, 시몬이 상점 안의 긴 의자에 누워 정신 없이 자고 있는 사이에 도둑이 들어 몇 만 달러어치의 보석을 훔쳐 달아났다.

아브라함은 다행히 보험에 들었으므로 큰 손해는 없었지만 보험금이 지급될 때까지 마냥 기다려야만 했다. 그사이에 상품을 진열할 수가 없어 사업에 막대한 지장이 생겼다. 아브라함은 시몬에게 한 번은 용서하겠지만 다음번에 이런 일이 또 일어나면 해고하겠다고 경고했다. 시몬은 마음속으로 이제 다신 졸지 않을 것이며 더욱이 그렇게 잠에 흠뻑 빠지진 않겠노라고 굳게 다짐했다.

또한 자기가 경비를 맡고 있는 한 다시 또 도둑이 들 것이라고 판단해 마지막 남은 4백 달러를 털어 고급 카메라를 샀다. 그러고는 진열장 위에 가짜 보석들을 잔뜩 늘어놓았다. 만일 자신이 깊이 잠들었다 해도 도둑이 들면 자동적으로 사진이 찍히도록 카메라를 장치해 놓았다. 이번에 보석 도둑을 잡기만 하면 널리 소문이 돌아 더 이상 얼간이 사립 탐정이란 소리는 듣지 않게 될 것이라 생각하고 만전을 기했다.

그는 첫날과 그다음 날 밤을 꼬박 지새우고 아침을 맞이했다. 그러나 셋째 날엔 잠깐 존다는 게 그만 깊은 잠에 곯아떨어지고 말았다. 새벽녘이 되어 눈을 뜬 시몬은 차가운 공기가 들어오는 기미에 깜짝 놀라서 벌떡 일어났다. 실내를 살펴보니 도둑이 들었던 흔적이 역력했다.

"됐다! 도둑이 들었구나!"

그는 우선 불을 켜고 카메라를 찾았다. 그러나 가짜 보석들은 얌전히 제자리에 있는 대신, 전 재산을 털어서 구입한 카메라만 깨끗이 사라져 버리고 없었다.

얼간이 탐정 시몬보다 도둑들은 언제나 한 수 위였다.

아버지의 윤리적인 고민

* * *

박사 학위 하나 따지 못한 사람은 인생의 낙오자라고 생각할 정도로 유대인들의 교육열은 대단하다. 때문에 제대로 교육을 받지 못한 유대인 부모들은 무슨 짓을 해서라도 자식을 가르치려고 온갖 노력을 아끼지 않는다.

미국으로 이민 와서 친구와 함께 상점을 경영하고 있는 몰리 역시 장사로 번 돈의 대부분을 자식의 교육비로 쏟아부었다. 덕분에 그의 아들은 뉴욕의 컬럼비아 대학에 입학했다.

여름방학이 되어 아들이 집으로 돌아오자 몰리가 물었다.

"야곱, 넌 대학에서 어떤 공부를 하니?"

야곱은 시원스럽게 대답했다

"사회학, 계량경제학, 형태인류학, 근대 라틴아메리카 역사, 아메리카 역사, 국방경제학…… 그리고 윤리를 배우고 있어요, 아버지."

그 말들 중에서 몰리가 알아들은 것은 맨 끝의 윤리라는 단어뿐이었다.

"아, 윤리 말이냐? 그거라면 나도 좀 알지. 실은 어떻게 하면 좋을지 알 수 없어서 고민하고 있는 문제가 있는데, 윤리적 문제야."

"말씀해 보세요, 아버지."

"음…… 지금까지 15년간 매일 아침 우리 상점에 들러서《뉴욕타임즈》와 담배 한 갑을 사 가는 손님이 있단다. 그 손님은 언제나 아침 9시 직전에 와서 1달러짜리 지폐를 내밀지. 이젠 나도 익숙해져서 아침마다 상점의 문을 열면 《뉴욕타임즈》 한 부와 담배 한 갑을 세트로 마련해 놓거든. 50센트짜리 동전도 함께 말이야. 오늘 아침에도 어김없이 그 손님이 왔었지. 나도 늘 해왔던 것처럼 《뉴욕타임즈》 한 부와 담배를 건네주고 돈을 받은 다음 거스름돈 50센트를 주었단다. 그런데 손님이 나가고 나서 1달러짜리 지폐를 금고에 집어넣으려고 보니까 그게 10달러짜리 지폐지 뭐냐. 손님이 잘못 알고 10달러짜리를 준 거지. 그래서 지금 고민하는 거야. 내가 그 10달러짜리를 받은 사실을 동업자에게 말해야 될지 말아야 될지……."

들고 있던 아들은 아버지의 사생활에 대해선 간섭할 수 없다면서 꽁무니를 뺐다.

논리의 모순

♦ ♦ ♦

랍비와 교사가 이야기를 나누고 있었다.

교사가 말했다.

"세상살이는 모순투성이에요. 이 마을도 예외가 아니죠. 부자들은 후불로도 물건을 살 수 있는데, 가난한 사람들은 선금을 내지 않으면 아무것도 살 수 없으니까요."

"그야 간단한 이치지요. 부자는 돈이 있고 가난한 사람은 돈이 없잖습니까? 그러니 장사꾼들이 부자에게 외상을 주는 것은 당연하지요. 하지만 돈이 없는 사람들에게도 외상을 주면 모두 망하고 말 테니까요."

랍비의 설명에 교사는 고개를 가로저었다.

"그렇지만 부자는 돈이 있으니까
현금으로 물건값을 지불하고, 가난
한 사람들은 돈이 없으니까 후불로,
외상으로 물건을 사야 이치에 맞지
않을까요?"

랍비가 교사를 똑바로 주시하며
말했다.

"당신은 왜 그렇게 내 말을 못 알아듣소? 만약 돈이 없는 사람
들에게 외상으로 물건을 판다면 상점 주인들이 모두 파산하여 가
난뱅이가 될 것 아니오?"

그러나 교사는 끝까지 자기의 주장을 굽히지 않고 우겼다.

"아니, 못 알아듣는 쪽은 랍비님이십니다. 상점 주인들이 가난
해지면 또 외상으로 물건을 사들이면 되지 않느냐, 이 말이에요."

순환의 오산

• • •

뉴욕에서 성공적인 비즈니스맨으로 발돋움한 리드로스가 루즈
벨트 호텔에서 친구인 모세 프랑켈과 함께 점심 식사를 하고 있었
다. 식사 도중에 그는 자기 주머니 속에서 커다란 에메랄드 반지
를 꺼내 모세에게 보여 주었다.

"이 에메랄드 어떤가? 지난번 베네수엘라에 갔을 때 아내에게 선물하려고 산 걸세. 모레가 내 아내 생일이거든."

모세는 그 에메랄드를 이리저리 살펴보며 연신 감탄했다.

"정말 멋있군! 도대체 자네, 이거 얼마 주고 샀나?"

"응, 1만 2천 달러 줬네."

모세는 깊이 생각에 잠긴 듯한 표정을 지으며 말했다.

"어때, 나한데 1만 4천 달러에 팔지 않겠나?"

리드로스는 앉은 자리에서 2천 달러를 번다면 그것도 나쁘지 않다고 생각하여 그 에메랄드를 모세에게 팔아 버렸다.

모세는 신이 나서 그것을 가지고 갔다. 한편 사무실로 돌아온 리드로스는 아무리 생각해도 아내의 생일 선물로는 에메랄드 반지 이상의 것이 없을 듯하자 곧 친구에게 전화를 걸었다.

"아, 모세인가? 한참 생각해 봤는데 말이야, 아무래도 그 반지를 아내에게 선물하는 게 좋겠어. 1만 6천 달러 줄 테니 내게 도로 팔지 않겠나?"

수화기를 든 모세는 재빨리 머리를 굴려 보았다. 하지만 단 3시간 만에 2천 달러를 벌기란 그리 쉬운 일이 아니었으므로 결국 승낙을 했다.

"그래, 좋아. 내 비서에게 갖다 주라고 하겠네."

이리하여 에메랄드 반지는 다시 리드로스에게 돌아오게 되었다.

모세의 비서가 그 반지를 가져왔을 때, 마침 리드로스의 사무실에 친구인 골드버크가 와 있다가 예의 반지를 보자 눈을 휘둥그레 뜨며 말했다.

"와! 이거 대단한 에메랄드로군! 나한테 안 팔 텐가?"

"팔라고? 얼마에 사겠나?"

"얼마 주면 팔겠나? 1만 9천?"

리드로스는 1만 9천 달러를 주겠다는 말에 혹해서 그 자리에서 그것을 팔았다. 골드버크는 반지를 가지고 돌아갔다.

저녁 무렵, 모세가 리드로스의 사무실로 전화를 걸어왔다.

"여보게, 아무리 생각해도 그 반지가 탐나는군. 자네한테 2천 달러를 더 얹어 줄 테니 내게 되팔지 않겠나?"

"그럴 수가 없게 됐네. 아까 낮에 골드버크가 와서 그 반지를 꼭 사고 싶다기에 적당한 가격에 팔아 버렸거든."

그러자 모세는 혀를 차며 말했다.

"자넨 참 멍청이로군. 우리 둘이 오후 몇 시간 동안 서로 몇 천 달러씩 벌고 있었는데 그걸 팔아 버리다니! 매일 그렇게 하면 우린 금방 백만장자가 될 수 있었을 건데……."

돈을 빌려줄 수 없는 이유

◆ ◆ ◆

한 랍비가 생활이 몹시 어려워서 생선 장사를 하기로 했다. 새벽에 아내가 생선을 사 와 손질하여 고추냉이를 흠뻑 발라놓으면, 랍비는 그것을 포장마차에 싣고 나가 은행 맞은편 거리에서 팔았다.

그가 장사를 시작한 지 며칠이 지났을 때 이웃 마을의 랍비가 그를 찾아와서 말했다.

"여보게, 장사는 잘 되나?"

"응, 그럭저럭 ."

이웃 마을의 랍비는 몹시 미안스런 얼굴로 부탁을 했다.

"저……, 실은 자네한테 부탁을 좀 하려고 왔는데…… 5달러만 좀 빌려주게나."

두 사람은 매우 친한 사이였으므로 5달러 정도는 빌려주고 싶었지만 워낙 생활이 어려워 생선을 팔아야 할 지경이었으므로 그는 거절하기로 마음먹었다.

"여보게, 저 길 건너 은행이 보이지? 장사를 시작한 후부터 난 저 은행과 계약을 했다네. 내가 사람들에게 돈을 빌려주지 않는 한 은행에서도 생선을 팔지 않기로 말이야. 그러니 내가 자네에게 돈을 빌려주면 저 은행에서도 생선을 팔 것 아닌가? 그리되면 서로의 장사를 방해하지 말자고 한 합의가 깨어지니 안 되지. 미안하네."

제2장

잉어에 대한 형벌

부자가 죽지 않는 곳

• • •

로스차일드 남작이 병이 몹시 위중하여 아무도 손을 쓰지 못했다. 영국 내의 모든 의사가 포기할 정도였으므로 남작도 이제 자신에게 죽음이 다가온 것을 깨닫고 있었다. 그때 가난한 사람만 모여 사는 마을의 어떤 유대인이 남작의 병을 고칠 수 있다고 호언장담하더라는 얘기를 전해 들었다. 그래서 남작은 그곳 빈민가에 집사를 보내 그토록 장담한다는 그 사람을 정중히 모셔오도록 했다.

푹신푹신한 롤스로이스에 몸을 싣고 집사에게 안내되어 온 유대인 모세는 2천 장 정도의 조각 천을 이어서 꿰맨 셔츠와 양복을 입고 있었는데, 보기에 따라서는 고급이라고 할 수도 있을 정도로 엄청나게 잔손질이 많이 간 그런 옷이었다. 이윽고 그가 발목까지 파묻힐 듯한 카펫을 밟으며 남작의 병실에 들어섰다.

남작이 그를 보고 물었다.

"내 병을 고칠 수 있다고 한 사람이 바로 당신이오?"

"네, 고칠 수 있다고 자신할 수 있을진 잘 모르겠지만, 적어도 제 충고를 들으면 돌아가시진 않을 것입니다."

"하지만 영국 왕실 주치의인 리빙스턴 박사와 글래드스턴 수상의 주치의인 스탠레이 교수, 로열 아스코트 경마의 마주들만을 상대하는 리치 박사에 이르기까지 우리나라 최고의 의사들이 다들 가망이 없다고 했소. 그런데 당신은 의사 맞소?"

"아닙니다. 전 거지입니다."

그 말에 로스차일드 남작은 깜짝 놀라서 소리쳤다.

"거지라고?"

"네, 거지입니다. 히지만 남삭님께서 제가 살고 있는 곳으로 이사를 오시면 절대 목숨은 잃지 않으실 겁니다."

"음…… 당신이 사는 곳이 어디라고 했소?"

"저 강 건너 쓰레기 하치장 옆에 있는 빈민가의 다락방입니다. 그 근처 어디라도 좋으니까 남작께서 그리로 옮겨와 사시면 문제는 깨끗이 해결될 겁니다."

"어째서?"

"지금까지 몇 백 년 동안 그곳에서 큰 부자가 죽었다는 말은 들어본 적이 없으니까요."

새끼 낳은 은접시와 은촛대

* * *

한 거지가 마을에서 인색하고 교활하기로 유명한 아브라함을 찾아가 공손히 말했다.

"이번에 멀리 살고 있는 친척이 저의 집을 방문하여 식사를 대접하게 되었습니다. 그런데 제가 이 마을에서 얻어먹으며 살고 있다는 걸 보이기가 부끄럽습니다. 그래서 식사 때 은접시를 내놓으며 자랑을 좀 하고 싶은데, 미안하지만 한 개만 빌려주시겠습니까?"

이렇게 하여 거지는 은접시 하나를 빌리는 데 성공했다.

다음 날 아침, 거지는 작은 은접시를 하나 더 끼워 돌려주었다. 아브라함이 의아해서 물었다.

"이 작은 접시는 뭔가?"

거지는 차근차근 설명했다.

"글쎄, 제 얘기 좀 들어보십시오. 댁의 이 커다란 은접시를 제가 간직하고 있는 동안 밤중에 작은 접시를 낳았지 뭡니까! 그러므로 이 작은 접시는 당연히 댁의 은접시 새끼이므로 같이 돌려드리는 것입니다요."

아브라함은 몹시 기뻐했다. 마음속으로는 세상에 이런 얼간이를 보았나 하고 생각했지만 입으로는 이렇게 말했다.

"뭐 또 필요한 것이 있으면 말하게. 빌려줄 테니까."

그러자 거지는 기다렸다는 듯 말했다.

"네, 어제는 친척을 대접하고 이제 겨우 돌아갔나 했더니, 이번엔 또 친구가 찾아왔지 뭡니까. 이 친구한테도 제가 웬만큼 사는 것처럼 보이기 위해 댁의 은촛대를 빌려다 놨으면 하는데, 빌려주시지 않겠습니까?"

아브라함은 기꺼이 은촛대를 빌려주었다.

다음 날이 되자, 거지는 또다시 아브라함에게서 빌린 은촛대와 함께 작은 촛대를 하나 더 가져왔다.

"아브라함 씨! 어젯밤에 댁의 은촛대가 산기를 보이더니, 글쎄 이 새끼 은촛대를 낳았지 뭡니까! 이것도 댁의 것이니 돌려 드려야죠."

아브라함은 너무도 좋아서 어제 한 것과 똑같은 말을 했다.

"앞으로도 필요한 것이 있으면 주저하지 말고 얘기하게. 얼마든지 빌려 줄 테니."

거지는 내심 쾌재를 불렀으나 물론 표정으로는 나타내지 않았다.

"네, 실은 이웃마을에 사는 친구를 찾아가야 할 일이 있습니다. 그 친구에게 내가 목에 힘을 주고 산다는 걸 좀 보여 주기 위해 그러는데, 지금 차고 계신 금시계를 잠깐 빌려주실 수 있겠는지요?"

아브라함은 선뜻 금시계를 풀어 거지에게 주었다.

다음 날 아침이 되었다. 거지가 찾아오자 아브라함은 새끼 금시계 생각을 하면서 상냥한 얼굴로 문을 열었다. 그러나 거지는 수심에 싸인 표정을 짓고 있었다.

"아브라함 씨……, 아주 나쁜 소식입니다. 제가 어제 빌려간 시계가 간밤에 고통스럽게 앓더니 글쎄 죽어 버렸지 뭡니까."

"뭐? 시계가 죽어 버렸다고? 그따위 엉터리 얘기가 어디 있나?"

거지는 태연하게 대꾸했다.

"하지만 아브라함 씨, 은촛대가 새끼를 낳는데 시계가 죽지 않는다는 법이 있습니까?"

그러자 아브라함이 말했다.

"알겠네, 알겠어. 시계가 죽다니, 참!"

이번에는 거지도 웃음을 참을 수 없어 배꼽을 잡고 낄낄거리며 아브라함을 놀려댔다.

"이거, 정말 안됐습니다. 얼마나 상심되세요?"

그러자 아브라함이 점잖게 대꾸했다.

"그렇더라도 장례를 치르게 시체는 돌려줘야 될 것 아닌가?"

입장이 다르다

* * *

대부호 로스차일드 남작은 자기 가문을 크게 일으킨 사람이다. 그는 여러 명의 자식을 두었는데, 유럽 각국에 한 명씩을 살게 하여 자동적으로 로스차일드 가의 국제적인 네트워크를 형성하게 만들었다.

노령의 로스차일드 남작이 어느 날 베를린의 거리를 걷고 있는데 한 거지가 그를 알아보고 다가와 손을 내밀었다.

"로스차일드 남작님, 부디 한 푼만 적선해 주십시오."

그는 인정 많은 사람이었으므로 지갑에서 소액의 지폐 몇 장을 꺼내어 거지에게 주었다. 그러자 거지는 아쉬운 표정을 지으며 말했다.

"남작님, 지난번 아드님께서는 이것의 몇 배나 더 주셨는데요."

그러자 로스차일드 남작은 미소를 지으며 이렇게 대답했다.

"내 아들에겐 돈 많은 아버지가 있지만, 유감스럽게도 나에겐 그런 아버지가 없다네."

마지막 방도는 남겨 두어야

◆ ◆ ◆

거리에 사람들이 몰려 웅성거리고 있어 보았더니, 거지가 모자와 신발 속을 뒤적이며 뭔가를 열심히 찾고 있었다. 구경꾼 한 사람이 물었다.

"도대체 지금 뭐하는 거요?"

거지가 대답했다.

"1센트짜리 동전을 하나 가지고 있었는데 그게 없어졌지 뭡니까?"

구경꾼 중에 또 다른 사람이 말했다.

"아까부터 자네 행동을 보고 있었는데 바지 주머니는 살펴보지 않았잖아."

"하지만 만약 여길 뒤져도 없으면 그땐 정말 어떻게 해야 될지 모르잖아요?"

거지의 명답

* * *

거지가 길거리에서 애처롭게 구걸하는 것을 보고 지나가던 사람이 말했다.

"자넨 두 팔이 멀쩡한데 왜 일을 하지 않고 얻어먹고 있나?"

그러자 거지가 정색을 하고 대꾸했다.

"그럼, 동전 몇 푼 때문에 두 팔을 끊어 버리란 말이오?"

부자가 돼지로 되는 이유

* * *

은행가이며 대부호인 보르케나오의 집에 어느 날 거지가 찾아왔다. 이 거지는 전에도 몇 번 이 집에 왔지만 단 한 푼도 받지 못한 채 쫓겨났었다. 그는 보르케나오에게 머리를 숙여 구걸을 했다.

"제발 부탁입니다, 나으리. 이제 곧 과월절이 다가오는데 애들에게 먹일 것이라곤 하나 없답니다. 그러니 이번만은 꼭 좀 도와주십시오."

거지가 자신의 궁색한 살림 얘기를 계속 늘어놓자 보르케나오는 냉정하게 그의 말을 잘랐다.

"자네는 전에도 우리 집에 여러 번 왔었지? 그런데 내가 이제까지 동전 한 닢이라도 줘본 적이 있나?"

"없었습죠. 단 한 푼도⋯⋯. 하지만 오죽하면 제가 또 찾아왔겠습니까? 제발 이번엔 좀 거절하지 마시고 도와주십시오."

거지는 최선을 다해 사정했으나 보르케나오는 인정머리 없이 문을 닫아 버리려 했다. 그 순간 거지가 소리쳤다.

"잠깐만, 잠깐만 기다려 주십시오! 나으리께 《탈무드》에 나오는 얘기 한 가지를 들려드리겠습니다. 허락해 주십시오."

"흥! 얘기 한 가지를 해 준다고 해서 내가 단돈 1센트라도 줄 것 같나? 그래, 정 하고 싶다면 해 보게. 되도록 빨리!"

거지는 얘기를 하기 시작했다.

"《탈무드》엔 개가 돼지를 잡을 때 반드시 귀를 물어서 잡는다고 쓰여 있습니다. 물론 개는 가난한 사람을, 돼지는 부자를 말하지요. 그 이유에 대해서는 이렇게 설명되어 있습니다.

'개는 돼지의 귀에 대고 돈이 있으면 어째서 돼지가 되는 거냐고 묻는 것이다.'라고."

독립심 때문에

•••

부자인 모세에게 어느 날 거지 모제스가 찾아와서 죽어가는 목소리로 구걸을 했다.

"부디 보태주십시오, 나으리. 먹고살자니 아무래도 나으리 같은 분께 신세를 지지 않으면 안 될 처지입니다. 제발 한 푼만……"

그러나 모세는 모제스의 여섯 아들이 모두 양복점이나 양화점, 문구점, 꽃가게 등을 경영하는 나름대로 성공한 사람들이라는 것을 알고 있었기 때문에 고개를 갸웃거리며 물었다.

"당신에게는 훌륭한 아들이 여섯이나 있는 걸로 아는데, 어째서 그들에게 도와달라지 않고 이렇게 구걸을 다니는 거요?"

모제스는 단호히 대답했다.

"허허, 이래 보여도 아직 독립심이 남아 있기 때문이지요."

간섭은 싫어

•••

유대어로 거지를 '슈노라'라고 한다.

어느 날 새벽 5시, 시몬의 집 문을 요란하게 두드리는 사람이 있었다. 단잠을 깬 시몬이 몹시 불쾌한 표정으로 문을 여니 슈노라가 서 있었다.

"한 푼 보태주십시오, 나으리."

시몬이 잔뜩 화가 나 소리쳤다.

"내 돈을 온 세계에 뿌려 버린다 해도 너 따위에겐 동전 한 닢 주지 않겠다! 세상에, 이런 새벽에 남의 집 문을 두드려 구걸을 하다니! 뻔뻔하기 이를 데 없는 작자로군. 에잇, 재수없어!"

그러나 슈노라는 가슴을 펴고 말했다.

"여보시오! 난 당신의 일이나, 당신의 일하는 방식에 대해선 아무 말도 하지 않았소. 그러니 당신도 내가 일하는 시간이나 방법에 대해 이러쿵저러쿵 간섭하지 마시오. 이건 어디까지나 사업상의 자유란 말이오."

신부와 목사와 랍비의 헌금 처리법

◆ ◆ ◆

가톨릭의 신부와 개신교의 목사, 그리고 랍비, 세 사람이 각기 자기 교회에서 모은 헌금을 어디에 쓸 것인가에 대하여 의논했다.

신부가 먼저 말했다.

"나는 땅에 원을 그려 놓고 이 헌금을 모두 하늘로 던지겠습니다. 그리하여 원 밖에 떨어진 돈은 자선사업에 쓰고, 원 안에 떨어진 돈은 내 생활비로 쓰겠습니다."

신부의 말에 놀란 개신교의 목사가 의견을 말했다.

"그래요? 그럼 나도 내 의견을 제안하지요. 나는 선을 하나 그어 놓고 돈을 하늘로 던져서 왼쪽에 떨어진 돈은 자선사업에 쓰고, 오른쪽에 떨어진 돈은 내 생활비로 쓰겠습니다. 그 결과 역시 하나님의 뜻일 테니까요."

잠자코 있던 랍비에게 목사가 물었다.

"그런데 당신은 어떻게 하시겠습니까?"

랍비가 점잖게 말했다.

"나도 두 분처럼 돈을 하늘로 던지겠습니다. 그럼 자선사업에 필요한 돈은 하나님께서 거두실 것이고, 내게 주실 돈은 전부 땅으로 떨어뜨리실 겁니다."

모범생이 된 이유

◆ ◆ ◆

이루 말할 수 없는 개구쟁이 야고보가 유대인 초등학교에 입학하게 되었다. 입학한 지 1주일 뒤 교장선생님이 부모님을 불러 말했다.

"댁의 아드님은 너무 거칠어서 도저히 손을 써 볼 도리가 없습니다. 벌써 유리창을 수십 장이나 깨뜨렸고, 쥐를 잡아다 교무실에 풀어놓는가 하면 의자에다 압핀을 쏟아놓지 않나, 짝꿍인 여자아이의 옷 속에 개구리를 집어넣질 않나…… 오늘 아침에도 내가 교장실로 들어서려다 미끄러져 넘어졌습니다. 야고보가 마룻바닥에 초를 칠해 놓은 겁니다."

교장은 붕대로 싸맨 머리를 누르면서 야고보에 대한 행실을 계속 이야기했다.

"물론 그때마다 나는 벌을 주고 좋은 말로 타일러도 보았습니다. 오랫동안 세워 놓기도 하고 교정을 몇 바퀴 뛰도록 하기도 했습니다. 또 '잘못했습니다.'를 백 번 쓰라고도 해 보았습니다만 그래도 댁의 아드님은 아무 소용없이 여전히 말썽을 부립니다. 그래서 말입니다만 다른 애들에게 미칠 영향도 있고 하니 딴 학교로 전학을 시켜주십시오. 우리 학교에선 더 이상 아드님을 가르칠 수가 없습니다."

그래서 야고보는 가까운 사립 초등학교로 전학을 가게 되었다. 거기서도 마찬가지로 1개월쯤 지나자, 야고보의 부모는 교장으로부터 학교로 오라는 전갈을 받았다. 그곳에서도 도저히 이 아이를 맡을 수 없다는 것이었다.

야고보는 이웃 마을의 친척집에 맡겨져 다시 유대인 학교에 다니게 되었다. 그런데 얼마 못가서 앞에서처럼 쫓겨나고 말았다. 그래서 그 마을의 공립학교로 전학했으나 역시 마찬가지였다. 다음에는 그곳의 또 다른 사립학교로 옮겼지만 거기에서는 아예 퇴교 처분을 받았다.

당연히 야고보의 성적은 형편이 없었고, 그의 부모가 근심에 싸인 나날을 보내는 것도 무리가 아니었다. 야고보의 어머니가 남편에게 말했다.

"요한, 이제 근처에 남은 학교라고는 가톨릭 초등학교밖에 없어요."

"가톨릭 학교? 아니, 우리 유대인 자식을 가톨릭 학교에 넣을 수 있다고 생각하오?"

"하지만 이제 남은 학교라곤 그곳밖에 없는데 어떡합니까? 거기에라도 넣어야 하지 않겠어요?"

할 수 없이 야고보는 가톨릭 초등학교에 들어가게 되었다. 그리고 1개월이 지나자 야고보의 부모는 그곳의 교장으로부터 학교에 와달라는 연락을 받았다. 원체 학교에 불려다니던 터라 요한 부부는 으레 그러려니 했다. 두 사람이 나란히 교장실에 들어서자 수단을 입은 교장 신부가 만면에 미소를 머금고 말했다.

"어서 오십시오. 이렇게 와 주셔서 감사합니다. 우리는 댁의 아드님 야고보에게 정말 탄복하고 있습니다. 그처럼 예의 바르고 또 열심히 공부하는 학생은 이제까지 본 적이 없습니다. 전교에서 야고보의 성적이 가장 우수하고 품행도 제일 좋답니다. 야고보는 우리 학교의 자랑입니다. 덕분에 우리는 유대인들에 대한 편견을 말끔히 씻어 버렸습니다."

어리둥절한 야고보의 부모는 아들을 데리고 집으로 돌아왔다. 유대인이 칭찬받는 것은 더없이 기쁘지만 야고보가 그토록 예의 바르고 공부도 열심히 한다는 사실이 믿기지 않았다. 그래서 집에 돌아오자마자 야고보에게 어찌 된 일이냐고 물었다.

야고보는 스스럼없이 대답했다.

"그건요, 그 학교에서 장난을 쳤다간 끝장날 거라는 사실을 알았기 때문이에요. 글쎄, 입학하던 날 벽을 보니까 어떤 사람이 십자가에 매달려 피투성이가 되어 있잖아요! 그걸 보는 순간 '아차! 큰일났구나' 하는 생각이 들었어요. 그래서 이제 정신을 차려야지

하는 마음을 가지고 열심히 했어요. 그런데 뭐 잘못된 것이 있나요?"

요한 부부는 야고보의 말을 듣고 안도의 숨을 내쉬었다.

랍비의 설교

◆ ◆ ◆

산책을 하고 있는 요셉 앞으로 랍비가 다가와 '샬롬' 하고 인사를 했으나, 요셉은 얼빠진 얼굴을 하고 듣지 못했다. 랍비는 다시한번 큰소리로 "샬롬, 요셉! 좋은 날씨지요?" 하고 인사를 건넸다.

그제야 정신이 든 요셉도 공손히 인사했다.

"랍비님, 실은 어제 그 설교를 듣고 나서 밤에 통 잠을 이룰 수가 없었답니다. 아침까지도 눈을 붙일 수가 없었어요."

그 말에 랍비는 큰 감동을 받았다. 자신의 설교가 그토록 큰 감명을 주었다니! 그래서 얼굴에 가득 미소를 지으며 말했다.

"내 설교가 그렇게까지 당신의 마음을 움직였다니 정말 기쁘군요. 하지만 잠을 설쳤다니 안됐소. 매사를 너무 깊이 생각하는 것은 좋지 않아요."

요셉이 겸연쩍은 표정을 지으며 말했다.

"저는 랍비님이 설교하실 때는 으레 잠을 자거든요. 그래서 설교를 듣는 날 밤엔 전혀 잠을 못 자요."

용서할 수 없는 동업자

••••

요셉과 야곱은 동업으로 섬유 회사를 경영하고 있었다. 어느 날 요셉이 영문을 알 수 없는 병으로 쓰러져 임종이 가까워졌다.

요셉은 고통스럽게 숨을 내쉬며 말했다.

"여보게, 야곱. 자네에게 꼭 고백할 일이 있네. 자네와 난 30년 간이나 동업을 해 왔지 않나. 그런데 왜 그 미니스커트 있잖나? 자네가 아이디어를 내어 개발했을 때 우리의 경쟁사가 1주일 먼저 발매하기 시작했었지? 사실은 내가 그 정보를 경쟁사에 팔아넘겼다네. 늦었지만 이제라도 사과하네."

야곱이 너그럽게 고개를 끄덕이며 말했다.

"뭘 그런 걸 가지고 그러나. 용서할 테니 잊어버리게."

"한 가지 더 용서를 빌 것이 있네, 전에 자네가 여비서 에스더와 호텔에 갔다가 부인한테 들킨 적 있었지? 그것도 내가 자네 부인에게 전화로 고자질을 했기 때문이야. 그리고…… 또 있어. 자네 금고에 있던 돈이 없어진 일 생각나나? 자넨 그때 금고 여는 방법을 알고 있던 경리부장을 의심해서 그를 해고 했었지? 하지만 그것도 내 짓이었네."

"알았네, 용서하지. 정말이야. 난 조금도 화를 내지 않을 거야."

"또 있네. 언젠가 자네가 외국에 가서 진주를 사 온 적이 있었지. 그런데 여러 사람에게 구경시켜 주고 난 뒤에 감쪽같이 없어지지 않았나? 그것을 가로챈 것도 나였다네. 난 그걸 가브리엘에게 선물로 주어버렸다네."

"아, 그것도 용서하지. 자네가 한 짓은 모두 용서하겠네."

요셉은 숨을 가쁘게 몰아쉬며 간신히 말을 계속했다.

"고맙네. 그런데 고백할 것이 아직도 이삼백 가지나 더 있는데……."

"아니야, 난 다 용서했으니 이제 됐어. 다만 나도 꼭 한 가지 자네에게 용서받을 것이 있네."

"말해 보게. 나도 뭐든지 다 용서해 줄 테니까…… 그게 뭔가?"

야곱은 측은한 듯 요셉을 바라보며 대답했다.

"자네가 지금 헐떡거리는 것은 내가 자네에게 독약을 먹였기 때문일세."

아인슈타인과 독일

◆ ◆ ◆

상대성 원리를 발견한 과학자 알베르트 아인슈타인(1879~1955)은 1930년대에 나치에 의해 고향에서 쫓겨나 미국으로 건너갔다. 그 무렵 이미 저명한 물리학자로 명성을 얻고 있던 그는 미국에 도착하자 하버드 대학 측의 초청으로 학장의 접대를 받게 되었다.

학장이 물었다.

"아인슈타인 박사, 우리로서는 아무래도 이해할 수 없는 일이 있습니다. 독일은 그렇게 위대한 과학자와 예술인을 낳았으면서도, 다른 한편으로는 나치와 같은 야만적이고도 잔인한 집단을 구성했습니다. 도대체 어떻게 그런 일이 있을 수 있습니까?"

아인슈타인이 대답했다.

"독일은 세 가지 특징을 가지고 있지요. 지성과 정직, 그리고 나치입니다. 그런데 창조주인 하나님은 한 인간에게 두 가지 이상의 능력은 부여해 주시질 않았습니다. 그러므로 독일인들은, 우선 정직하면서도 나치인 자, 지성적이면서 나치인 자, 그리고 정직하면서도 지적인 자, 그 셋으로 나뉘어 있습니다. 때문에 그것이 가능하지요."

아인슈타인은 독일의 바바리아에서 태어났다. 그는 16세에 운동체의 광학에 착안했으며, 1905년에 상대성 이론과 광양자 가설 등을 발표했다. 1914년에는 베를린 대학에 초빙되었으며, 1차 대전 때에는 스위스 국적을 가지고 있어 연구 활동을 계속할 수 있었다. 1915년에 상대성 이론을 완성했고, 1933년 나치에 의해 추방되어 미국으로 건너가 루즈벨트 대통령에게 원자폭탄 제조의 필요성을 역설하여 2차 대전 종결을 가져왔다.

그런 그가 자기의 조국에 대하여 질문을 받자 위와 같이 대답했던 것이다. 조국에 대한 애정과 그 사랑을 놓치지 않으려는 흔적이 역력하다.

말뚝을 묶어놓은 폴란드

• • •

나치 독일 수용소의 학살 현장에서 구사일생으로 도망쳐 나온 유대인이 폴란드 땅을 밟게 되었다. 때는 한겨울이라 길은 꽁꽁 얼어붙고 싸락눈이 쏟아져 험악한 날씨였다. 그는 전 재산을 등에 짊어지고 황량한 겨울 들판을 계속 걷고 있었다. 그때 어둠 속에서 무시무시하게 으르렁거리는 소리가 나더니 커다란 늑대 한 마리가 불쑥 튀어나왔다. 늑대는 이빨을 드러내면서 그에게 덤벼들 자세를 취했다. 그는 마침 옆에 꽂혀 있던 말뚝을 발견하고 그것을 뽑으려고 했으나 말뚝은 얼어붙어 꿈쩍도 하지 않았다.

늑대는 유대인에게 한 발 한 발 다가서고 있었다. 그는 다시 말뚝을 뽑으려고 기를 쓰면서 소리쳤다.

"이런 고약한 나라가 있나. 늑대는 묶어 두지 않고 말뚝을 묶어 두다니!"

자기 고장의 랍비가 최고

• • •

헤브론에서 디베리야로 여행을 간 사나이가 자기 고장의 랍비에 대해 자랑을 늘어놓았다.

"우리 헤브론의 랍비님은 하나님을 어찌나 극진히 섬기는지 유월제 전에는 2주간이나 금식을 한답니다. 대개의 랍비들은 며칠밖에 금식하지 않잖아요? 역시 우리 랍비님의 하나님 섬기는 정성이

제일 지극해요."

그의 말을 듣던 사나이가 반론을 제기했다.

"그게 무슨 말이오? 사흘 전에 내가 헤브론에 갔었는데, 그때 내가 들어간 식당에서 바로 당신이 말한 그 랍비가 식사하는 걸 내 눈으로 똑똑히 봤단 말이오."

그러자 헤브론에서 온 여행자가 분연히 말했다.

"그야 당연하죠! 우리 랍비님은 누구보다 도 겸손한 분이거든요. 겨우 2주일 금식하는 걸 남한테 자랑하는 분이 아니란 말이오. 오 히려 그 사실을 숨기기 위해 일부러 모든 사람이 보는 데서 식사를 하고 있었던 거라고요."

사자와 동거하는 양
◆ ◆ ◆

《신약성서》에는 지상에 낙원이 생기게 되면 사자와 양, 말, 사 슴 등 모든 동물이 으르렁거리는 일이 없이 평화롭게 공동생활을 하리라는 얘기가 나온다. 하지만 유대인들은 그리스도를 구세주 로 믿고 있지 않기 때문에 《신약성서》 역시 신빙성이 없다고 생 각한다.

어느 날 기독교인 부부가 동물원 구경을 갔다. 그런데 한 우리 안에 사자와 양이 함께 누워 편안히 자고 있는 것을 보게 되었다.

부부는 눈을 휘둥그렇게 뜨며 말했다.

"세상에! 이것 참 신기한 일이군요."

"글쎄 말이오. 이 평화로운 광경이야말로 하나님의 나라에서나 볼 수 있는 것이 아니겠어요?"

마침 유대인 사육사가 그 곁을 지나가는 것을 보고 그에게 말을 걸었다.

"이것 좀 보시오. 이 광경은 《신약성서》에 나오는 얘기와 똑같은데, 어떻게 해서 이처럼 될 수 있습니까?"

나이 든 유대인 사육사가 대답했다.

"그야 간단하죠. 매일 아침마다 사자 우리 안에 양 한 마리씩만 집어넣으면 되니까요."

배부른 사자는 쓸데없이 양을 해치지 않는다는 것을 사육사는 말한 것이다.

하나님의 은총
◆ ◆ ◆

헤브론에 큰 불이 났다. 주민들은 랍비의 지시에 따라 있는 힘을 다해 불을 끄기 시작했다. 30채가량의 집을 태운 불길은 주민들의 노력으로 가까스로 진화되었다. 사람들이 겨우 안도의 숨을 내쉬며 둘러앉아 쉬고 있는데 랍비가 뚱딴지 같은 말을 했다.

"이 불은 하나님께서 내리신 은총이오. 우리는 축복을 받은 거요."

사람들은 랍비의 말이 의아해서 물었다.

"저렇게 집을 많이 태웠는데 하나님의 은총이라니, 그게 무슨 말씀이십니까?"

"만약 하나님이 은총을 내리시지 않았다면 이 칠흑같은 캄캄한 밤중에 어떻게 불을 끌 수 있었겠소? 그러니까 하나님의 은총이 없었다면 온 고을을 다 태우고 말았을 것 아니오."

잉어에 대한 형벌

◆ ◆ ◆

가버나움의 랍비가 저녁 식사를 위해 시장에서 커다란 잉어 한 마리를 샀다. 잉어는 유대인들이 즐겨 먹는 생선이다.

랍비는 긴 외투 속에 잉어를 감추고 비린내를 참으면서 조심조심 집으로 돌아오고 있었다. 랍비가 마을에 이르렀을 때 느닷없이 잉어가 불쑥 튀어오르더니 꼬리로 랍비의 뺨을 세차게 후려쳤다.

랍비가 깜짝 놀라 외쳤다.

"마을이 생긴 이래 랍비에게 이처럼 무례한 짓을 한 자가 한 명도 없었는데, 하찮은 물고기가 이런 무례를 범하다니……."

화가 난 랍비가 시나고그의 장로들과 이 사실을 의논했다. 그 결과 무례하기 짝이 없는 잉어에게 그야말로 기상천외한 선고가 내려졌다.

"이놈을 냇가로 가져가서 물에 처넣어 빠져 죽도록 하여라."

목숨 보태기

* * *

　현인으로 유명한 랍비 레이먼이 마지막 작별을 고하려는 순간
이었다. 시나고그에 모인 사람들은 저마다 열심히 기도를 드렸다.

　"우리의 랍비를 구해 주소서."

　"제발 랍비의 수명을 연장시켜 주소서."

　그때 갑자기 하나님의 음성이 은은하게 들려왔다.

　"그대들의 기도가 지극히 정성스러우니 그 기도를 받아주겠노
라. 그 대신 기도한 사람들의 각자 수명에서 얼마씩을 떼어 레이
먼에게 바쳐야 하느니라. 그러면 그대들이 바친 만큼 레이먼의 수
명을 연장시켜 주겠노라."

　교구 안은 숨소리 하나 들리지 않고 조용했다. 잠시 후 구둣방
을 하는 장로 갈렙이 일어서서 상기된 표정으로 엄숙히 말했다.

　"나는 한 달치의 내 목숨을 내겠소."

　갈렙의 아내가 날카로운 목소리로 덧붙였다.

　"나는 거기다 2주일을 보태겠습니다.

　"나는 한 달 사흘을 내놓겠소."

　양복점 주인 에스더가 나라고 빠지겠냐며 나섰다.

　"나는 열흘을 내겠소."

　80세를 넘긴 식품점 주인 이사야까지 목청을 높였다.

　그러자 너도나도 외쳐댔다.

　"나는 2주일!"

　"두 달!"

"25일!"

"나흘을 내겠소!"

"한 달하고 1주일!"

"12일의 목숨을 보태겠소."

"3주일을 덧붙여 드리겠습니다."

"나는 20년!"

많은 사람들이 각자의 목숨을 떼어 레이먼 랍비에게 보태다가 20년이라는 말이 나오자, 모든 사람이 깜짝 놀라 그 소리가 난 쪽으로 일제히 고개를 돌렸다. 그곳엔 인색하기로 유명한 담배가게의 갈렙이 서 있었다. 사람들은 경외의 눈으로 그를 바라보았다.

갈렙은 큰 소리로 이렇게 덧붙였다.

"내가 아니라 내 계모의 목숨에서 보태겠단 말이야."

양초 대신 고급 포도주를
• • •

예레미야가 랍비를 찾아갔다.

"랍비님, 제가 큰 죄를 지었습니다. 생활고를 이기지 못해 성당에 들어가 양초 여섯 자루를 훔치고 말았습니다."

"예? 양초를 여섯 자루나? 그것은 모세의 십계에 위배되는 크나큰 죄요. 그걸 회개하려면 우리 교회에 최고급 포도주 여섯 병을 갖다 바치시오. 그래야만 당신의 죄가 그 포도주로 깨끗이 씻길 것이오."

"랍비님, 그건 무리한 말씀이십니다. 저는 생활고 때문에 양초 여섯 자루를 훔쳤던 것입니다. 양초 여섯 자루도 살 수 없는 제가 어떻게 그것보다 훨씬 더 비싼 포도주를 살 수 있겠습니까?"

"그건 간단하죠. 양초를 손에 넣었던 방법으로 포도주를 구하면 될 테니까요."

유대인 모두가 그리스도

* * *

가톨릭교의 신부와 유대교의 랍비가 만나 교단의 조직에 대해 이야기를 나누고 있었다. 먼저 신부가 말했다.

"사실 랍비라는 것도 별것 아니잖소? 랍비는 아무리 세월이 흘러도 그저 랍비일 뿐 전혀 계급이 오르질 않지 않습니까?"

신부의 말에 랍비가 언짢은 투로 퉁명스럽게 대꾸했다.

"그래서 그게 어쨌다는 거요?"

신부가 랍비의 표정을 읽으면서 또 말했다.

"글쎄, 랍비는 일생 동안 일해도 그냥 그대로인데, 우리 가톨릭에선 시간이 갈수록 자꾸 계급이 오른단 말이오. 처음엔 교구장이 되고, 그다음엔 추기경, 그다음엔 상급 추기경……."

신부의 말을 듣고 있던 랍비가 불편한 심기를 감추지 못하고 내

뱉었다.

"아니 그래서 그게 대체 어쨌단 말이오?"

신부가 자랑하듯이 다시 말을 이었다.

"상급 추기경 위엔 고급 추기경, 고급 추기경 위엔 대추기경이 있소. 이렇게 계급이 자꾸자꾸 올라가니 좋지 않으냔 말이오."

랍비가 질세라 말했다.

"그렇게 자꾸 올라가면 나중엔 어떻게 되지요?"

신부는 답답하다는 듯이 가슴을 치며 말했다.

"아이고, 맙소사! 대추기경 위에는 교황이 있지 않소. 그래서 우리 가톨릭 신부는 누구든지 열심히 맡은 일을 하면 교황도 될 수 있단 말이오."

"그러면 그 교황 위는 누구요?"

"참으로 답답한 사람이로군. 교황 위에 누가 있소? 만약 있다면 그리스도겠지."

"그래요? 우리 유대인은 이미 모두 그리스도가 됐는데……?"

신부의 결혼식 날에

• • •

가톨릭 신부와 유대교의 랍비가 길에서 우연히 만나 가볍게 인사를 주고받은 다음 신부가 말했다.

"도대체 당신네 유대인은 언제쯤 그 어리석은 식사 계율을 버릴 작정이오? 당신네들은 그 맛있는 새우를 안 먹지 않소? 굴도 마찬가지지. 지금이 한창 맛있을 때인데."

신부는 침을 꿀꺽 삼키며 덧붙여 말했다.

"게다가 기름이 자르르 흐르는 맛있는 돼지고기도 안 먹고……. 그런 계율은 집어치우고 맛있는 새우나 굴, 돼지고기를 마음껏 먹는 것이 어떻겠소?"

랍비는 대수롭잖은 일이라는 듯 대답했다.

"그럽시다. 당신 결혼식 날에 실컷 먹어 드리지요."

딸이 너무 많아
◆ ◆ ◆

뛰어난 이론가로 유명한 랍비가 언제나처럼 제자들을 가르치고 있었다. 제자가 랍비에게 질문을 했다.

"랍비님, 만약 다섯 명의 딸과 5천 달러 중 하나를 택하라면 어느 쪽을 택하시겠습니까?"

"그거야 간단하지. 나는 두말없이 다섯 명의 딸 쪽을 선택하겠네."

제자가 다시 물었다.

"그 선택은 냉철하게 생각하신 결과입니까?"

"물론 그렇고말고, 이런 문제는 지극히 논리적으로 생각하지 않으면 안 되네. 만약 5천 달러를 갖게 된다면 필시 나는 더 많은 돈이 갖고 싶어질 걸세. 돈이란 원래 그런 것이니까. 그러나 하나님의 충실한 종인 나는 탐욕스럽게 되고 싶지 않다네. 그렇지만 딸이 다섯이나 생긴다면 절대로 그 이상은 바라지 않을 것 아닌가? 그러므로 나는 탐욕스러워지지 않을 수 있는 것이지. 게다가 5천 달러라는 돈은 내가 현실적으로 갖고 싶어 한들 수중에 들어오지 않네. 다시 말하자면 손에 들어오지 않는 걸 원해 봤자 아무 소용 없다 이 말일세."

제자는 고개를 끄덕였다.

"잘 알겠습니다."

그러자 랍비가 돌아서며 한마디 덧붙였다.

"또한 내게는 나름대로의 이유가 있다네. 내겐 현재 딸이 여덟이나 있거든."

신부의 전화기와 랍비의 무선 전화

◆ ◆ ◆

가톨릭의 신부와 유대교의 랍비가 논쟁을 하고 있었다. 가톨릭교와 유대교 둘 중 어느 종교가 사회에 더 큰 공헌을 했느냐에 대해서였다.

신부가 자기 교단에서 행해온 일을 주장했다.

"가톨릭교는 인류에게 과학의 진보를 가져오게 했소. 그 증거로 작년에 로마의 카타콤에서 아주 기다란 선이 발견되었단 말이오."

"기다란 선이라고요?"

"그렇소, 매우 긴 선이오. 카타콤에 선이 있다는 것은 지금부터 2천 년 전에 이미 가톨릭교도들이 전화를 가지고 있었다는 사실

을 증명하는 것이오. 벨이 태어나기도 전에 이미 가톨릭교도들은
전화를 발명해서 사용했단 말이오."

그 말을 들은 랍비는 당황했지만 그냥 물러설 랍비가 아니었다.

"신부님 들어보셨소? 얼마 전 사해 근처에선 사해 문서가 발견
되었소. 그 사해 문서는 10미터 깊이의 땅속에 있었다오. 그것으
로 미루어 보면, 지금으로부터 6~7천 년 전인 성서 시대 때 사해
문서가 쓰여졌는데 그때 이미 유대교도들의 과학이 발달되어 있
었다는 것이 증명되는 거요."

"아니, 그럼 땅속에서 선이나 그와 비슷한 것이라도 나왔단 말
이오?"

"아니오, 선이고 뭐고 사해 문서 이외엔 나온 것이 없었단 말이
오."

신부는 그것 보라는 듯 의기양양하게 말했다.

"나도 사해 문서를 읽어 봤소. 그러나 거기엔 유대인이 뭔가를
발명했다는 기록 따위는 한 줄도 없었소!"

그러자 랍비가 대꾸했다.

"답답도 하군. 거기서 아무것도 나오지 않았다는 것은 유대인은
그 때 이미 무선 전화기를 발명했었다는 뜻이오."

교회만 나온다고 교인인가

. . .

닭고기는 유대인이 가장 좋아하는 육류이다. '어머니' 하면 닭

고기 스프를 연상할 정도로 유대인에게 있어서 닭고기는 중요하다.

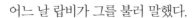

갈렙은 양계장을 경영하고 있었는데 번창일로였다. 사업가로서 상당히 성공한 그는 행실이 좋지 않았으나, 금요일마다 교회에 나와 버젓이 경건한 유대교도로 행세했다.

어느 날 랍비가 그를 불러 말했다.

"갈렙 씨, 요즘 당신에 대한 불미스러운 소문이 나돌고 있어서 몹시 걱정이 됩니다."

그러나 갈렙은 시치미를 뚝 떼고 말했다.

"그럴 리가 있습니까? 랍비님께서도 아시다시피 전 금요일엔 반드시 교회에 나오고, 하루도 빠짐없이 성서를 읽고 있는데요."

"갈렙 씨, 당신은 매일같이 당신의 양계장에도 나가죠? 하지만 매일 닭이 되는 건 아니잖소!"

무겁든 가볍든 구경하는 것은 자유

• • •

유대인들의 장례식은 사람들이 모두 비탄에 빠져 있어 분위기가 매우 어둡고 무겁다. 그와 반대로 가톨릭의 장례식은 만장과 성상을 들고 화려한 제복을 입은 사제가 성가를 부르며 술을 마시기도 하며 분위기가 밝다.

어느 날 유대교의 랍비와 가톨릭의 신부가 길에서 마주쳤다.

신부가 랍비에게 물었다.

"당신네 유대교도들의 장례식은 도대체 왜 그리 음산한 거요? 우리 가톨릭 교도들은 천주님의 부르심을 받았으므로 슬픈 중에도 기쁘다 하여 그 감정을 그대로 표현하는데 말이오."

랍비가 고개를 끄덕였다.

"그래서 나는 유대교의 장례식보다 가톨릭교의 장례식 보는 걸 더 좋아한다오."

그렇다. 밝아야 좋은 것인지 무거워야 좋은 것인지는 보는 사람의 마음에 있을 뿐이다.

광견과 랍비의 비교

◆◆◆

랍비보다 자기의 머리가 더 좋다는 것을 나타내 보이려 애쓰는 사나이가 있었다. 그는 늘 랍비에게 대답하기 곤란한 질문을 던지곤 했다. 그날도 사나이가 랍비를 만나자 무례하기 짝이 없는 태도로 실문을 했다.

"만약 길을 가다 광견을 만나면 그대로 주저앉아 꼼짝도 하지 않는 것이 좋다고 합니다. 그런데 유대인들은 랍비를 만나면 일어서는 관습이 있지요. 그렇다면 길을 가다가 광견과 랍비를 동시에 만났을 경우엔 어떻게 해야 될까요?"

"그런 예는 그리 흔치 않을 것이므로 그에 대한 관례가 아직 없습니다. 광견을 만나서 주저앉는 것은 그렇게 하는 것이 안전하다는 경험에서 나온 것이고, 랍비를 보고 일어서는 것은 경의를 표하기 위해서 그러는 것입니다. 그러니 지금부터 당신과 함께 마을을 거닐어 봅시다. 그래서 사람들이 어떻게 하는지를 보면 알 것이오."

아인슈타인의 상대성 원리

* * *

레이먼드는 미국에 사는 아들을 따라 이민 온 유대 노인이었다. 그가 어느 날 아들에게 물었다.

"데이비드, 우리와 동족인 아인슈타인이라는 사람이 아주 유명하다던데, 그가 말하는 상대성 원리라는 게 도대체 뭐냐?"

"네, 그건 20세기에 들어 가장 중요한 원리라고들 하는데요, 그것으로 아인슈타인은 노벨상을 탔을 뿐만 아니라 세계에서 가장 훌륭한 학자로 손꼽히고 있어요. 간단히 설명하자면, 지금처럼 아버지가 손자를 무릎에 앉혀놓고 어르고 있을 때 30분이란 시간이 1분 정도로밖에 느껴지지 않지요. 하지만 벌겋게 달구어진 난로 위에 앉아 계셨다면 1분이 30분만큼이나 길게 느껴지지 않겠어요? 그런 원리죠."

레이먼드는 이해하겠다는 듯이 고개를 끄덕였다.

"그게 다냐? 그 참, 대단히 머리가 좋은 작자로구나! 그런 멍청이 같은 소리를 해가지고 유명해져서 상도 받고 잘 산다니, 정말 머리가 좋은 자야!"

테이프 강의는 테이프로 듣는다

• • •

미국의 대학교수 중에 유대인이 많다는 것은 널리 알려진 사실이다. 뉴욕의 컬럼비아 대학도 예외는 아니어서 역시 유대인 교수들이 많았다. 그날도 유대인 교수 가운데 한 사람의 강의가 있는 날이었는데 교수는 워싱턴에 가 있었다. 되도록이면 강의 시간 전까지 뉴욕으로 가려 했으나 볼 일이 끝나지 않아 도저히 시간 내에 갈 수 없었다. 그래서 할 수 없이 대학에 전화를 걸어 비서에게 말했다.

"메리, 아무래도 강의 시간에 늦을 것 같아서 내 강의 내용을 녹음해서 그 테이프를 버스 편으로 보냈어. 그리고 마지막 5분이 남더라도 강의실에 얼굴을 내밀도록 할 거야."

그러고는 볼 일을 끝낸 후 급히 뉴욕으로 돌아왔다. 그가 공항에서 택시를 타고 학교에 도착했을 땐 강의 시간이 끝나기 10분 전이었다. 그는 학생들이 지금까지 자신이 녹음한 강의를 들었을 것으로 생각하고 남은 시간은 질문을 받기로 작정했다.

그는 급한 마음으로 달려오다가 캠퍼스 내의 여신상 앞 계단에서 굴러 상처투성이가 되었다. 그런데도 가까스로 강의실에 도착하니 안에서는 자기의 듣기 좋은 목소리가 흘러나오고 있었다. 학생들이 조용하게 앉아 강의를 듣는 것 같아 내심 크게 흡족해하며 그는 호흡을 가다듬은 다음 조심스럽게 문을 열었다.

아뿔싸! 그런데, 이게 웬일인가?

테이프 레코더 하나가 교탁 위에 놓여 있을 뿐 강의실엔 아무도 없었다. 대신, 학생들의 책상 위에도 테이프 레코더가 주욱 놓여 있었다.

테이프 강의는 테이프로 듣는다는 항변이었다.

스트리퍼가 변호사보다는 순수해

* * *

변호사 고든에게 오랜만에 일거리가 생겼다. 자기 아내와 이혼하기로 하고 그 소송을 직접 처리하기로 했던 것이다.

이혼 청구서를 접수하고 고든은 법정의 배심원들에게 아내를 되도록 나쁘게 보이게 하려고 애썼다. 그는 변호사로서 자신만만한 어조로 아내에게 물었다.

"고든 부인, 당신은 결혼 전에 무슨 일을 했나요?"

"레이크 바에서 스트리퍼로 일했습니다."

"레이크 바에서 스트리퍼로 일했다고요? 그 크와렙스키 가에 있는 형편없는 곳 말이군요. 당신은 그런 직업이 좋은 것이라고 생각합니까?"

고든의 의기양양한 질문에 고든 부인은 조용히 대답했다.

"그렇습니다. 내 아버지가 하던 일에 비하면 훨씬 순수한 일이라고 생각합니다."

고든은 마지막 일격을 가하기 위해서 크게 소리쳤다.

"그렇다면 고든 부인, 당신 아버지가 무슨 일을 했었는지 말해 주시오!"

고든 부인은 남편을 똑바로 바라보며 대답했다.

"내 아버지는 변호사였습니다."

제3장

신분에 따른 대우

게으름뱅이의 계산

◆ ◆ ◆

게으름뱅이 고티에가 고용주인 파울에게 가서 말했다.

"아아, 하루가 스물다섯 시간이라면 얼마나 좋을까요?"

고티에가 늘 게으름만 피우는 것을 누구보다도 잘 알고 있던 파울은 깜짝 놀라서 말했다.

"이제야 마음을 잡고 열심히 일하기로 작정한 모양이구나!"

"그게 아녜요. 그렇게 되면 24시간은 놀고 나머지 한 시간만 일하면 되잖아요."

빵이 떨어지는 것도 운에 따라

• • •

유대인의 속담에 '운 나쁜 놈은 빵을 떨어뜨려도 반드시 버터 바른 쪽을 바닥에 떨어뜨린다.'는 말이 있다.

지독하게 운 나쁜 시몬은 무슨 일이든 제대로 되는 것이 없었다. 어느 날 갈렙과 함께 식당에서 식사를 하던 중 그만 실수로 빵을 떨어뜨렸다. 그리고 빵을 집어든 그는 아주 오랜만에 태양을 본 사람같이 얼굴을 환하게 빛내며 소리쳤다.

"여보게, 갈렙! 이제 내 악운이 사라졌나 봐."

"어째서?"

"이 빵이 버터 바른 쪽을 위로 향한 채 떨어졌단 말이야. 이제 내 운도 바뀐 거야."

갈렙은 도무지 믿어지지 않는다는 듯 말했다.

"설마 그럴 리가! 자네가 위를 아래로 잘못 알고 버터를 바른 거겠지."

이름이 같아서 생긴 일

• • •

유명한 피아니스트 로버트슨이 파리에 살고 있을 때였다. 같은 아파트에 똑같은 이름을 가진 은행가 로버트슨이 살고 있었다. 그래서 우체부가 곧잘 우편물을 바꿔 넣곤 했다.

어느 날 은행가 로버트슨이 피아니스트 로버트슨을 찾아와 편지 다발을 내밀며 말했다.

"로버트슨 씨, 실은 좀 난처한 일이 생겼습니다. 당신께 부탁을 해도 될는지요?"

"잘됐군요. 나도 마침 당신을 찾아가려던 참이었습니다."

"그렇다면 다행입니다. 로버트슨 씨, 저의 집에 가서서 이 프라하의 루이즈, 부다페스트의 제퍼슨, 바르샤바의 마가렛, 로마의 소피아가 모두 당신의 친구라는 것을 제 아내에게 밝혀 주시겠습니까?"

"그러기 전에 먼저 확인을 해봅시다."

피아니스트 로버트슨은 은행가 로버트슨이 건네준 편지 다발을 받아 확인했다. 틀림없이 자기 앞으로 온 편지들이었다.

"네! 분명히 제 것입니다. 미안하지만 잠깐만 기다려 주십시오."

피아니스트 로버트슨은 자기 서재로 가더니 다른 편지 다발을 들고와 은행가 로버트슨에게 건네주었다.

"로버트슨 씨, 나는 당장 댁으로 가서 부인께 이 루이즈나 제퍼슨, 마가렛, 소피아의 편지들이 분명히 내게 온 것이라는 사실을 밝혀 드리겠습니다.

그 대신 당신도 내 아내에게 지금 이 고지서들이 당신에게 온 것이라는 사실을 밝혀 주십시오. 로마 은행의 50만 달러와 프라하 은행의 150만 달러, 그리고 바르샤바 은행의 40만 달러가 전부 당신 것이라는 사실 말입니다."

신분에 따른 대우

◆ ◆ ◆

동유럽의 유대인가에는 가난뱅이와 부자, 귀족과 러시아 황제가 어떻게 다른가를 비교하는 이야기가 구전되어 내려온다. 그 내용을 보면 다음과 같다.

가난뱅이는 금요일이 되어야 새 셔츠를 <u>스스로</u> 갈아입을 수 있고, 부자는 <u>스스로</u> 해야 하기는 하지만 매일매일 셔츠를 새로 갈아입는다.

귀족은 하루에 세 번 하인이 셔츠를 갈아입히고, 황제는 의상 담당 시종이 쉴 새 없이 셔츠를 갈아입힌다.

가난뱅이는 아침 일찍 일어나 식사를 하지만, 부자는 오전 10시까지 자고 나서 식사를 한다.

귀족은 오후 2시나 3시 무렵까지 잠자리에 있다가 식사를 하고, 황제는 꼬박 하루를 자고 나서 다음 날에야 식사를 한다.

가난뱅이가 낮잠을 자면 아내가 깨운다. 부자가 낮잠을 자면 하인이 침실 밖에서 주인의 낮잠에 방해가 되지 않도록 망을 보고 있다.

귀족쯤 되면 12명 정도의 하인이 곳곳에서 망을 보고 집 전체가 조용하지만, 황제의 침실 앞엔 1개 연대의 병사가 늘어서서 큰소리로 '조용! 조용!' 하고 외친다.

어디로 자라는가

• • •

기브온에 사는 요셉과 갈렙이 '사람은 머리쪽으로 자라는가, 다리쪽으로 자라는가'에 대해 논쟁을 벌이고 있었다.

갈렙이 말했다.

"사람도 식물처럼 다리 쪽에서 자라는 것 같아."

그러자 요셉이 반론을 제기했다.

"아니야, 나도 어렸을 적에는 아버지가 사 준 바지가 자꾸 작아지는 것을 보고 사람은 다리 쪽으로 자라는 모양이라고 생각했었네. 그런데 어제 병사들이 이 앞의 거리를 행진하며 지나가지 않았나?"

"그랬지. 100명가량의 병사들이 줄지어 지나가는 걸 나도 봤어."

요셉이 대답하자 갈렙이 무릎을 치며 말했다.

"바로 그걸세! 병사들의 다리를 보니 모두가 가지런하더란 말이야. 그런데 머리 쪽을 보니까 하나같이 들쭉날쭉하더군. 그 순간 나는 이제까지 큰 착각을 했다는 걸 깨달았네. 사람은 역시 머리 쪽으로 자라나 봐."

늘어난 독자

• • •

예루살렘의 어느 호텔 연회장에서 두 시인이 우연히 만났다. 두 사람은 서로에 대해 강한 라이벌 의식을 느끼고 있었다.

두 사람은 다정한 척 인사를 하고 테이블에 앉았으나, 앉자마자 한 시인이 자기의 시집이 엄청 많이 팔렸노라고 자랑을 늘어놓았다.

"그러니까 꼭 1년 만에 자네를 만나는군. 작년보다 내 시의 독자가 꼭 배로 늘었다네."

그러자 마주 앉은 시인이 고개를 끄덕이며 대꾸했다.

"그런가? 정말 축하하네. 난 자네가 결혼한 줄 몰랐어."

아가씨의 코가 문제

• • •

미모의 아가씨가 병원에 와서 로버트슨 박사에게 증상을 설명했다.

"박사님, 아무래도 제 배 속에 이상이 생겼나 봐요. 방귀가 자주 나오는데 냄새라곤 전혀 없거든요."

"그래요? 그럼 상태를 알아보게 방귀를 좀 뀌어 보시죠."

"어머나, 그게 어디 뀌고 싶다고 마음대로 나오나요?"

듣고 보니 그도 맞는 말이었다. 로버트슨 박사가 다시 말했다.

"그럼 다음에 방귀가 나올 낌새가 있거든 곧장 달려오세요."

아가씨는 고개를 끄덕이고 돌아갔다. 그 뒤로 로버트슨 박사는 그 아가씨에 대한 일을 까맣게 잊어버리고 있었다.

어느 날, 박사가 환자를 진찰하고 있는데 간호사가 뛰어 들어와 그 아가씨의 이름을 대며 응급 환자이니 빨리 와 보시라고 소리쳤다.

"박사님, 빨리요! 빨리!"

박사는 아가씨의 이름이 금방 기억나지 않았다. 하지만 방귀가 자주 나와도 냄새가 없다고 한 그녀라는 말에 급히 뛰어나갔다.

병원 복도에 서 있던 아가씨가 외쳤다.

"나와요! 나와!"

로버트슨 박사와 아가씨가 엄숙한 표정을 짓고 잠시 기다리고 있자니 이윽고 조그맣게 소리가 났다.

로버트슨 박사는 얼굴을 찡그리며 말했다.

"말씀대로군요, 아가씨. 이건 대단히 심각한 상태입니다. 바로 수술해야 되겠어요."

아가씨는 새파랗게 질려 물었다.

"네? 수술을 해야 된다고요?"

"네, 아가씨 코를 한시라도 빨리 수술해야겠어요."

마누라의 추궁

• • •

레이먼은 밤에 백화점에 숨어 들어가 서른여덟 벌의 블라우스를 훔친 죄로 기소되었다. 법정에서 재판장이 물었다.

"피고는 4월 3일 밤 백화점에 침입하여 한 벌에 2달러짜리 블라우스를 서른여덟 벌을 훔친 사실을 인정하는가?"

"네, 인정합니다."

"그렇다면 유죄다. 그러나 초범인 데다 비싼 물건도 아니고, 피고가 이미 변상을 했으므로 징역 1개월에 집행유예 2년을 선고한다."

"재판장님, 고맙습니다."

"앞으로 다시는 이런 짓을 저지르지 말고 올바르게 살아가게."

"네, 명심하겠습니다."

레이먼이 법정을 나가려 하자 재판장은 호기심 어린 표정으로 그를 다시 불러 세웠다.

"이봐, 잠깐만! 그 백화점의 다른 진열대에 밍크나 모피가 잔뜩 쌓여 있었다던데 어째서 겨우 2달러짜리 블라우스를 훔쳤나?"

레이먼이 괴롭다는 듯 내뱉었다.

"그 소리는 이제 제발 그만 하십시오. 체포될 때까지 두 달 동안 매일 마누라한테 그 일로 추궁당했다고요."

벳새다 사람의 사고방식

• • •

태풍이 불어오자 상하좌우로 흔들리는 배는 그야말로 나뭇잎처럼 위태롭게 바다 위를 떠돌았다. 갑판 위에서 하나님께 기도를 올리는 사람도 있었고, 비명을 지르거나 부들부들 떨고 있는 사람도 있었다. 하지만 이 아비규환의 아수라장 속에서도 벳새다에서 온 사람들은 아무 일도 없는 듯이 침착하게 앉아 있었다.

선객 중의 한 사람이 그들에게 물었다.

"당신들은 무섭지도 않소?"

벳새다에서 온 사람들은 머리를 가로저었다.

"전혀 두렵지 않아요."

그 사이에도 배는 산더미 같은 파도에 휩쓸리며 널을 뛰듯 심하게 요동치고, 여기저기가 당장이라도 부서질 것같이 삐걱거렸다.

"배가 산산조각 날 것 같아요!"

모두들 아우성을 쳤으나 벳새다에서 온 사람들은 여전히 태연하게 말했다.

"왜 우리들이 배를 걱정해야 합니까? 우리 소유도 아닌데."

하루에 두 번 맞는 손목시계
◆ ◆ ◆

가난한 유대인 몰리의 손목시계가 고장나서 바늘이 움직이질 않았다. 그러나 그는 만나는 사람마다 붙잡고 자기 시계를 자랑했다.

"내 시계는 누구 것보다 좋은 거라네. 이것보다 조용한 시계는 없을 거야."

"그야 그럴 테지."

"조용하기만 한 게 아니야. 본래 시계란 움직이고 있으면 절대로 시간이 맞질 않네. 반드시 얼마 정도는 빠르거나 늦지. 하지만 내 시계는 이렇게 7시 반을 가리키고 있으니 하루에 두 번은 틀림없이 맞는다네. 정확한 시간을 한 번도 가리키지 않는 시계보다 하루에 딱 두 번이라도 정확히 맞는 시계가 낫지 않은가?"

그래도 역시 아들

* * *

아들인 고든이 개신교의 세례를 받겠다고 하자 코엔은 기절할 듯 놀랐다. 그리하여 1주일 동안이나 금식을 하며 하나님께 기도를 드린 후 또다시 교회에 나가 다시 1주일간 기도를 올렸다. 너무 굶어 현기증이 일었으나 그는 아랑곳하지 않고 열심히 하나님께 도움을 청했다.

그러던 순간, 눈 앞에서 이상스런 빛이 둥글게 생겨나더니 도저히 형용할 수 없는 성스러운 형태가 찬란한 후광을 뻗치며 나타났다.

코엔은 넙죽 업드렸다. 마침내 하나님을 대면케 된 것이다.

"전지전능하신 나의 하나님, 하나밖에 없는 제 자식 고든이 개신교의 세례를 받겠다고 합니다. 대체 이 일을 어찌하면 좋겠습니까?"

그러자 장엄하기 이를 데 없는 음성이 들려왔다.

"할 수 없지. 내 아들 역시 그랬느니라."

돌팔이 의사

* * *

두 남자가 같은 병실에 입원하게 되었다. 한 사람은 팔을 다쳤고, 또 한 사람은 다리를 다친 환자였다.

의사가 회진 시간에 들어와 팔을 다친 환자에게 가더니 붕대를 풀고 치료를 시작했다. 환자는 통증을 견디지 못해 큰소리로 비명을 질렀다. 치료가 끝나자 의사는 다리를 다친 환자에게로 다가갔다.

치료를 받는 동안 그 환자는 단 한 번도 소리를 내지 않았다. 의사가 병실 밖으로 나가자 팔을 다친 환자가 물었다.

"당신은 나보다 더 심한 상처를 입은 것 같은데 어떻게 신음소리를 한 번도 내지 않고 그렇게 고통을 잘 참았지요?"

그러자 다리 다친 환자가 대답했다.

"설마 당신은 내가 저런 돌팔이 의사에게 상처난 다리를 내밀었으리라 생각하진 않겠죠?"

엉망진창이 된 집

* * *

해마다 이스라엘의 독립기념일이면 예루살렘의 경기장에서 성대한 축제가 벌어진다. 군대가 행진을 하고, 전국에서 모여든 남녀학생들이 가지각색의 퍼레이드를 펼치기 때문에 모든 사람이 이축제에 참가하려고 야단들이다. 그래서 경기장 입장권을 구하기란 하늘의 별 따기 만큼이나 어려웠다.

경기장의 직원이 입장권을 조사하러 돌아다니다가 꼬마가 1등석에 혼자 앉아 있는 것을 발견하고는 물었다.

"꼬마야, 너 혼자 왔니? 입장권은 있어?"

"응, 나 혼자 왔어."

꼬마는 대답하며 입장권을 내밀었다. 겨우 여섯 살 정도로 보이는 꼬마가 혼자 왔다는 것이 좀 의아해서 직원이 다시 물었다.

"아빠는 어디 있지?"

"집에 있어. 근데 지금 우리 집은 엉망진창일 거야."

"그래? 너희 집에 무슨 일이 일어났는데?"

"아빠가 이 입장권을 찾느라고 집 안을 온통 다 뒤집어 놨을 테니까……."

이입된 두통

◆ ◆ ◆

히스테리가 심한 톰슨 부인이 어느 날 랍비를 찾아와 두통을 호소했다. 그리고 언제나처럼 자신의 고민거리부터 시작해서 이웃 사람들의 험담에 이르기까지 쉴 새 없이 지껄여댔다. 아니 부르짖었다는 것이 오히려 정확한 표현일 것이다. 그렇게 두 시간이 지나자 갑자기 톰슨 부인이 말했다.

"휴우! 이제야 두통이 사라졌네요."

그러자 랍비가 고개를 저었다.

"두통이 사라진 게 아닙니다. 모두 다 내게로 이입된 거예요."

아들의 지식

◆ ◆ ◆

경박하고 뭔가 좀 모자란 사람을 유대인들은 '슈레밀'이라고 부른다. 슈레밀은 생각보다 착한 마음씨를 갖고 언제나 노력하지만, 운이 나쁘고 머리가 안 좋아 무슨 일이든 잘되지 않는 사람을 가리키는 말이다. 가령 슈레밀이 자동차를 운전하면 난데없이 철재가 날아와 유리창을 부순다. 그래서 놀라 허둥지둥 뛰어나오다가 바나나 껍질을 밟아 나동그라지는데, 그것도 앞으로 엎어져 코피가 터진다. 이런 식으로 매사가 잘 맞아 돌아가지 않는 데다가 멍청하게 당하기만 한다.

슈레밀 중에 리드로스를 예로 들어 보기로 한다.

그는 자신이 왜 슈레밀이 되었는지 곰곰이 생각한 끝에 학교 교육을 정식으로 받지 못한 데 그 원인이 있다고 결론을 내렸다. 그래서 어려운 살림 속에서도 아내 에스더와 열심히 저축을 해서 아들 톰슨의 교육에 몽땅 바쳤다.

그 결과, 톰슨은 대학에 진학했고, 첫 방학을 맞아 집으로 돌아왔다.

"아버지, 어머니! 여름방학을 집에서 보내려고 왔어요!"

톰슨이 눈을 빛내며 말하자, 리드로스는 반가움과 자랑스러움이 뒤섞인 표정으로 아들을 끌어안았다. 그의 아내 에스더도 감동적인 장면이라는 듯 이들 부자를 바라보았다.

변변한 것은 없지만 말끔히 정돈된 거실로 들어서자 리드로스가 입을 열었다.

"톰슨아! 대학에서 여러 가지를 배웠지?"

아들은 고개를 끄덕였다.

"그러면 내게도 좀 가르쳐 다오."

한껏 들뜬 리드로스가 아들을 한 번 시험해 볼 요량으로 물었다.

"저 바다의 깊이가 도대체 얼마나 될까?"

"바다는 물의 표면에서 밑바닥에 이르기까지 곳에 따라서 깊이가 모두 달라요, 아버지."

"오, 그래? 그것 참 대단하구나. 그런데 어떻게 그걸 알았니?"

"그건 말이죠, 해양학을 공부하면 금방 알 수가 있어요."

"그럼 기어다니는 지네는 다리가 100개나 된다던데 좌우에 몇 개씩 붙어 있느냐?"

"그야 좌우에 50개씩 붙어 있죠. 곤충학과 생물학을 공부하면 알 수 있어요. 왜 50개씩 붙어 있냐 하면 말이죠, 만약 한쪽에 51개가 붙어 있고 다른 한 쪽에 49개가 붙어 있다면 51개가 붙은 다리쪽에 힘이 더 가해져서 지네는 똑바로 걷지 못하고 빙글빙글 원을 그리며 계속 돌게 될 테니까요."

"그래! 그것 참 대단한 학식이로구나!"

리드로스는 아들의 지식에 탄복했다. 이토록 훌륭하게 학문을 습득한 아들이 대견스러워 말문이 막힐 정도였다. 아내 에스더도 부자의 대화를 듣고는 남편 못지않게 감탄했다.

리드로스는 슬그머니 바지 주머니에 손을 넣어 10센트짜리 동전 하나를 움켜쥐고는 그 손을 아들 앞에 내밀며 말했다.

"톰슨아, 지금 내 손에 쥐어져 있는 게 뭔지 알겠니?"

톰슨은 진지한 눈빛으로 주먹 쥔 아버지의 손을 뜯어보다가 신중한 태도로 입을 열었다.

"이것을 해부학, 물리학, 형태인류학, 생태학 등 그 모든 학문의 관점에서 볼 때…… 아버지의 손 안에 있는 것은 분명 둥근 것입니다."

리드로스는 다시 깜짝 놀랐다.

"그래? 둥근 것이라고?"

그는 너무나 기쁜 나머지 자신도 모르게 눈물을 흘리며 말했다.

톰슨은 역시 신중한 태도로 말을 계속했다.

"네! 미분과 적분, 기하학적으로 볼 때도 역시 둥근 거예요. 둥근 것…… 그러니까 아버지, 그건 자동차 바퀴임이 분명해요."

무책임한 의사

♦ ♦ ♦

로버튼슨이 의사한테 건강 진단을 받았다. 의사는 여러 가지 검사를 한 후 결과를 설명했다.

"로버튼슨 씨, 당신은 지극히 건강합니다. 당뇨가 약간 있긴 하지만 전체적인 건강 상태는 아주 양호합니다. 나 같으면 전혀 걱정하지 않겠어요."

로버튼슨이 의사의 말을 듣고 조금 있다가 대꾸했다.

"그렇겠지요. 당신한테 당뇨가 있다 해도 내가 걱정하지는 않을 테니까요."

히틀러가 죽는 날이 유대인의 축제 날
◆ ◆ ◆

히틀러가 어떤 큰일을 처리할 때면 점쟁이의 말을 따랐다는 것은 널리 알려진 이야기이다. 그가 어느 날 점쟁이를 불러들였다.

"내가 언제쯤 죽을 것 같은가?"

"네, 총통 각하는 어느 때고 유대인의 축제일에 돌아가시게 될 것입니다."

그러자 히틀러는 즉시 자기 테이블 위에 있는 벨을 눌렀다. 부관이 들어와 부동 자세를 취했다.

"하이, 히틀러!"

"빨리 유대인들의 축제일표를 가져 와!"

오른손을 번쩍 쳐들어 보이고 나간 부관은 이내 유대인들의 달력을 가지고 왔다. 히틀러는 안경을 쓰고 한참 들여다보더니 안도의 숨을 내쉬었다. 축제일의 숫자가 많지 않았기 때문이었다.

"잘 들어라. 앞으로 유대인의 축제일에는 경호원을 백 배로 늘리도록 하라!"

그때 옆에 있던 점쟁이가 말했다.

"하지만 각하, 그렇다고 마음을 놓으셔선 안 됩니다. 각하께서 어느 때 돌아가시든 그날이 바로 그들에겐 축제일이 될 테니까요."

펭귄이 아니라 수녀

◆ ◆ ◆

파티에 초대받은 고오든이 예정된 시간보다 늦게 도착했다. 그는 가쁜 숨을 몰아쉬며 인사도 없이 친구 테일러에게 대뜸 물었다.

"여보게 테일러, 펭귄의 키가 얼마쯤 되지?"

"뭐? 펭귄의 키?"

"그래, 펭귄의 키 말이야."

"글쎄…… 남극에 사는 펭귄은 1미터 정도 될 테고, 북극에 사는 펭귄은 약 80센티 정도 되지 않을까?"

"그, 그게 정말인가?"

"어디, 백과사전을 한번 찾아볼까."

테일러는 책장에 꽂혀 있던 백과사전을 꺼내 들추기 시작했다.

"페, 펭, 펭귄…… 여기 있군. 인조목 펭귄과에 속하는 해조로 약 17종이 있다. 날개는 지느러미 형상이고……."

"그것보다 펭귄의 키가 어느 정도인지 빨리 좀 알아봐 주게."

"알았어. 곧게 섰을 때의 키가…… 가장 작은 난쟁이 펭귄은 오스트레일리아와 뉴질랜드산으로 30센티미터, 가장 큰 황제펭귄은 90센티가 넘는다…… 이렇게 쓰여 있군."

"저, 정말인가?"

"그럼! 백과사전이 농담하겠나?"

고오든이 절망적인 표정으로 하늘을 올려다보았다.

"아! 그럼 조금 전에 여기 오다가 내 차가 들이받은 것은 수녀였구나!"

인색한 부자의 자선

• • •

어느 마을에 대단한 부자가 살고 있었다. 그는 매우 인색하고 남몰래 온갖 나쁜 짓을 다 하고 다니는 것으로 소문이 나 있었다.

어느 날 부임한 지 오래되지 않은 랍비가 이 부자의 집을 방문했다. 교회에 기부금을 내라고 권하기 위해서였다. 마을 사람들은 소용없는 일이라고 말렸지만 랍비는 그것을 뿌리치고 찾아온 터였다.

"《탈무드》에 나오는 이야기를 알고 계시겠죠? 어째서 사해가 사해로 불리며, 이스라엘 영토 안에 있는 다른 호수인 갈릴리 호가 그렇게 불리는지 말입니다."

랍비의 말에 부자가 대답했다.

"물론 알고 있죠. 갈릴리 호는 밖으로 흘러나가는 시내를 가지고 있기 때문에 이름이 제대로 붙여져 있지만, 사해는 그저 가득 차 있을 뿐 밖으로 흘러나가는 시내가 없어서 사해로 불리는 것 아닙니까."

"네, 그렇습니다. 그래서 오늘 나는 자선을 베풀지 않으면 당신의 인생도 사해와 같이 될 거라는 말씀을 드리고 싶어 찾아온 것입니다."

"아닙니다, 랍비님. 나는 충분히 자선을 베풀고 있습니다. 다만 남에게 자랑하고 싶지 않아서 그걸 비밀로 하고 있을 따름이지요."

그러자 랍비는 고개를 갸우뚱거리며 말했다.

"그것 참 이상하군요. 당신이 비밀로 하는 나쁜 짓은 온 마을 사람들이 다 알고 있는데, 어째서 똑같이 비밀로 하는 자선은 아무도 모르고 있을까요?"

난 마이야가 아니야
◆ ◆ ◆

물장수인 톰슨이 물통에 물을 받아 집으로 돌아오고 있는데, 길에서 느닷없이 한 사나이가 달려드는 것이었다.

"마이야! 어디 맛좀 봐라!"

그러면서 사나이는 톰슨을 정신없이 두들겨 팼다. 얼결에 눈에 불이 나게 얻어맞은 톰슨은 일어나며 유쾌한 듯 웃었다.

그를 때린 사나이가 오히려 눈이 휘둥그레져서 물었다.

"마이야, 뭐가 우스운 거야? 이 녀석이 돌았나?"

톰슨은 여전히 웃으며 대답했다.

"너야말로 돌았구나. 넌 헛짓을 했어. 난 마이야가 아니라 톰슨
이라고!"

관청 앞에 줄서기

* * *

관료제인 이스라엘에선 어느 관청을 가든 간단한 서류 하나를
떼는 데도 오랫동안 줄을 서서 기다려야 한다. 주민증을 발급받을
때, 세금을 납부할 때, 운전면허증을 갱신할 때, 여권을 신청할 때
등등 아무튼 관청이란 소리를 들으면 맨 먼저 떠오르는 것이 길게
늘어선 행렬이다.

미국에서 살다가 이스라엘로 이민 온 지 얼마 되지 않은 에머슨
은 줄서기가 정말이지 견디기 힘들었다. 관청에서 볼 일을 마치고
돌아오는 길에 친구 레이먼을 만나자 에머슨이 말했다.

"정말 이렇게 비능률적인 행정을 하는 나라는 처음 봤네. 무슨
수를 써야지 안 되겠어. 이게 전부 다 골다 메이어 수상 탓이라고.
그 자를 내가 암살해 버리고 말겠어."

그러자 레이먼이 놀려댔다.

"호오! 자네가 그런 일을 할 수 있다고? 어림없는 소리 하지도
말게. 자네에게 그런 배짱이 있을 리 만무해."

"아니야, 두고 보라고. 내가 꼭 해치우고 말 테니까."

그로부터 한 달 후, 에머슨이 서류를 뗄 일이 있어서 관청 앞에

줄을 서 있는데 또 레이먼을 만나게 되었다.

레이먼은 에머슨을 보고 웃으며 말했다.

"이봐, 에머슨. 수상께선 아직 건재하신 모양이더군!"

"내 말을 들어 보게. 지난번에 수상을 암살하려고 관저에 가지 않았겠나? 그런데 나 같은 생각을 가진 자가 너무 많아 거기도 긴 줄이 서 있지 뭔가. 그 줄 서는 게 지겨워서 포기해 버렸다네."

어떤 복수
• • •

기브온에 사는 한 사나이가 예루살렘에 연극을 보러 갔다가 예전부터 알고 지내던 친구를 만나게 되었다.

그 친구가 물었다.

"그래, 연극이 볼만하던가?"

친구의 말에 그가 불만에 차 대답했다.

"형편없었어."

"대체 어떤 연극이었는데?"

그가 얼굴 표정을 일그러뜨리며 대답했다.

"연극은 구경하지도 않았어. 글쎄, 매표원 녀석이 나한테, '당신, 더러운 유대인 아냐?' 그러잖아."

"세상에! 그런 못된 놈이 어디 있어?"

"그래서 내가 멋지게 복수해줬지. 표를 사긴 했지만 극장에 들어가 주질 않았거든."

딸과 며느리의 차이

◆ ◆ ◆

에스더 부인이 거리에 나섰다가 이웃에 사는 친구를 만났다.

친구가 먼저 인사를 건넸다.

"안녕하세요, 에스더 부인. 결혼한 따님도 잘 지냅니까?"

"네, 염려해 주신 덕분에 잘 있습니다."

"에스더 부인은 참 복도 많지요. 시집보낸 따님도 잘 지낸다
니……."

"우리 딸은 남편을 잘 만나서 아주 팔자가 늘어졌답니다. 매일
대낮까지 실컷 자고, 식사도 침대에서 하고, 머리 손질하러 미용실
에 간다니까요. 그다음엔 백화점에 가서 쇼핑하고 저녁 땐 칵테일
파티에 참석하고요. 꼭 할리우드의 여배우같이 산다오, 호호!"

"그것 참 부럽군요. 아드님도 별일 없죠?"

"아유! 말도 마세요. 그애는 어째 그리 지지리도 복이 없는지 모
르겠어요. 글쎄 며느리라는 애가…… 나 참, 기가 막혀서! 해가 중
천에 뜰 때까지 마냥 자고선 침대에서 그냥 식사를 하는 거예요.
그래 놓고서도 집안일은 돌보지 않고 미용실로 쪼르르 달려가 그
잘난 머리를 수세미처럼 만들어 가지고 와요. 요즘은 그런 머리가
유행이라나 뭐라나. 그 정도라면 말도 안 해요. 집에 와서 이젠 저
녁 준비를 하겠지 하고 기다리면 손 하나 까딱 않고 옷치장에만
열을 올리다가 파티에 가지 뭐예요. 그야말로 칠칠맞지 못하고 사
치스러운 할리우드 여배우랑 똑같다니까요. 우리 아들이 불쌍해
서 미칠 지경이에요!"

주제가 같아

• • •

톰슨이 교무실로 불려가 선생님께 추궁을 당하고 있었다.

"톰슨, 어떻게 고양이에 관한 네 작문이 테일러의 것과 똑같지?"

톰슨은 조금도 망설이지 않고 대답했다.

"아마 그럴 거예요. 저희는 같은 고양이에 대해서 썼거든요."

동감

• • •

절도 현장에서 붙잡힌 레이워드가 재판을 받게 되었다. 재판이 시작되기 전, 검사가 그에게 물었다.

"특별히 부탁할 것이라도 있는가?"

"내게 이 도시에서 가장 뛰어난 변호사를 붙여 주십시오."

검사는 깜짝 놀라며 물었다.

"이것 봐! 당신은 현행범이야. 아무리 변호를 잘해도 소용없는 짓이란 걸 알 텐데. 도대체 어떤 변호를 할 수 있겠는가? 자네의 변호를 맡는 변호사는 틀림없이 뭐가 좀 모자랄 거야. 그렇지 않고서야 감히 누가 맡겠는가? 만약 그렇게 된다면 흥미진진하겠는걸."

레이워드가 미소를 지으며 말했다.

"네, 나도 동감입니다."

과음한 이유

◆ ◆ ◆

데이비드가 술에 잔뜩 취해 비틀거리며 예루살렘 거리를 돌아다니다가 경찰에 붙들렸다. 그는 보호실에서 하룻밤 신세를 지고 난 다음날 아침 경찰서장에게 호출되었다. 서장이 점잖게 타일렀다.

"그렇게 술을 많이 마시다간 주위 사람들에게 폐를 끼칠 뿐만 아니라 본인도 사고를 당할지 모르오. 도대체 웬 술을 그리 마셨소?"

"어제는 그럴 수밖에 없었어요. 저녁 때 우선 한잔했죠. 서장님도 아시겠지만 술을 한잔하면 새로운 인간이 태어난답니다. 그리고 성서에도 나오지만 두 사람의 유대인이 만나면 우정을 축하하는 잔을 거듭 들게 되죠. 그래서 난 새로 태어난 또 한 사람의 유대인과 우정을 축복하는 성대한 파티를 열었지요. 파티에선 맘껏 마시는 게 도리 아닙니까?"

제4장

구두쇠의 유언장

혼자만 답할 수 있는 질문

• • •

초등학교에 다니는 벤자민이 학교에서 돌아와 아버지에게 말했다.

"아버지, 오늘 선생님이 나밖에 대답할 수 없는 질문을 했어요."

"아니, 벤자민. 선생님 물음에 너만 대답을 할 수 있었단 말이냐?"

아버지는 매우 기뻐하며 아내를 불러 자랑스럽게 말했다.

"오늘 우리 벤자민이 제 반에서 아무도 대답할 수 없는 질문에 혼자서만 대답했다는군."

어머니 역시 대견스럽다는 듯 미소를 띠며 물었다.

"그래, 벤자민. 정말 기특하구나. 그런데 그 질문이 대체 뭐였니?"

"네, 교실 유리창을 깬 사람이 누구냐는 거였어요."

결혼 25년째 비극

◆ ◆ ◆

예루살렘의 어느 나이트클럽에 노래를 부르는 중간중간 우스갯소리를 하며 돌아다니는 코미디언 겸 가수가 있었다. 그는 객석을 돌아다니면서 손님을 붙잡고 어디서 왔는가? 무엇을 하는가? 이스라엘의 인상은 어떤가 등등의 질문을 하고 거기에 대해 우스갯소리를 덧붙이는 것이었다.

그는 언제나처럼 객석을 돌다가 한 테이블 앞에 멈추었다.

"당신은 어디에서 오셨습니까?"

테이블에는 유대계 미국인으로 보이는 초로의 부부가 앉아 있었다.

"미국의 시카고에서 왔습니다."

그런데 자세히 보니 그는 하염없이 눈물을 흘리고 있었다. 그의 곁에는 다이아몬드 반지에 목걸이, 팔지를 낀 부인이 매우 불쾌하다는 표정을 짓고 앉아 있었는데, 남편은 앞에 놓인 술잔에 손도 대지 않은 채 계속 눈물만 흘리고 있었다.

가수 겸 코미디언이 그에게 물었다.

"도대체 당신은 왜 그렇게 울고 계십니까?"

그러자 곁에 앉은 부인이 대답을 가로채며 말했다.

"오늘은 우리의 25주년 결혼기념일이랍니다. 그런데 이 얼간이 모제스가 아까부터 계속 울기만 하는 거예요."

그래서 이번에는 울고 있는 남편에게 물었다.

"부인 말씀대로 결혼 25주년 기념일이라면 유쾌하게 축배를 드셔야지, 왜 우시기만 합니까?"

그러자 남편은 더욱 소리를 높여 울다가 겨우 울음을 그치고 입을 열었다.

"내 말 좀 들어보십시오. 사실은 결혼한 지 5년째 되는 날 아침에 난 여기 있는 내 아내 레베카를 죽이려고 했습니다. 하지만 대학까지 나온 지성인인 내가 무작정 사람을 죽일 순 없잖습니까? 그래서 잘 아는 변호사에게 아내를 죽였을 경우 어느 정도의 형벌을 받겠느냐고 물었죠. 그는 육법전서를 들춰 보더니 20년 동안 감옥에 갇히게 될 거라더군요. 그래서 못 죽였는데…… 차라리 그때 실행을 했어야 하는 건데 그랬어요. 오늘이 결혼 25년째인데, 아직까지도 감옥생활을 하는 것만큼 자유롭지 못하단 말입니다. 지금 5년을 손해 봤는데 앞으로도 사는 것만큼 손해를 보게 되었잖아요."

하나님의 의도

* * *

랍비 두 사람이 논쟁을 하고 있었다. 전능하신 하나님이 아담이 잠자고 있을 때 갈비뼈 하나를 빼내어 그것으로 이브를 만든 것에 대한 논쟁이었다.

"하나님의 능력이라면 그저 가볍게 입김만 불어도 이브를 만드실 수 있었을 겁니다. 그런데 무엇 때문에 굳이 아담이 잠자는 틈에 몰래 갈비뼈를 훔쳐내어 만드셨을까요?"

"그야 어렵지 않은 문제이죠. 인간에게 교훈을 내리실 의도였던 겁니다. 하나님은 훔친 물건치고 변변한게 없다는 사실을 가르치려 하신 거겠지요."

집에 자주 오지 못하는 이유

◆ ◆ ◆

폴란드의 어느 마을에 유대인 부부가 살고 있었다. 그런데 선생인 남편이 이웃 마을 학교로 발령을 받아 그곳에서 혼자 살게 되었다. 아내와 아이들이 있는 집에는 1년에 한 번밖에 오지 못했다.

유대인들은 가정을 매우 소중하게 생각하는데, 남편이 아내와 아이들이 있는 집에 온 날, 랍비가 그의 집을 방문했다.

"어째서 자주 집에 들르지 않습니까? 그렇게 먼 거리도 아니니 주말마다 올 수도 있을 텐데요."

남편은 고개를 저으며 대답했다.

"랍비님, 제가 1년에 한 번씩만 집에 오는 데는 다 이유가 있습니다. 생각해 보십시오. 제가 이웃 마을의 학교로 부임해 간 지 벌써 8년이 되었는데 그동안 제 아내는 여덟 명의 아이를 낳았습니다. 그러니 제가 매주 집에 온다면 도대체 애가 몇이 되었겠습니까?"

왜 남의 지퍼를 열어

• • •

유대인 거리는 항상 혼잡하지만 오후 5시가 되면 퇴근하는 사
람들에 쇼핑을 하고 돌아가는 주부들까지 더해져 더욱 붐빈다.
그래서 이 시간에는 버스 정류장에도 기다란 줄이 늘어서게 마련
이다.

사라는 백화점에서 모자와 구두, 스커트, 핸드백, 화장품 등등
열아홉 가지나 되는 물건을 사서 나오는 길이었다. 때문에 양팔에
쇼핑백을 몇 개나 걸치고, 양손으로는 상자를 잔뜩 끌어안고 있었
다. 몸에 착 달라붙는 옷을 입은 그녀는 그런 모습으로 정류장의
선두에 서서 버스를 기다렸다.

이윽고 버스가 다가와서 멈췄다. 그러나 사라는 좀처럼 버스에
탈 수가 없었다. 양손에는 짐을 잔뜩 들었는데 옷이 몸을 꼭 조이
고 있어 높은 승강대에 오를 수가 없었던 것이다.

그래서 스커트의 지퍼를 좀 내리면 오를 수 있을 거라고 생각
해, 짐을 가까스로 한쪽 손에 몰아 들고 다른 손으로 스커트 뒤의
지퍼를 조금 열었다. 그러자 뒤에 서 있던 젊은 남자가 그녀를 번
쩍 안아 버스 위로 올려 주었다. 그렇게 해서 사라는 자리에 가 앉
을 수 있었다.

그런데 그녀를 버스에 올려 준 남자가 다가와 손을 잡더니 놓아
주질 않았다. 남자가 어느 정도 괜찮게 생겼다면 그녀도 가만히
있었을 터이지만 그는 형편없는 추물인 데다 땀으로 손이 축축해
져 있어 몹시 기분이 나빴다.

참다 못한 사라가 그 추남에게 냉정하게 말했다.

"이 손 좀 놓으세요! 아무리 내가 차에 오르지 못해 쩔쩔매고 있었기로서니 생전 처음 보는 사람이 안아 올려 준다는 게 애당초 뻔뻔스런 일이 아니었나요? 게다가 이렇게 손까지 잡고선…… 어서 놔요."

그러나 그는 그녀를 잡은 손에 더욱 힘을 주면서 말했다.

"그렇지만 아가씨, 아가씨는 내 바지의 중요한 지퍼를 열어 제쳤는데 그에 비하면 손 잡는 것 정도는 괜찮은 것 아니오?"

그러면 자기도?

◆ ◆ ◆

퇴근하여 집으로 돌아온 벤자민이 아내 레베카에게 말했다.

"오늘 우편배달부가 자랑 삼아 늘어놓는 이야기를 들었는데, 자기가 우리 아파트에 사는 여인들 중 딱 한 명을 빼놓고는 모든 아줌마와 키스를 했다는 거야."

"그래? 그렇다면 그 한 명의 여자는 아래층의 스샤일 거야. 그렇게 못생긴 여자는 또 없을 테니까."

야고보의 인내심

...

야고보는 급한 볼일이 생겨 민스크로 가야만 했다. 마침 겨울이
고려시아의 추위는 대단해서 꽁꽁 얼어붙은 도로 위로 눈보라가
무서운 기세로 몰아치고 있었다.

야고보는 아내와 함께 역마차를 운영하는 집으로 찾아갔다. 그
리고 마부에게 민스크까지 가자고 하자, 마부는 보드카를 마시며
말했다.

"농담이시겠죠, 손님. 민스크로 가는 도로는 모두 꽝꽝 얼어 있
어요. 게다가 이렇게 눈보라까지 치니 앞이나 볼 수 있겠습니까?
이 눈보라가 가라앉을 때까지 기다리시는 게 좋을 겁니다. 아마
눈보라가 사나흘은 계속될 모양이지만……."

마부의 말에 야고보는 다급하게 말했다.

"안 되오! 무슨 일이 있어도 나는 지금 가야 합니다. 아주 중요
한 거래가 있기 때문에 안 가면 큰일이 난단 말이오. 당신은 여기
핀스크에서 민스크까지 가는 데 보통 10루블을 받잖소? 하지만
이번엔 이렇게 날씨도 좋지 않으니……."

"아, 글쎄, 안 된다니까요. 지금은 너무 위험해요. 더구나 저런
눈보라 속에서 굶주린 늑대가 한두 마리만 나타나는 줄 아십니
까? 어림도 없습니다."

"아니오. 나는 무슨 일이 있어도 가야 하오. 자, 민스크까지 10
루블 대신 50루블을 지불하겠소. 알아듣겠소? 금화 50루블이란
말이오. 단, 한 가지 조건이 있소."

50루블이란 말을 듣자, 마부는 금세 눈보라가 그치고 햇살이 비쳐 드는 것처럼 얼굴이 환해지면서 눈을 반짝거렸다.

"그래, 그 조건이란 게 뭡니까?"

"조건은 이렇소. 만약 민스크까지 가는 동안 내가 한마디라도 소리를 내면 그때는 당신에게 50루블을 지불하겠소. 그렇지만 한 마디도 내지 않으면 당신이 나를 공짜로 태워 주시오."

마부는 잠시 생각하더니 이윽고 고개를 끄덕이며 흔쾌히 대답했다.

"좋소. 그럼 당장 떠납시다."

마차는 눈보라 속에 꽁꽁 얼어붙어 매끄럽고도 울퉁불퉁한 도로를 전속력으로 달렸다. 그러면서 돌에 채이고 얼음덩어리 위로 미끄러지는 등 금방이라도 뒤집힐 것처럼 요동쳤으나 야고보는 소리를 전혀 내지 않았다. 겁에 질려 얼굴은 사색이 되었지만 그는 이를 악문 채 꾹 참고 견디었다.

마차는 더욱더 속력을 내기 시작했다. 좁은 길을 달리다가 얼어붙은 개울에 빠질 뻔하기도 하고, 커브 길에서는 당장이라도 벌렁 자빠질 듯 흔들렸다. 그래도 야고보는 소리를 내지 않았다. 이제 민스크까지는 얼마 남지 않았다.

마지막 산길에 다다르자 마부는 차츰 조바심이 나기 시작했다. 마차는 절벽 옆의 아주 좁다란 길을 지나고 있었다. 마부는 공포에 질려 얼굴을 일그러뜨리면서도 연신 말을 채찍질했다. 급커브가 보였으나 속도를 늦추지 않았다. 한편 야고보는 마차의 한쪽 바퀴가 까마득한 절벽 위의 허공에 뜬 채 전속력으로 달리고 있다는 것을 알았지만 꾹 참고 있었다. 그 길을 지나자 어지러운 눈보라 사이로 민스크 시의 불빛이 아련히 보였다.

이윽고 마차가 민스크에 닿았다. 마부는 주머니에서 보드카를 꺼내 단숨에 들이켜며 말했다.

"손님, 내가 졌소이다. 공짜로 해 드리죠."

그러자 야고보가 말했다.

"고맙소. 실은 한 가지 고백을 해야겠소. 아까 그 커브에서 나는 하마터면 크게 소리를 지를 뻔했다오."

"아아, 아까 그 커브를 돌 때 말이죠? 나도 이제까지 그렇게 무서웠던 적이 없었습니다."

"아니, 무서운 거야 참을 수 있었죠. 하지만 아까 절벽의 커브에서 마차 문이 열리고 내 아내가 그 아래로 튕겨져 나갈 때 하마터면 소리를 지를 뻔했단 말이오. 그걸 참느라 얼마나 힘들었는지……."

간단한 방법

◆ ◆ ◆

모피 장사로 많은 돈을 번 고든은 새로 들어온 여비서에게 한눈에 반하고 말았다. 그래서 매일 비서에게 고급 레스토랑에 가자고 치근덕거렸다. 비서가 쉽게 응하지 않자 값비싼 보석반지와 자기 회사에서 가장 비싼 모피 코트를 선물로 주겠다고 하며 꾀었다. 그러나 비서는 전혀 흔들리지 않았다.

그녀가 거절할 때마다 고든의 연모의 정은 더 깊어만 갔다. 그는 날이 갈수록 더 집요하게 그녀를 유혹했다. 여비서도 더 이상은 견딜 수가 없었다.

고든은 여느 때와 다름없이 그녀를 자기 방으로 불러 다시금 치근덕거리기 시작했다.

"이봐, 내가 공중에 붕 뜰 것 같은 호쾌한 대답을 좀 해 줘. 제발!"

그녀가 답답한 표정으로 말했다.

"그러시다면 간단히 목을 매달면 될 텐데요."

남편이 베란다로 나가는 까닭

♦ ♦ ♦

아내가 남편에게 말했다.

"당신은 왜 내가 노래를 부를 때마다 베란다로 나가는 거죠? 내 노래가 그렇게도 못마땅해요?"

"아, 아니야. 당신 노래는 참 듣기 좋아. 다만 이웃 사람들에게 내가 당신을 때리는 걸로 오해받고 싶지 않아서 그래."

살인은 아내 한 사람으로 족해

♦ ♦ ♦

퇴근하여 집으로 돌아온 코엔은 아내 스샤가 젊은 남자를 끌어

들여 바람을 피우고 있는 현장을 목격하게 되었다. 눈에 쌍심지가 켜지면서 피가 끓어오른 코엔은 권총을 꺼내 아내를 살해하고 말았다.

코엔은 당연히 재판에 회부되었다.

재판장이 물었다.

"그대는 어째서 아내를 죽였는가?"

"재판장님, 제가 만일 아내를 죽이지 않는다면 남자를 도대체 몇이나 더 죽여야 될지 알 수 없었기 때문입니다. 살인은 한 번만으로도 끔찍한 일이 아니겠습니까?"

편지만 본 랍비와 실물을 본 비서

• • •

프라하에서 50km쯤 떨어져 있는 유대인 마을의 랍비는 기적을 행하는 사람으로 유명했다. 그래서 기적을 믿는 사람들과 요행을 바라는 사람, 그리고 힘들게 하루하루를 사는 사람들과 환자들이 찾아와 기적에 대해서 믿음을 키웠다.

어느 날 한 여인이 찾아왔다. 랍비의 비서가 여인을 맞이하여 사연을 물어보자, 여인은 울면서 한 통의 편지를 꺼냈다. 그녀의 남편이 이혼을 요구하는 내용이었다.

비서가 물었다.

"부인은 기적을 믿습니까?"

"그럼요. 그래서 저는 랍비께서 기적을 행하신다는 소식을 듣고 밤차를 타고 파리에서 여기까지 달려온 것입니다."

"그럼 잠시 기다려 주십시오. 랍비님께 편지를 보여 드리고 여쭈어 보도록 하겠습니다."

여인이 대기실에서 한참을 기다리고 있으니까 이윽고 비서가 나와서 말했다.

"랍비님께서 지금부터 128시간 54분 12초 후에 당신의 남편이 돌아올 것이라고 말씀하셨습니다. 그리고 다시는 이혼 얘기를 꺼내지 않을 것이라고도 했습니다. 그러니 빨리 파리로 돌아가십시오."

그녀는 울어서 퉁퉁 부은 얼굴에 웃음을 지으며 밖으로 나갔다.

여인이 돌아가자 비서가 말했다.

"랍비님, 저는 랍비님께서 기적을 행하신다는 사실을 믿고 있습니다. 지금까지 계속 기적이 이루어지는 것을 봐왔으니까요. 그렇지만 방금 그 여인의 남편이 128시간 54분 12초 후에 돌아오리라는 것은 도무지 믿기지 않습니다."

랍비가 비서에게 되물었다.

"내가 지금까지 예언한 것 중 이루어지지 않은 게 있었나?"

"아니오, 한 번도 없었습니다."

"그렇다면 어째서 이번 일이 믿기지 않는다는 얘긴가?"

"랍비님께선 편지만 보셨죠. 하지만 저는 그 여인의 얼굴도 봤거든요. 랍비님께서도 그 여인의 실물을 봤다면 틀림없이 다른 생각을 하셨을 겁니다."

냉장고 속의 남자

* * *

아이작은 유난히 질투심이 강한 남자였다. 그는 어렸을 때부터 부모가 자기 몰래 다른 형제에게 장난감이나 과자를 더 주지 않는가 늘 의심하여 투정을 부리곤 했다. 아이작은 학교에 들어가서도 친구가 자기보다 높은 점수를 받으면 그것을 질투하여 심술을 부렸고, 성장하여 사회생활을 하면서도 마찬가지였다.

그러나 뭐니뭐니 해도 그가 가장 심하게 질투심을 불태운 것은 에스더와 결혼하고 나서부터였다. 아이작은 자기 아파트 단지에 우유 배달부나 신문 배달부가 일체 들어서지 못하게 했다. 그러니까 그것들을 복도 끝에 놓아두게 하고는 자기가 직접 가지고 왔다. 물론 에스더가 쇼핑하는 것도 금지하고 자기가 직접 물건을 사 가지고 들어왔으며, 웬만한 수리라든가 하수구 막힌 것 따위도 손수 고쳤다.

그러나 아무리 질투심이 강한 아이작이라 해도 생활을 위해 회사에 나가지 않으면 안 되었다. 어쩔 수 없이 회사에 나가서도 그는 집에 계속 전화를 걸어 아내가 집에 있는지 확인했다.

그러던 어느 날 오전 11시쯤, 아이작은 갑자기 이상한 예감에 사로잡혔다. 에스더가 틀림없이 외간 남자를 끌어들여 바람을 피우고 있을 것이라는 생각이 들었던 것이다. 그는 황급히 회사에서 뛰쳐나왔다. 택시를 잡아타고 집 앞에 도착하자, 단숨에 계단을 뛰어올라 문을 열어젖히며 소리쳤다.

"에스더! 어서 남자를 끌어내! 빨리! 숨기지 말고!"

에스더는 잠옷을 입은 채 눈을 비비며 침실에서 나왔다.

"어머! 이 시간에 웬일이세요? 그리고 그건 또 무슨 말이에요?"

"허튼 수작 말고 빨리 남자를 끌어내! 남자를!"

"아니, 설마 내가 남자를…… 정말 우습군요. 호호!"

아이작의 눈에는 아내가 한잠 자고 막 일어난 것처럼 꾸미는 것으로 보였다. 그는 틀림없이 남자가 어딘가에 숨어 있을 것이라고 확신하여 온 집안을 샅샅이 뒤졌다. 침대 밑도 들여다보고 다락문도 열어 보았다. 목욕탕도 뒤지고 거실의 테이블 밑도 살폈다. 커튼 뒤쪽은 물론이고 심지어는 카펫까지 들춰 보았다. 그러나 쥐새끼 한 마리도 없었다.

아이작은 남자가 창틀에 매달려 있을지도 모른다고 생각해서 창밖까지 확인했다. 때마침 한 남자가 풀어진 벨트와 허리춤을 잡고 황급히 뛰어가는 것이 보였다. 순간, 그는 곁에 있는 냉장고를 들어 남자를 향해 던졌다. 냉장고는 그 남자를 즉석에서 깔아뭉개 죽이고 말았다.

남자가 죽은 것을 보고 나서야 아이작은 제정신을 차렸다. 곰곰 생각해 보니 그가 아내와 부정한 짓을 저질렀다는 증거라곤 아무것도 없었다. 그것은 자신의 지나친 질투심에서 생긴 망상에 지나지 않는 것이었다. 두려워진 아이작은 화장실에 가서 천장에 목을 매어 자살하고 말았다.

얼마 후, 아이작은 자신이 하늘나라에 당도해 긴 행렬에 끼어 있다는 것을 깨달았다. 바로 앞에는 그가 죽인 남자가 서 있었다.

이윽고 하나님께서 아이작 앞에 서 있는 남자에게 물었다.

"나의 아들이여, 그대는 어찌하여 여기 오게 되었는가?"

"네! 아침에 탁상시계의 종이 울리지 않아 늦잠을 잤습니다. 눈을 떠 보니 11시가 넘었더군요. 그래서 급히 출근을 하기 위하여 옷을 입으면서 뛰어가는데 갑자기 위에서 냉장고가 떨어져 그걸 맞고 이렇게 오게 되었습니다."

하나님은 머리를 끄덕이셨다.

"그럴 수도 있겠지. 자, 천국으로 가거라."

이번엔 아이작의 차례였다.

하나님은 그에게도 똑같이 물으셨다.

"나의 아들이여, 그대는 어찌하여 여기 오게 되었는가?"

"저는 어렸을 때부터 유난히 질투심이 강했습니다. 오늘 아침에도 회사에 있던 중 아내가 바람을 피우는 것 같아서 급히 집으로 왔죠. 집 안을 뒤지다가 창밖을 내다보니 어떤 남자가 다급하게 옷을 입으면서 뛰어가기에 그가 아내와 정을 통한 자인 줄 알고 그만 냉장고를 던져 죽게 했습니다. 그 죄책감으로 저는 자살했습니다."

하나님이 너그럽게 말씀하셨다.

"그래, 그런 일도 있을 수 있겠지. 하지만 그대는 회개를 하여 자살까지 하였으므로 용서해줄 테니 천국으로 가거라."

밖으로 나오려던 아이작은 자기 뒤에 서 있던 또 다른 남자가 하나님께

말하는 소리를 듣게 되었다.

"네, 저는 제가 왜 이곳에 오게 되었는지 잘 모르겠습니다. 저는 그냥 냉장고 속에 들어가 있었거든요."

시집 못 간 이유
• • •

결혼도 못 한 채 50세를 넘긴 노처녀가 랍비를 만나게 되었다. 랍비가 물었다.

"당신은 왜 결혼하지 않았습니까?"

그러자 그녀가 랍비에게 되물었다.

"저는 온종일 재잘거리는 앵무새를 기르고 있는 데다 집 안 구석구석을 어지럽히는 개도 있고, 밤새도록 야옹거리는 고양이도 있습니다. 게다가 손이 많이 가는 금붕어와 거북이도 기르고 있습니다. 그런데 어떻게 남편까지 키울 수 있겠습니까?"

아무 일도 하지 마시오
• • •

9년 동안 아홉 명의 아이를 낳은 가난한 집의 가장이 랍비에게 넋두리를 늘어놓고 나서 해결 방안을 물었다.

"아무리 열심히 일해도 애들이 잇달아 태어나는 바람에 끼니조차 먹을 수가 없답니다. 아홉이나 되는 애들과 아내를 어떻게 벌어 먹일지 난감하기만 합니다. 도대체 어떻게 해야 될까요?"

이야기를 듣고 난 랍비가 말했다.

"아무 일도 하지 마십시오. 당신이 일을 하면 할수록 식구만 늘어납니다."

20세 아내와 40세 남편 나이가 동갑
◆ ◆ ◆

40세 된 텔아비브의 사교계 인사 루벤이 20세밖에 안 된 아가씨와 결혼했다. 나이 차이가 스무 살이나 되기 때문에 사교계에선 이러쿵저러쿵 말이 많았다.

어느 날, 루벤은 길에서 부잣집 노부인과 마주쳤다. 역시 사교계에서 마당발로 통하는 노부인이 주저없이 그 얘기를 끄집어 냈다.

"저, 얘기를 듣자니 아주 젊은 부인을 얻으셨다고요?"

루벤은 고개를 저으며 대답했다.

"아닙니다. 저와 아내는 동갑인걸요. 누가 그런 말을 합디까?"

루벤이 시치미를 떼자 언짢아진 노부인이 다시 말했다.

"아니, 난 부인이 소녀처럼 젊다는 말을
들었는데요. 호호!"

"아닙니다. 그럴 리가 없어요. 우린
동갑이라니까요. 아내는 20세이고
저는 40세거든요. 그런데 함께 사
니 저는 10년이 젊어진 것 같고

아내는 10년이나 더 성숙한 것 같은 느낌이 들죠. 그러니까 내 나이에서 열 살을 떼어 아내 나이에 보태면 둘 다 30세가 된다 이 말씀이에요."

하나님이 남자를 먼저 만든 까닭

...

두 사람의 랍비가 아담과 이브를 주제로 열띤 토론을 하고 있었다.

한 랍비가 말했다.

"어째서 하나님은 먼저 아담을 만들고 그다음에 이브를 만드셨을까요?"

이에 한 랍비가 대답했다.

"그야 간단하지요. 만약 하나님이 남자를 만들기 전에 여자를 먼저 만드셨다면 그녀의 희망을 죄다 들어주어야 될 게 아니겠소? 여자의 희망을 들어주다 보면 다른 아무것도 만드실 수 없었을 거요."

오죽했으면

...

한 남자가 어느 무덤 앞에 엎드려 흐느껴 울고 있었다. 그가 너무나 오랫동안 울고 있자 보다 못한 묘지기가 걱정이 되어 말을 건넸다.

"여보시오, 거기가 당신 부모의 묘인가요? 아니면 형제의……?"

남자는 고개를 가로저었다.

"그렇다면 당신 아내? 그도 아니면 자식의 묘인가요?"

남자는 계속 흐느껴 울며 또 고개를 가로저었다.

"그럼 누이의 묘인가요?"

그래도 남자는 여전히 고개를 저을 뿐이었다.

묘지기는 더 이상 호기심을 억누를 수가 없었다.

"그럼 도대체 누구의 묘란 말이오?"

남자는 눈물을 흘리며 대답했다.

"이 무덤은 내 아내의 전남편 무덤이랍니다."

맞지 않는 아내

◆ ◆ ◆

헤이워드는 미인인 데다 정숙하고 일 잘하는 성실한 아내와 살고 있었다. 그런 그가 어느 날 랍비를 찾아와 느닷없이 이혼을 허락해 달라고 말했다.

랍비가 물었다.

"헤이워드, 도대체 왜 이혼을 하겠다는 거요? 그토록 현숙한 데다 미모를 갖춘 여자도 없을 텐데……."

헤이워드는 구두를 벗어 내밀며 슬픈 표정으로 말했다.

"보십시오, 이것은 아주 좋은 가죽으로 만든 최고급 구두입니다.

하지만 아무리 좋아도 내게 맞지 않는다면 무슨 소용이 있겠습
니까?"

여자의 동물적인 직감

♦ ♦ ♦

결혼한 지 1년이 된 레베카가 친정 나들이를 하게 되었다. 모처
럼 친정어머니와 단둘이 마주 앉자 그녀는 남편 야곱이 언제나 거
짓말을 한다고 하소연했다. 그러면서 어머니에게 자기 통찰력에
대해 말했다.

"저는 야곱이 거짓말을 할 때면 금방 느낌으로 알아차려요."

확실히 여자에겐 동물적인 직감력이 있어 사물을 꿰뚫어 보거
나 예감하기도 한다.

"하지만 레베카, 야곱이 거짓말만 한다는 걸 어떻게 느낌만으로
알 수 있니?"

"왜 그걸 몰라요? 난 야곱이 거짓말할 때면 금방 눈치로 때려잡
을 수 있어요."

"얘야, 난 네 아버지와 오랫동안 함께 살아왔지만 거짓말하는
것을 틀림없이 알아차릴 순 없었다."

"어머니, 글쎄 나는 틀림없이 안다니까요!"

"대체 어떻게 그걸 알 수 있지?"

"야곱은 거짓말을 할 때마다 입을 벌리고 입술을 움직이거든
요."

세 노인의 데이트

◆◆◆

올해로 80세가 된 야곱의 어머니가 아침부터 한껏 들떠 있었다. 이웃에 사는 85세의 노인으로부터 데이트 신청을 받았기 때문이었다.

저녁 때가 되자 야곱의 어머니는 정성껏 치장을 하고 집을 나섰다. 그런데 밤이 깊었는데도 어머니가 돌아오지 않았다. 10시……, 12시……, 12시 30분이 다 되었을 때 이윽고 어머니가 돌아오셨다.

야곱은 반갑게 맞으며 물었다.

"어머니, 데이트는 어떠셨어요?"

"글쎄, 내가 그 영감을 세 번이나 발로 차야만 했단다. 아주 형편없는 영감이더구나!"

야곱은 85세나 된 노인을 머릿속에 그려보면서 믿기지 않는다는 듯이 물었다.

"설마 이상한 짓을 하려고 든 건 아니겠죠?"

야곱의 어머니는 고개를 저으며 말했다.

"아니야, 난 그 영감이 꼭 죽은 줄 알았다니까."

이혼을 못 하는 이유

◆◆◆

랍비에게 어느 부인이 찾아왔다. 부인은 남편의 성격이 너무 좋지 않아 이혼하고 싶다며 의논을 청했다. 그런데 그녀는 이혼에 걸림돌이 되는 문제가 한 가지 있다고 했다. 아이가 모두 아홉인데, 남편과 똑같이 나누어 기르고 싶지만 홀수이므로 나눌 수가 없다고 했다.

머리 좋은 랍비가 현명한 제안을 했다.

"그럼 1년만 더 함께 살다가 아이가 하나 더 생기면 그때 이혼을 하시오."

그로부터 1년 6개월이 지난 후, 랍비는 그 부인과 우연히 마주치게 되었다.

랍비가 웃음을 띠며 물었다.

"어떻습니까, 부인? 일은 잘됐나요?"

"아뇨."

"하지만 출산 소식을 들었는데요?"

"네, 아이를 낳긴 낳았는데…… 쌍둥이지 뭐예요."

결혼 후의 변화

◆ ◆ ◆

결혼한 야곱이 아직 독신으로 있는 친구 레이먼에게 말했다.

"결혼하고 나서 아내와의 관계가 많이 변했다네."

"어떻게 변했는데?"

"결혼 전엔 주로 내가 얘기를 하고 레베카가 들었지. 그런데 결혼 후엔 레베카가 혼자 떠들고 내가 듣게 되더군. 그러다가 결혼한 지 3년이 지나니까 우리 둘이 서로에게 큰소리를 질러대고, 그걸 이웃 사람들이 듣게 되더라고."

그럼 빵집 남자와 잘 일이지

* * *

20세기가 낳은 천재적인 피아니스트 타마셰프스키가 연주회를 끝낸 후 관중들의 박수갈채를 받으며 무대 뒤로 나왔다. 그가 복도로 나서는데 젊은 여인이 양팔에 아기 하나씩을 안고 서 있었다. 그가 무심코 지나치려 하자 여인이 그를 불러 세웠다.

"타마셰프스키 씨!"

타마셰프스키는 걸음을 멈추고서 그 여인을 보았지만 한 번도 본 적이 없는 낯선 얼굴이었다. 여인은 매우 서글픈 어조로 말을 꺼냈다.

"나를 기억하고 계시겠죠? 꼭 1년 반 전에 당신은 나와 정열적인 하룻밤을 보냈잖아요. 그 결과로 이 아이들이 태어났습니다."

타마셰프스키는 만찬회 약속이 있어 몹시 바빴으므로 건성으로 대답했다.

"그것 참 축하하오! 잘 기르시오."

끝내 그 여자를 기억해 내지 못한 그는 자리를 뜨려 했지만, 여인이 쫓아오며 말했다.

"타마셰프스키 씨, 나는 얼마 전에 부모를 잃고 형제들마저 뿔뿔이 흩어져 애를 기르기는커녕 내 생계조차 막연하답니다. 그래서 이 애들을 잘 기르고 싶어도 그럴 수가 없어요. 제발 부탁이니, 양육비 좀 주지 않겠어요?"

타마셰프스키는 어쩌면 자기가 진짜로 그런 일을 저질렀을지도 모른다고 생각하며, 상의 주머니에서 다음 연주회 입장권을 몇 장 꺼내 주었다.

연주회 입장권을 받아든 여인이 신경질적으로 소리쳤다.

"타마셰프스키 씨, 내가 바라는 것은 아기들에게 먹일 빵이지, 음악회 입장권이 아니에요! 이따위 것이 무슨 소용이 있겠어요?"

그러자 타마셰프스키가 태연히 대꾸했다.

"그렇다면 1년 반 전에 빵집 남자하고 잘 것이지!"

금고가 필요해서

◆ ◆ ◆

유대인이라는 걸 한눈에 알아볼 수 있을 만한 남자가 뉴욕 번화가의 은행에 들어가 대부 담당자와 마주앉았다.

대부 담당자가 유대인의 양복과 구두, 시계, 넥타이핀 등을 훑어보며 물었다.

"무슨 일로 오셨는지요?"

"네, 실은 은행 융자를 좀 받으려고요……."

"얼마나 쓰실 예정이신지요?"

"1달러만 빌려주시오."

"지금 1달러라고 하셨습니까?"

"그렇소, 1달러요."

"네, 물론 우리 은행에선 담보만 있으면 1달러 이상 얼마든지 융자해 드리고 있습니다."

유대인은 고급 가죽 가방에서 주권, 채권 따위를 잔뜩 꺼내어 책상 위에 늘어놓았다.

"이것저것 합해 50만 달러 정도 되는데, 이 정도 담보면 되겠습니까?"

"네, 물론입니다. 그런데 빌릴 돈이 1달러라고 하셨습니까?"

"그렇습니다."

"그럼 1달러에 대한 금리가 연 6%니까 6센트를 지불해 주고, 1년 후에 1달러를 갚아 주시면 이 담보들을 모두 되돌려 드리도록 하겠습니다.

"고맙소."

유대인은 인사를 하고는 1달러를 지갑 속에 소중히 집어넣더니 일어섰다.

그동안 행원과 유대인이 주고받는 이야기를 듣고 있던 지점장은 50만 달러나 가지고 있는 사람이 어째서 1달러를 빌리러 왔는지 도저히 이해할 수 없어서 유대인을 불러 세웠다.

"저, 실례입니다만……."

"뭔가요?"

"아니, 다름이 아니라 50만 달러나 가지고 계신 분이 왜 1달러를 빌려 가시는지 궁금합니다. 그 정도의 담보라면 저희 은행에서 30, 40만 달러도 빌려 드릴 수 있는데요."

"아니, 그럴 필요 없습니다. 오기 전에 금고상에 들러 금고를 사려고 했지만 비싸서 사지 않았소. 그래서 제일 싼 금고가 무엇일까 곰곰 생각하다가 이곳을 생각한 거요. 1년에 6센트로 이만큼 안전하고 훌륭한 금고를 어디서 살 수 있겠소?

슬프게 우는 까닭

• • •

로스차일드 남작이 사망하자 유럽 전역에서 수많은 문상객이 모여들어 성대한 장례식이 되었다. 그런데 장례식 문상객 중에 가장 큰 소리로 슬프게 우는 한 남자가 있었다.

장례식이 끝나자 로스차일드 가문 중 한 사람이 그 남자에게 물었다.

"당신은 남작의 친구이신가요?"

남자는 머리를 가로저으며 더 큰 소리로 울어댔다.

로스차일드 가문은 유대인으로 전 세계에 흩어져 있는 까닭에, 어쩌면 한 집안 사람이 남미나 아프리카에 살다가 소식을 접하고 왔을지도 모른다는 생각이 들어 그는 다시 조심스럽게 물었다.

"그렇다면 혹시 우리 로스차일드 가문의 일족이신가요?"

그 얘기를 듣고 그는 더욱 큰 소리로 울면서 처량하게 말했다.

"아니니까 이렇게 우는 것 아니겠소?"

빚은 받을 사람이 애태우는 법

* * *

야곱은 아이작에게 5백 달러의 빚을 지고 있었는데 상환 기한이 내일 아침까지였다. 아이작은 사흘 전부터 기한 내에 꼭 갚아야 한다고 다그쳐 왔으나 야곱에겐 50센트도 없었다. 그런데도 야곱은 그때마다 틀림없이 갚을 테니 걱정 말라고 큰소리를 쳤다. 그렇지만 내일 아침엔 어째야 좋을지 아무런 대책을 세울 수가 없었다. 보나마나 내일 아침이면 아이작이 집으로 쫓아올 것이라 생각하니 잠을 잘 수가 없었다. 그는 우리에 갇힌 곰처럼 벌써 두 시간이나 방을 서성거리고 있었다.

그때 침실에 있던 아내 예레미야가 남편을 불렀다.

"여보, 도대체 왜 잠을 안 자고 그러고 있어요?"

"아이작에게 빌린 돈 때문이오. 무슨 일이 있더라도 내일 아침까진 갚아야 하는데……."

"그래, 갚을 돈은 있어요?"

"글쎄, 돈이 없으니까 이러지."

"걱정도 팔자군요. 그렇다면 어서 잠이나 자요. 정작 잠을 못 자고 밤새 서성거려야 할 사람은 당신이 아니라 아이작 아닌가요?"

부자는 학자를 상상도 못 해

* * *

두 사람의 랍비가 이야기를 나누고 있었다.

"부자들은 어째서 학문을 연구하는 학자들은 돌보지 않고 장애인들이나 가난한 사람한테만 기부를 할까요?"

이야기를 듣고 있던 랍비가 자못 심각한 어조로 말했다.

"그야 뻔한 일 아니겠소? 부자들은 원래 지독한 이기주의자들이오. 그들은 자기가 불구자가 되거나 가난하게 되는 것은 상상할 수 있어도, 학자가 되는 것은 전혀 상상할 수 없기 때문에 그러는 거지요."

돌려주어야 할 돈과 착복할 돈

◆ ◆ ◆

아이작은 뉴욕의 공중전화 박스에서 10만 달러를 주웠다. 그는 누가 알겠느냐 싶어 경찰서에 신고하지 않고 착복해 버렸다. 그러나 결국은 탄로가 나서 경찰에게 붙잡히고 말았다.

"당신은 그 돈의 임자를 찾아 경찰서에 맡겨야겠다는 생각이 들지 않았소?"

경찰관이 묻자 아이작이 대답했다.

"물론 돌려주려고 생각했지요. 만약 그 돈이 가난한 사람의 것이었다면 벌써 돌려주었을 겁니다. 그러나 큰돈이어서 가난한 사람의 돈이 아니란 걸 알았지요."

휴지 대용

* * *

모제스가 뉴욕의 한 공중화장실에 들어가서 변기에 걸터앉아 볼일을 보고 있었다. 그런데 아뿔싸! 화장실에 휴지가 없다는 사실을 깨달았다. 곰곰이 생각하던 모제스는 옆 칸에 있는 남자에게 말을 건넸다.

"여보시오, 대단히 미안하지만 혹시 그쪽에 휴지가 있습니까?"

그러자 벽 너머에서 심란한 목소리가 들려왔다.

"아뇨, 여기에도 휴지가 없어 나도 난처한 지경입니다."

"그럼 뭐, 잡지라든가 신문 같은 거라도 갖고 있는 게 없나요?"

"없어요, 아무것도."

"그렇다면 미안하지만 10달러짜리를 잔돈 지폐로 좀 바꿔 주시겠습니까?"

"아니, 내가 하려는 말을 대목 대목마다 당신이 하는군요."

구두쇠의 유언장

* * *

갈렙은 일생 동안 구두쇠 짓을 해 막대한 재산을 모았다. 그런 그에게 임종의 순간이 다가와 자리에 눕게 되었다.

그의 병은 참으로 기이하고도 무서운 것이었다. 의사는 땀을 빼면 낫는다고 했지만, 현대 의학이 할 수 있는 모든 방법을 다 동원해도 그가 땀을 흘리도록 하진 못했다. 이제 어쩔 수 없이 마지막 순간을 기다려야 했다. 그래서 랍비를 불러왔다.

갈렙이 랍비에게 이제까지의 죄를 모두 고백하자, 랍비가 유언장을 작성하기 위해 말을 꺼냈다.

"시나고그가 다 낡았습니다. 새로 지어야 하는데……."

갈렙이 가쁜 숨을 내쉬며 랍비에게 물었다.

"돈이 얼마나 들까요?"

"적어도 20만 달러는 들 겁니다."

"좋습니다. 시나고그를 다시 짓는 데 20만 달러를 기부하겠다는 내용을 유언장에 기록하십시오."

"그리고 갈렙 씨, 시나고그엔 도서실도 있어야 합니다. 다른 마을의 시나고그엔 모두 도서실이 있는데 우리만 없어요."

"그래…… 요? 그건…… 얼마나 들겠습니까?"

"한 3만 달러면 될 겁니다."

"좋소, 시나고그에 도서실을 마련하는 돈 3만 달러도 기부하지요."

"그리고 또 맞벌이 부부들을 위한 탁아소도 필요합니다."

"그…… 그건 얼마면 됩니까?"

"음…… 대략 2만 5천 달러쯤 들 것 같습니다. 그걸 허락해 주시면 수많은 맞벌이 부부들이 안심하고 일할 수 있게 됩니다."

"그럼…… 탁아소 짓는 돈 2만 5천 달러라고 적어 주시오."

갈렙의 얼굴에서 고통스러운 기색이 사라지더니 차츰 편한 표정으로 바뀌었다. 랍비는 계속 말을 이었다.

"갈렙 씨, 자선을 베푸는 것이 얼마나 보람 있는 일인가를 알게 됐을 겁니다. 얼굴까지 달라 보이는군요. 그 얼굴이면 천국까지 편안하게 갈 수 있을 겁니다. 그래서 말인데…… 이번에 우리 청소년들을 위한 풀장도 만들었으면 합니다."

갈렙은 이제 완전히 무아지경에 빠져든 표정이었다. 랍비는 옳다 싶어 잔뜩 기대에 찬 목소리로 물었다.

"그럼, 풀장도 허락하시는 거죠?"

"잠깐, 잠깐만 기다리시오! 지금 막 땀이 나기 시작했소."

레이먼의 잔꾀

• • •

레이먼이 뉴욕의 횡단보도에서 교통사고를 당했다. 상대편 운전자는 가볍게 스쳤다고 생각했지만 레이먼은 주저앉아 움직이지 않았다. 그는 병원으로 옮겨졌고, 치료를 받은 후에 재판이 열렸다.

레이먼은 법정에서 목 아랫부분이 마비되었다고 주장했다. 그러나 그를 진단한 의사들은 건강한 상태라고 말했다. 하지만 마비라는 것은 겉만 보아선 알 수 없는 것이므로 레이먼의 요구가 받아들여져, 가해자는 50만 달러를 지불해야 했다. 사고 당시 횡단보도의 신호등이 파란색이었음에도 가해자가 차를 안전선 안으로 몰고 들어간 부주의가 인정되었던 것이다.

레이먼은 들것 위에 누운 채 구급차에 실려 집으로 돌아왔다. 그는 집에 도착하자마자 펄쩍펄쩍 뛰면서 소리쳤다.

"와! 만세! 50만 달러를 벌었다!"

그의 아내 에스더가 걱정스러운 표정으로 말했다.

"여보, 50만 달러가 들어왔으면 뭐해요? 당신도 재판장의 말을 들었잖아요. 만약 당신이 몸을 움직일 수 있다는 사실이 판명되면 50만 달러를 돌려주는 것은 물론이고, 위증죄로 감옥살이를 해야 된다고 하잖아요. 보험 회사에서 미심쩍다며 계속 감시원을 붙여 반드시 잡아내겠다고도 했어요. 그러니 무슨 소용이에요."

레이먼은 싱글벙글 웃으며 대답했다.

"모르는 소리 말아. 50만 달러를 손에 쥐는 즉시 우린 구급차를 타고 케네디 공항으로 가 프랑스로 날아가는 거야. 프랑스 공항에도 물론 구급차를 대기시켜 둬야지. 그리고 곧장 루르드(성모 마리아가 나타나 축복했다는 성스러운 샘물과 대성당이 있는 프랑스 소도시. 이 샘물을 마시면 회생 불가능한 병이 치유되는 기적이 이루어진다고 함)로 가는 거야. 그 루르드에서 또다시 기적이 일어나 내가 멀쩡히 일어나게 되는 거지. 다들 그건 모를 거라고."

줄 수 없는 것은 마찬가지

◆ ◆ ◆

나치 때문에 독일에서 도망쳐 나온 모제스는 온갖 고난 끝에 미국에 도착했다. 그는 뉴욕에서 아는 사람의 소개로 어떤 사람을 찾아가서 말했다.

"제발 부탁입니다. 50만 날러만 꾸어 주십시오."

그러나 상대방은 소개해준 사람의 소개장을 다 읽고 나서 말했다.

"하지만 나는 당신에 대해 잘 알지도 못하는데 어떻게 50만 달러라는 돈을 빌려주겠습니까?"

모제스는 화를 내며 말했다.

"독일에 있을 땐 모두들 나에 대해 잘 알고 있었기 때문에 아무도 돈을 빌려주지 않았습니다. 그런데 여기선 나에 대해 모르기 때문에 돈을 빌려줄 수 없다니! 이런 경우 없는 이야기가 어디 있습니까?"

통화료 인플레이션

◆ ◆ ◆

미국의 1920년대 인플레이션은 언급할 수 없을 정도로 엄청났다. 지난주에 25센트 하던 햄버거가 이번 주엔 35센트로 올랐으며, 담배나 소시지, 구두, 연필, 버스 요금 등등 모든 것이 폭등하고 있었다.

무서운 병을 앓던 벤자민은 이제 자신의 생명이 얼마 남지 않았음을 깨달았다. 그런데 친구의 소개로 찾아간 의사가 3년 후면 의학의 진보로 그 병을 고칠 수 있는 약이 발명될 것이라고 장담했다. 그래서 벤자민은 의사의 권유대로 3년 동안 의학적 동면을 하기로 했다.

이윽고 벤자민은 금발의 어여쁜 간호사에 의해 몸이 깨끗하게 씻기우고 주사를 맞은 다음 얼려져 냉동실에 보관되었다. 3년 후

드디어 그를 회생시킬 수 있는 신약이 발명되어, 그는 다시 소생했다. 완쾌된 그가 맨 처음 한 일은 증권 회사 친구에게 전화를 거는 일이었다.

"여보게, 모제스인가? 나 벤자민일세."

"오, 벤자민이군. 완쾌됐다고? 정말 다행이야, 축하하네."

"고맙네. 그것보다 내 주식들이 어떻게 되었는지 그것부터 좀 알려주게. 그게 뭐더라…… 아, 제너럴 일렉트릭, 그게 지금 얼마인가?"

"주당 50달러가 됐네."

"응? 그게 정말인가? 3년 전에 주당 10달러씩 주고 샀는데…… 그리고 보잉은 어떻게 됐나?"

"주당 2백 달러라네."

"난 그걸 주당 20달러에 샀었지. 그때 100주를 샀으니까, 꽤 번 셈이군. ITT는 어떤가?"

"280달러."

"오! 세상에! 그건 주당 45달러를 주고 100주 산 건데, 거기서도 수입이 짭짤하군. 가만 있자, 그럼 이익금이 전부 얼마나 되나?"

그는 전화를 끊고는 이익금을 계산하려 하다가 먼저 교환원을 불렀다. 전화요금이 자기 앞으로 나오기 때문이었다.

"교환원, 지금 내가 사용한 통화료가 얼마요?"

"4만 달러입니다."

돈이 바로 약

◆ ◆ ◆

정신병원에 찾아온 한 부인이 의사에게 자신의 증상을 호소했다.

"선생님, 전 요즘 통 잠을 이룰 수가 없어요. 낮에도 갖가지 환상이 보인답니다. 죽은 남편이 나타나 발가벗고 바나나를 까먹는가 하면, 집 앞 도로에서 한여름에 스케이트를 신은 채 장송곡을 부르기도 합니다. 그리고 제가 기르는 개가 갑자기 보라색으로 보이기도 하고, 어항에 있는 금붕어가 느닷없이 하늘로 올라가기도 하고요……."

이렇게 끝없이 이야기를 늘어놓았다.

의사는 고개를 끄덕이며 말했다.

"허어, 보통 심각한 증세가 아니군요. 그런데 부인, 우리 병원에선 환자의 증상을 듣기 전에 초진료를 먼저 받도록 되어 있습니다. 초진료는 50달러예요."

깜짝 놀란 그 부인이 의자에서 벌떡 일어났다.

"50달러라고요? 저는 그런 돈을 낼 정도로 미치진 않았습니다."

둘 중의 하나는 바보

◆ ◆ ◆

기원전 73년, 예루살렘의 신전은 로마군에 의해 모두 파괴되고, 유대인들은 그들의 노예가 되어 로마로 끌려갔다.

그중에는 뛰어나게 머리가 좋은 야고보도 있었다. 그의 새 주인은 원로원 의원이었는데 야고보를 귀하게 여기고 높이 신용했다.

어느 날 주인이 야고보를 불러 명했다.

"야고보, 나와 관계가 있는 자들을 똑똑한 자와 바보, 둘로 나누어 그 리스트를 작성해 올리도록 해라."

며칠 후 야고보가 리스트를 주인에게 바쳤다. 주인은 그것을 받자 먼저 바보 쪽에 올라 있는 이름들을 주의 깊게 살폈다.

"키케로, 플루타크, 세네카…… 음, 이들이 모두 바보란 말이지?"

그는 계속 리스트를 훑어 내려가다가 맨 끝에 자기 이름이 적혀 있는 것을 발견하자 불같이 화를 내며 말했다.

"여기 적혀 있는 자들은 확실히 좀 모자란 사람들임에 틀림없다. 그런데 어째서 내 이름도 올렸느냐?"

야고보는 침착하게 대답했다.

"사실 주인님은 총명하십니다. 오늘 아침까지도 저는 그렇게 생각했죠. 그런데 주인님께선 아침에 그리스에서 온 상인과 곡물 매입에 대한 상담을 하셨습니다. 그때 황금 30냥을 지불하셨습니다."

"하지만 그 그리스 상인은 제 나라로 돌아가는 즉시 이리로 곡물을 부쳐 주겠노라고 약속했단 말이야. 너도 그 자리에 있었으니 잘 알 것 아니냐?"

"제 생각은 좀 다릅니다. 만약 그가 약속대로 곡물을 보낸다면, 그 리스트에서 주인님의 존함을 빼고 대신 자신의 이름을 넣도록 할 테니까요."

참고 문헌

《탈무드식 천재교육》 : 루스 시로 · C 카네기, 1982년, 안광제 편역, 대일서관
《유태인의 전래 이야기》 : 레오 파브라트, 1991년, 현경미 옮김, 을지출판사
《세계 명언전집 성서편》 : 권일 지음, 1982년, 오성출판사
《서양 역사철학》 : 김형석 지음, 1987년, 가람기획
《이스라엘 역사와 지리》 : 이병렬 저, 1985년, 요단출판사
《구약성서 이야기 1, 2》 : 자크 뮈세 지음, 곽노경 옮김, 1985년, 미래M&B
《이스라엘의 시련과 영광》 : 김용기 편저, 1978년, 제문당
《나의 생애 골다 메이어》 : 박찬순 역, 1979년, 한국일보사
《지혜의 탈무드》 : 김경선 옮김, 2001년, 바른사
《솔로몬 탈무드》 : 이희영 지음, 2002년, 동서문화사
《성전 탈무드》 : 루스 실로 저, 김영옥 옮김, 1988년 청아출판사
《살아있는 탈무드》 : 오지 만지노, 손계성 편역, 1996년, 을지출판사
《이야기 탈무드》 : 신동일 엮음, 1998년, 지경사
《유태인의 지혜 탈무드》 : 마빈 토케이어 지음, 이경렬 옮김, 1997년, 글동산
《종합 탈무드》 : 골딘 · 빅터 솔로몬, 전풍자 옮김, 1984년, 범우사
《유태인의 상술》 : 후지다 덴, 이상근 역, 1983년, 서한사
《자식은 유태인처럼 키워라》 : 루스 실로, 원응순 역, 1983년, 범림출판사
《이스라엘의 역사》 上 · 下 : 존 브라이트 저, 김윤주 역, 분도출판사
《유태인의 천재교육》 : 루스 실로 저, 진웅기 역, 1980년, 문화서적
《기독교 대사전》, 편집인겸 발행인 조선출, 1960년, 대한기독교서회(※본문 중의 인명 및
지명은 이 사전에 준하여 표기하였음)
《이스라엘의 시련과 영광》 : 김용기 편저, 1977년, 창진사
《피와 땀의 나라 이스라엘》 : 김상진 저, 1972년, 문명사
《이것이 유대인이다》 : 막스 I. 다이몬트, 김영수 역, 1979년, 한국기독교문학연구소출판부
《세계사의 주역 유대인》 : 박재선 지음, 1999년, 해누리
《천재를 만드는 유태인의 가정 교육법》 : 류태영, 2001년, 제네시스
《기독교 죄악사》 : 조찬선 지음, 2000년, 평단문화사